***ACCESO GRATIS** a la Lectura en la Nube*

Para visualizar el libro electrónico en la nube de lectura envíe junto a su nombre y apellidos una fotografía del código de barras situado en la contraportada del libro y otra del ticket de compra a la dirección:

ebooktirant@tirant.com

En un máximo de 72 horas laborables le enviaremos el código de acceso con sus instrucciones.

LA PROYECCIÓN DE LA BUENA ADMINISTRACIÓN SOBRE EL PROCEDIMIENTO DE INTERCAMBIO DE INFORMACIÓN TRIBUTARIA ENTRE ESTADOS

TIRANT TRIBUTARIO

Procedimiento de selección de originales, ver página web:

www.tirant.net/index.php/editorial/procedimiento-de-seleccion-de-originales

LA PROYECCIÓN DE LA BUENA ADMINISTRACIÓN SOBRE EL PROCEDIMIENTO DE INTERCAMBIO DE INFORMACIÓN TRIBUTARIA ENTRE ESTADOS

MARÍA ESTHER SÁNCHEZ LÓPEZ

tirant lo blanch
Valencia, 2024

La presente obra ha sido sometida a la revisión de pares ciegos según el protocolo de publicación de la editorial a efectos de ofrecer el rigor y calidad correspondiente tanto en su contenido como en su forma, aplicándose los criterios específicos aprobados por la Comisión Nacional E 016 (BOE núm. 286, de 26 de noviembre de 2016).

© TIRANT LO BLANCH
EDITA: TIRANT LO BLANCH
C/ Artes Gráficas, 14 - 46010 - Valencia
TELFS.: 96/361 00 48 - 50
FAX: 96/369 41 51
Email:tlb@tirant.com
www.tirant.com
Librería virtual: www.tirant.es
DEPÓSITO LEGAL: V-251-2024
ISBN: 978-84-1197-956-6

Si tiene alguna queja o sugerencia, envíenos un mail a: *atencioncliente@tirant.com*. En caso de no ser atendida su sugerencia, por favor, lea en *www.tirant.net/index.php/empresa/politicas-de-empresa* nuestro Procedimiento de quejas.

Responsabilidad Social Corporativa: http://www.tirant.net/Docs/RSCTirant.pdf

A Juan

ÍNDICE

PRÓLOGO

Al repasar la trayectoria académica de quien ha dedicado su vida profesional a la docencia y la investigación universitarias, casi siempre encontramos uno o varios temas que con el paso del tiempo acaban convirtiéndose en señas de identidad de su producción científica. La Profesora María Esther Sánchez López, cuya obra tengo el honor de presentar por amable invitación de la autora, responde fielmente a este modelo de larga tradición en las disciplinas jurídicas. Con ello no pretendemos en modo alguno dar a entender que se trata de una investigadora monotemática, pues en consonancia con las actuales exigencias curriculares cuenta con un vasto repertorio de publicaciones de impacto que abordan críticamente un variopinto listado de aspectos de interés del Derecho Financiero y Tributario desde una triple dimensión interna, europea e internacional. Pero el estudio de la información con relevancia tributaria en sus diversas facetas (alcance y modalidades de las obligaciones de informar a la Hacienda Pública, límites a la obtención de datos, intercambio de información entre Administraciones tributarias nacionales e internacionales, etc.) ha sido un tópico recurrente y central en su producción editorial prácticamente desde el inicio de su andadura.

En efecto, su tesis doctoral, dirigida por el Profesor Miguel Ángel Collado Yurrita y defendida en 1999 en la Universidad de Castilla-La Mancha, ya versó precisamente sobre los deberes de información tributaria de terceros. Después de esa investigación iniciática han venido otras muchas en forma de libros, capítulos de libro (muchos de ellos en obras colectivas de carácter interuniversitario) y artículos en revistas especializadas, que han profundizado en aspectos especialmente controvertidos de esos deberes formales o han examinado nuevas perspectivas surgidas en su regulación al hilo de las modificaciones introducidas en las disposiciones internacionales, en el Derecho de la Unión Europea o en el Derecho interno. Entre otras cuestiones que han reclamado la atención de esta activa investigadora cabe citar el intercambio internacional automático de información entre Estados, la tutela de los derechos y garantías de los contribuyentes y la protección de los principios de justicia ante las actuaciones de obtención de información y su intercambio, el papel desempeñado por la transferencia de información tributaria como elemento para combatir la competencia fiscal perniciosa o lograr una mayor armonización de las políticas fiscales de los Estados miembros de la Unión Europea o la configuración de algunas de las modalidades específicas del deber de información, como la que recae sobre los intermediarios en la cesión del uso de viviendas turísticas. El resultado de tan intensa dedicación es que hoy en día no se pueda emprender con un mínimo de rigor el estudio del régimen de la información con relevancia tributaria sin tomar en consideración las reflexiones críticas y las propuestas de mejora realizadas por la Profesora Sánchez López, que se ha convertido un referente imprescindible en este campo.

Sin duda, la importancia del tema justifica con creces el empeño continuado mostrado por nuestra autora. A nadie escapa que en los tiempos que vivimos, marcados por la globalización económica, el incesante desarrollo de las tecnologías de la información y comunicación y la expansión de nuevos modelos de negocio propios de la economía digital, la información sobre las operaciones imponibles, debidamente seleccionada y depurada, es una fuente inagotable de poder. De ahí que nuestras autoridades fiscales sean plenamente conscientes desde hace muchos años de la relevancia tanto de la aportación voluntaria de toda clase de datos, informes, antecedentes y justificantes con trascendencia tributaria por parte de los obligados tributarios (personas físicas y jurídicas, públicas o privadas, y entidades sin personalidad jurídica que adquieran subjetividad a efectos de la asunción de obligaciones fiscales), como de la necesidad de intensificar la cooperación con otras Administraciones nacionales y extranjeras, abriendo cauces fluidos para compartir sus respectivas fuentes informativas en beneficio mutuo.

La obtención, el manejo y la transmisión de esos datos es, por tanto, un puntal en orden a procurar una correcta aplicación de nuestro sistema tributario, preservando su capacidad recaudatoria y previniendo y combatiendo el fraude fiscal. Así lo demuestra la amplitud creciente del alcance de las obligaciones de información establecidas en los artículos 93 y 94 de la Ley 58/2003, de 17 de diciembre, General Tributaria, y en los artículos 30 a 54 ter del Reglamento General de las actuaciones y los procedimientos de gestión e inspección tributaria y de desarrollo de las normas comunes de los procedimientos de aplicación de los tributos (Real Decreto 1065/2007, de 27 de julio), que abarcan datos y referencias tanta relativos al cumplimiento de las obligaciones tributarias propias como deducidos de las relaciones económicas, profesionales o financieras de los obligados tributarios con terceros.

En este sentido, la evidencia más clara de que la información constituye una herramienta fundamental para la gestión, inspección y recaudación de los tributos la hallamos en la proliferación de nuevas modalidades singulares de suministro que hemos presenciado durante los últimos diez años. El elenco de declaraciones informativas que aparece en la sede electrónica de la Agencia Estatal de Administración Tributaria no para de alargarse y resulta, por este motivo, cada vez más abrumador: hoy en día abarca más de cincuenta modelos diferentes, bastantes de ellos de ostensible complejidad. Lejanos quedan ya otros tiempos en que el protagonismo lo asumían declaraciones informativas más tradicionales como la declaración anual de operaciones con terceras personas (modelo 347) o la declaración recapitulativa de operaciones intracomunitarias (modelo 349).

Sin ánimo de ser exhaustivos y por citar algunos de los ejemplos más recientes, piénsese en primer lugar en la controvertida obligación de informar sobre bienes y derechos (cuentas, inmuebles, títulos, activos, valores o derechos representativos del capital social, fondos propios o patrimonio de todo tipo de entidades o de la cesión a terceros de capitales propios, etc.) situados en el extranjero, esto es, el llamado modelo 720 introducido en la disposición adicional decimoctava de la Ley General Tributaria por la Ley 7/2012, de 29 de octubre. Era previsible el varapalo recibido por su desmesurado régimen sancionador de parte del Tribunal de Justicia de la Unión Europea (Sentencia de 27 de enero de 2022, asunto C-788/19, *Comisión/España*), que haciendo suyo un sentir casi generalizado apreció una restricción desproporcionada a la libre circulación de capitales (artículo 63 del Tratado de Funcionamiento de la Unión Europea). Tras este pronunciamiento su regulación ha tenido que ser revisada en profundidad por la Ley 5/2022, de 9 de marzo, con el fin de adecuarla a las exigencias del principio de proporcionalidad que rige en materia de sanciones. De paso, se ha extendido esta obligación formal a quienes tengan la condición de beneficiarios o autorizados o de alguna otra forma ostenten poder de disposición sobre monedas virtuales localizadas en el extranjero (modelo 721).

En el caso de los grupos empresariales transnacionales con un importe neto de cifra de negocios superior a 750 millones de euros también ha tenido un notable impacto, en términos de costes indirectos derivados de cumplimiento de obligaciones formales (artículo 3.2 de la Ley General Tributaria), la declaración de información país por país o *Country-by-Country Report* (modelo 231), incorporada a nuestro ordenamiento jurídico en el artículo 14 del vigente Reglamento del Impuesto sobre Sociedades (Real Decreto 634/2015, de 10 de julio) para desarrollar la acción 13 del Marco Inclusivo BEPS de la OCDE y el G20 contra la erosión de la base imponible y el traslado de beneficios.

No acaba ahí ni mucho menos la lista de deberes informativos de reciente implantación. A finales de 2017 el Real Decreto 1070/2017, de 29 de diciembre (artículo primero, apartado 11) introdujo un nuevo artículo 54 ter en el Reglamento General de gestión e inspección tributaria. Ante el auge de los alojamientos turísticos, Hacienda se había percatado ya entonces de la importancia de recabar información sobre las cesiones temporales de viviendas a turistas para las labores de asistencia y control de los contribuyentes y de prevención del fraude fiscal en la imposición sobre la renta y el consumo. Por tal motivo, se dio carta de naturaleza a una declaración informativa anual de la cesión de uso de viviendas con fines turísticos (modelo 179). Sin embargo, esta modificación reglamentaria fue anulada por el Tribunal Supremo (Sentencia 1106/2020, de 23 de julio) al apreciar un defecto formal de falta de comunicación previa a la Comisión Europea, que en este caso era preceptiva conforme al artículo 5.1 de la Directiva (UE) 2015/1535 del Parlamento Europeo y del Consejo, de 9 de septiembre de 2015, por la que se establece un procedimiento de información en materia de reglamentaciones técnicas y de reglas relativas a los servicios de la sociedad de la información. Subsanada esta deficiencia, el Real Decreto 366/2021, de 25 de mayo, volvió a la carga, reintroduciendo ese precepto en análogos términos.

Unos meses antes fue traspuesta a nuestro Derecho interno la obligación de información sobre mecanismos transfronterizos de planificación fiscal regulada por la Directiva (UE) 2018/822 del Consejo, de 25 de mayo de 2018, que modifica la Directiva 2011/16/UE por lo que se refiere al intercambio automático y obligatorio de información en el ámbito de la fiscalidad en relación con los mecanismos transfronterizos sujetos a comunicación de información (la denominada DAC6). A tal efecto la Ley 10/2020, de 29 de diciembre, incorporó una nueva disposición adicional vigésima tercera a la Ley General Tributaria, desarrollada en los artículos 45 a 49 bis del Reglamento General de gestión e inspección tributaria. Por exigencias del ordenamiento europeo entra así en escena una nueva declaración informativa de mecanismos transfronterizos (modelo 234). Sin embargo, pronto ha sido necesario introducir algunos ajustes significativos de la mano de la Ley 13/2023, de 24 de mayo, a raíz de la suscripción por parte de nuestro país de nuevos instrumentos en el ámbito de la OCDE (acuerdo multilateral entre autoridades competentes sobre intercambio automático de información relativa a los mecanismos de elusión del estándar común de comunicación de información y las estructuras extraterritoriales opacas). También ha sido determinante la apreciación por la Sentencia del Tribunal de Justicia de la Unión Europea (Gran Sala) de 8 de diciembre de 2022, asunto C-694/20, *Orde van Vlaamse Balies y otros*, de una vulneración del artículo 7 de la Carta de los Derechos Fundamentales de la Unión Europea en el caso de los abogados, a causa de la obligación que la Directiva impuso a los intermediarios amparados por el secreto profesional de notificar el ejercicio de dicho secreto al resto de intermediarios.

Concluimos este rápido repaso con la Ley 11/2021, de 9 de julio, que introdujo dos nuevos apartados 6 y 7 en la disposición adicional decimotercera de la Ley del IRPF (Ley 35/2006, de 28 de diciembre), exigiendo a las personas y entidades residentes en España y a los establecimientos permanentes en territorio español de personas o entidades residentes en el extranjero que proporcionen servicios relacionados con monedas virtuales (salvaguarda de claves criptográficas privadas en nombre de terceros para mantener, almacenar y transferir monedas virtuales, cambio entre monedas virtuales y dinero de curso legal o entre diferentes monedas virtuales o intermediación en la realización de dichas operaciones) que informen a la Administración tributaria sobre los saldos y operaciones referentes a las mismas (modelos 172 y 173).

De la urgencia de acumular información relevante sobre la conducta de los contribuyentes y de proceder a un intercambio fluido de la misma entre Administraciones tributarias dan fe los sucesivos planes anuales de control tributario y aduanero de la Agencia Estatal de Administración Tributaria, en los que se aprecia una preocupación constante por la búsqueda y explotación de nuevas fuentes informativas o por un mejor aprovechamiento de las ya disponibles. Pueden servirnos de botón de muestra las directrices generales del plan de 2023 (publicadas en el BOE núm. 49, de 27 de febrero de 2023), que tras subrayar que la certeza e integridad de la información con la que cuenta la Administración tributaria para llevar a cabo sus tareas de gestión y control dependen en gran medida del cumplimiento de las obligaciones formales por parte de los obligados tributarios, dirigen el foco hacia algunos puntos llamativos.

En particular, en este plan anual se hace hincapié en la mejora de la calidad de la información sobre cuentas financieras, impulsada por la aplicación del Acuerdo entre España y los Estados Unidos para la mejora del cumplimiento fiscal internacional con la implementación de la *Foreign Account Tax Compliance Act-FATCA* del Acuerdo multilateral entre autoridades competentes sobre intercambio automático de información de cuentas financieras (CRS) o en el ámbito de la Unión Europea intercambiada entre los Estados miembros al amparo de la Directiva 2014/107/UE del Consejo, de 9 de diciembre de 2014, relativa a la cooperación administrativa en el ámbito de la fiscalidad directa.

Además, entre las líneas de actuación prioritarias para la investigación y comprobación del fraude tributario y aduanero se contempla la mejora de la información con trascendencia tributaria a nivel internacional, procedente de los cauces implementado en el marco de la OCDE o de la UE para emplearla, junto con la procedente del resto de fuentes, en el análisis de riesgos fiscales a la hora de seleccionar los contribuyentes objeto de control. La búsqueda y uso de nuevas fuentes de información (datos sobre inmuebles y sociedades proporcionados por el Consejo General del Notariado a través del índice único notarial, titularidades reales de sociedades opacas residentes en España que sean titulares de activos inmobiliarios residenciales de alto nivel, titularidad indirecta de inmuebles por no residentes, etc.) se apunta asimismo como estrategia clave para desarrollar actuaciones de control de patrimonios relevantes ante conductas lesivas para los intereses de la Hacienda Pública relacionadas con la simulación de la residencia fiscal fuera del territorio español, especialmente en casos de personas físicas, con la principal finalidad de obtener una tributación efectiva inferior a la debida. En la misma línea se abunda en la importancia que ha adquirido con el incremento del comercio electrónico la obtención de información de las plataformas digitales, que actúan como intermediarias y ponen en contacto a empresarios y consumidores ubicados en cualquier parte del mundo.

Finalmente, merece también una mención la apuesta decidida que en este plan de 2023 se lleva a cabo por agilizar en el ámbito interno los intercambios de información entre la Administración tributaria estatal y las Administraciones tributarias de las Haciendas territoriales. Respecto de las Haciendas forales de Navarra y País Vasco se insiste en que así lo requiere un mejor desarrollo de las actuaciones de control, tanto en la fase de selección previa de loa sujetos candidatos a ser inspeccionados como en desarrollo de las propias actuaciones. En cuanto al reforzamiento de la colaboración entre la Agencia Tributaria y las Administraciones tributarias de las Comunidades Autónomas para el adecuado control de los tributos cedidos total o parcialmente, se prevé un intercambio extenso de fuentes de información (datos censales del censo único compartido, información sobre familias numerosas y grados de discapacidad, fianzas derivadas del arrendamiento de inmuebles urbanos, certificados de eficiencia energética, resoluciones definitivas de ayudas concedidas por obras de mejora de la eficiencia energética de viviendas, constitución de rentas vitalicias, operaciones de disolución de sociedades y de reducción del capital social con atribución de bienes o derechos de la sociedad a sus socios o préstamos entre particulares).

El propósito de la breve descripción que antecede no es otro que situar al lector en el contexto donde se enmarca esta obra: la trascendencia de la obtención de información y de su intercambio interadministrativo desde el punto de vista de la efectividad del sistema tributario. Pero una vez que le hemos puesto en situación, debemos advertirle a continuación que la originalidad del libro radica, a nuestro juicio, en haber conectado este asunto con la buena administración, principio emergente explicitado en el artículo 41 de la Carta de los Derechos Fundamentales de la Unión Europea, deducible de forma implícita de los artículos 9.3 (interdicción de la arbitrariedad de los poderes públicos) y 103 (sujeción de la Administración Pública con objetividad los intereses generales) de nuestra Constitución y que está asumiendo un papel cada vez más relevante en la jurisprudencia y en la doctrina académica.

De esta manera un tema como el intercambio de información tributaria entre Estados, sobre el que ya existían bastantes aportaciones doctrinales significativas (sobresaliendo entre ellas, como ya hemos recalcado, las de la propia autora de esta monografía), es objeto ahora de un desarrollo innovador al proyectar sobre él un principio general del Derecho, un nuevo paradigma sobre el modo de gestión administrativa, un metaprincipio jurídico o, si se prefiere, un derecho fundamental de nueva generación. La buena administración, de la que tanto partido está sacando la Sala de lo Contencioso-Administrativo del Tribunal Supremo al fijar doctrina jurisprudencial en el ejercicio de la función nomofiláctica que le otorga la vigente configuración del recurso de casación, viene siendo invocada en los últimos años en numerosos pronunciamientos como límite a la actuación de la Administración tributaria y como directriz que modula el cumplimiento de las obligaciones tributarias con exigencias tan elementales como, entre otras, las de una actuación administrativa imparcial, equitativa, diligente, motivada y realizada dentro de un plazo razonable.

Con los buenos mimbres que facilita ese novedoso enfoque de partida el trabajo adopta una estructura coherente y depurada, que permite a la autora a lo largo de sus cuatro capítulos descender desde aspectos más generales de la incidencia del principio de buena administración sobre el procedimiento de intercambio de información entre Estados, examinados a luz de las garantías que se desprenden de la doctrina sentada por la Corte de Luxemburgo al interpretar dicho principio, hasta cuestiones más específicas como la buena administración digital o la necesaria flexibilización del principio de autonomía procedimental en la esfera del intercambio internacional de información. Todo ello acompañado de la virtud añadida de haber sido capaz de emplear una extensión muy razonable, pues sin ser demasiado breve el estudio no resulta abrumador por exceso de número de páginas o de densidad.

Por tales motivos, estamos convencidos de que este trabajo supone una contribución valiosa al avance del conocimiento en el campo jurídico-tributario, identificando problemas de interpretación y aplicación de las normas vigentes e incluyendo propuestas de mejora. A quienes nos preciamos de conocer a María Esther Sánchez López desde hace tiempo no nos sorprende el resultado de su labor, ya que esta investigadora consolidada forma parte del potente equipo del Centro de Estudios Fiscales Internacionales de la Universidad de Castilla-La Mancha, que tiene en la Facultad de Derecho de Albacete uno de sus resortes básicos.

Confío en que el lector sepa sacar buen provecho de estas páginas, elaboradas como todo buen plato académico a fuego lento, con una compacta base de jurisprudencia y doctrina académica, sazonado con una metodología rigurosa y adecuada y, por último, presentado con valientes aportaciones de la autora.

Jesús Ramos Prieto
Catedrático de Derecho Financiero y Tributario
Universidad Pablo de Olavide de Sevilla

ÍNDICE DE ABREVIATURAS

AAVV:	Autores varios
AEAT:	Agencia Estatal de Administración Tributaria
Art.:	Artículo
BEPS:	*Base Erosion and Profit Shifting*
CCAA:	Comunidades Autónomas
CCLL:	Corporaciones Locales
CDFUE:	Carta de Derechos Fundamentales de la Unión Europea
CE:	Constitución Española
CEDH:	Convenio Europeo de Derechos Humanos
CLAD:	Centro Latinoamericano de Administración para el Desarrollo
EEMM:	Estados Miembros
FEMP:	Federación Española de Municipios y Provincias
LGT:	Ley General Tributaria
LOFCA:	Ley Orgánica de Financiación de las Comunidades Autónomas
LPAC:	Ley de Procedimiento Administrativo Común
LRJSP:	Ley de Régimen Jurídico del Sector Público
OCDE:	Organización para la Cooperación y Desarrollo Económico
MC OCDE:	Modelo de Convenio de la Organización para la Cooperación y Desarrollo Económico
Rec.:	Recurso
TCE:	Tratado de Constitución de la Unión Europea
TEDH:	Tribunal Europeo de Derechos Humanos
TJCE:	Tribunal de Justicia de las Comunidades Europeas
STEDH:	Sentencia del Tribunal Europeo de Derechos Humanos
TJUE:	Tribunal de Justicia de la Unión Europea
STJUE:	Sentencia del Tribunal de Justicia de la Unión Europea
TS:	Tribunal Supremo
STS:	Sentencia del Tribunal Supremo
STJUE:	Sentencia del Tribunal de Justicia de la Unión Europea
TFUE:	Tratado de Funcionamiento de la Unión Europea
UE:	Unión Europea

PRESENTACIÓN

Habiendo estado presente, de un modo u otro, la buena administración en la actuación de la Administración a lo largo de la historia, cabe comenzar afirmando que, desde hace ya algunos años, dicho principio se viene abriendo paso con fuerza en medio de las transformaciones experimentadas por las Administraciones Públicas, respondiendo así a las concepciones más recientes del Derecho Administrativo, intentando consolidarse como principio general del Derecho o, incluso, como derecho subjetivo y, por tanto, como norma jurídica con máximo valor y fuerza.

De esta manera, es preciso señalar que en el contexto jurídico actual no se descubre la buena administración como fórmula jurídica relevante, sino que, siendo un principio inherente a la actuación de la Administración, lo que se persigue, más bien, es dotarla de visibilidad y fuerza, confiriéndole paulatinamente contenido jurídico concreto y, por tanto, sustantividad en el seno del ordenamiento. Por consiguiente, y siendo posible aludir al siglo XXI como el siglo de la buena administración, cabría afirmar junto a CASSESE, que ello "es el fruto, de un lado, de la expansión de la esfera pública y, del otro, de la extensión de la disciplina constitucional del ámbito político al administrativo".

Principio consagrado en el art. 41 de la Carta de Derechos Fundamentales de la Unión Europea, cuya proyección sobre el ordenamiento español y, sobre el Derecho Financiero y Tributario en particular, no es sino una muestra más de que esta rama jurídica no puede comprenderse sin tener en cuenta la influencia del Derecho europeo, así como su integración en dicha disciplina. Buena administración que, si bien no se encuentra expresamente contemplada en el ordenamiento español, es prácticamente unánime la posición tanto doctrinal como jurisprudencial que señala su previsión implícita, entre otros, en los arts. 103.1, 106, 9.3 y 31.3 de nuestra Carta Magna y, por ende, su anclaje constitucional, siendo plenamente aplicable, por tanto, a nuestro ordenamiento jurídico.

Ahora bien, la previsión del principio de buena administración no ha venido acompañada del correspondiente desarrollo normativo en lo que se refiere a la delimitación de su contenido (razón por la que no creemos que sea posible hablar a día de hoy de un auténtico derecho subjetivo a la buena administración); circunstancia que, no solamente supone un freno importante a la *vis expansiva* de dicho principio (que podría quedar prácticamente vacío de contenido) sino que, además, añade un alto grado de incertidumbre y complejidad a la delimitación de lo que deba entenderse por buena administración, habiendo quedado su concreción hasta el momento en manos de la jurisprudencia tanto del Tribunal de Justicia de la Unión Europea como del Tribunal Supremo, en el seno del ordenamiento jurídico español, siendo obligado aludir también al creciente papel de la doctrina que, sobre todo en el seno del ordenamiento administrativo y de manera creciente en el ámbito tributario, se viene ocupando del estudio de este principio.

En el escenario descrito, es preciso huir, sin embargo, de la explicación de la buena administración como un concepto marco que únicamente sirve de cobijo a los derechos recogidos en el art. 41 de la CDFUE, siendo éstos el derecho de audiencia, de acceso al expediente, de motivación de las decisiones, de reparación de los daños causados por la Administración y de recepción de contestación en la misma lengua, así como a otros implícitamente recogidos en el mismo, como la seguridad jurídica, la transparencia, la proporcionalidad o la tutela judicial efectiva, considerados como "huellas" de buena administración, en acertada expresión de MEILÁN GIL, y que únicamente conduciría al diseño de un concepto hueco o simplemente de moda.

En consecuencia, y desde la consideración de que el principio de buena administración encuentra su proyección en el ámbito procedimental, siendo "el más «administrativo»" y, por ende, el principio más significativo en la relación entre Administración y ciudadano y el más procedimental de los derechos, en palabras de MARTÍN DELGADO, constituyendo el reforzamiento de las garantías de los ciudadanos la *columna vertebral* de mismo, según afirma MELLADO RUIZ, creemos que es preciso dedicar los esfuerzos a la construcción de un principio que, actuando como *herramienta de interpretación* de los derechos indicados así como parámetro material de garantía procedimental se sitúe (a pesar de su compleja delimitación) *más allá* de los derechos incluidos bajo el mismo. Derechos que, desde la perspectiva de la buena administración, adquieren necesariamente un contenido e incluso un valor diferente que será preciso delimitar en cada sector del ordenamiento (teniendo en cuenta la inexistencia de un modelo único de buena administración).

Labor, precisamente, que es la que se ha intentado realizar a lo largo del presente estudio a través de la aplicación del principio de buena administración a los procedimientos de intercambio de información tributaria entre Estados en el seno de la Unión Europea y, en concreto al de carácter rogado o previo requerimiento, utilizando como guía la jurisprudencia más destacada del Tribunal de Justicia de la Unión Europea en relación con la aplicación de dicho mecanismo sobre la base de la premisa de que el Derecho procedimental de la Unión Europea ha sido en sus orígenes de creación eminentemente jurisprudencial.

Estudio que se ha abordado, asimismo, a partir de la consideración de que la esencia de la buena administración radica en el *equilibrio* entre los intereses particulares y los de carácter público, cuya necesidad de conciliación se encuentra, precisamente, en el horizonte de dicho instrumento; todo ello en un contexto en que el procedimiento justo debe tender a la correcta actuación de la función administrativa, comportando una reconstrucción de la disciplina en base a un equilibrio correcto de los intereses contrapuestos.

Ámbito, en efecto, en que a partir de los escasos "mimbres" que hasta el momento dibujan los contornos de la buena administración configurados, fundamentalmente, por los deberes de diligencia y debido cuidado que se imponen a la Administración en orden a la consecución de una gestión óptima en beneficio del ciudadano con la pretensión de llevar a cabo un control más sutil de la actuación administrativa (en ocasiones, incluso más allá de la legalidad), se ha intentado dotar de un *alcance renovado* a las garantías procedimentales que, a nuestro juicio, deben encontrarse presentes en el procedimiento de intercambio de información tributaria entre Estados en el ámbito de la Unión Europea poniendo el acento, en particular, en la garantía de la motivación, la transparencia, la proporcionalidad y el derecho a la tutela judicial efectiva.

Estudio e interpretación de los principales elementos del procedimiento de intercambio de información tributaria a la luz del principio de buena administración que, al mismo tiempo que imprime los particulares caracteres que configuran este principio en el ámbito tributario con la pretensión de dotarlo de sustantividad, perfila el renovado contenido de las garantías procedimentales sobre las que se proyecta, en una especie de retroalimentación entre ellos y la buena administración que, sin embargo, no debe inducir a confundirlos. En otros términos, es la *interacción* entre la buena administración y los principios y derechos en que se articula, lo que determina y va configurando el contenido y la eficacia jurídica tanto de aquel principio como de las garantías sobre las que se proyecta.

Lo que se pretende, en definitiva, es que la Carta de Derechos Fundamentales y los derechos en ella consagrados se conviertan en referencia obligada que ayude a determinar en qué se *traducen* a nivel nacional los derechos en ella reconocidos y que han sido elevados en la Carta a la categoría de derechos o principios generales, lo que conlleva que la aplicación de la buena administración suponga la consideración de parámetros objetivos en relación con los fines pretendidos de cuyo cumplimiento depende, por tanto, la efectividad de dicho principio.

Este estudio adquiere, además un valor añadido desde la consideración de que el procedimiento contemplado en la Directiva 2011/16/UE, de 15 de febrero de 2011, relativa a la cooperación administrativa en el ámbito de la fiscalidad y por la que se deroga la Directiva 77/799/CEE, no solamente se encuentra escasamente perfilado sino que, sobre todo, olvida la previsión de las correspondientes garantías en relación con los sujetos afectados por dicho mecanismo. Situación debida, fundamentalmente, tanto al carácter estatalista con que se encuentra concebido tratándose de normas consideradas desde el comienzo como instrumentos de colaboración entre Estados que pasan por alto la tutela del contribuyente, como al principio de autonomía procedimental en virtud del cual los Estados miembros tienen libertad para determinar, en el cumplimiento de la obligación de intercambio de información tributaria, tanto la institución como el instrumento que encauza el cumplimiento de la misma, implicando el sometimiento al régimen jurídico interno de la organización y funcionamiento de la Administración nacional, teniendo en cuenta que la Comisión Europea optó por valerse de las Administraciones nacionales para hacer efectivos gran parte de sus objetivos.

Principio este último que no solamente ha conducido a la esquizofrenia procedimental o "mosaico de procedimientos" en el seno de la Unión Europea, restando así eficacia al intercambio de información con trascendencia tributaria, sino que en la generalidad de los Estados miembros se ha visto huérfano de la previsión de garantías respecto de los sujetos afectados por dicho procedimiento. Razones, entre otras, que nos han conducido a defender que el principio de autonomía procedimental no deja a los Estados miembros una libertad absoluta en la elección de la autoridad y los instrumentos que lleven a cabo el desarrollo del Derecho europeo habiéndose abogado, además, por su flexibilización con la finalidad esencial de llevar a cabo la necesaria coordinación de los procedimientos de intercambio de información tributaria en el seno de la Unión Europea dentro de un marco jurídico capaz de integrar al mismo tiempo la dimensión europea y el principio de soberanía de los Estados miembros en el terreno fiscal, en un intento de *conciliar* el principio de autonomía procedimental con la aplicación uniforme del Derecho europeo.

Coordinación, en efecto, en cuya realización, y a partir de las consideraciones expuestas, entendemos que cumple un papel fundamental el principio de buena administración, en cuanto *elemento unificador* entre los sistemas internos de los Estados miembros y el ordenamiento comunitario ayudando, de este modo, al establecimiento de *estándares procedimentales comunes*; coordinación que se presenta necesaria tanto para la efectividad de los objetivos perseguidos por el intercambio de información tributaria, no solamente dirigido a la lucha frente al fraude fiscal y, en definitiva, el deber de contribuir sino, sobre todo, a la realización de las libertades comunitarias y la salvaguarda de los sujetos afectados por dicho instrumento y que ponen de relieve la dimensión material de los elementos que conforman el procedimiento de aplicación de los tributos.

Estudio, por otra parte, en que también nos hemos permitido introducirnos en la *proyección* de la buena administración sobre el *comportamiento* de los obligados tributarios en el seno del procedimiento de aplicación de los tributos, y que nos ha conducido a descubrir una nueva vertiente de dicho principio en su papel de *fomento de la cooperación* entre Administración y contribuyente con la finalidad de un adecuado cumplimiento de las obligaciones tributarias. Dicho con palabras de LUCHENA MOZO, la buena administración se configura como "un valor compartido manifestado en una acción colaborativa en la que actores públicos y privados adaptan progresivamente sus comportamientos a cambio que incentivan el cumplimiento desde la más estricta justicia tributaria en un marco de lealtad y confianza mutua".

Efectivamente, podría afirmarse que las *mayores exigencias* que se derivan de la aplicación de la buena administración sobre el procedimiento y, en concreto, sobre el que regula el intercambio de información tributaria entre Estados en el seno de la Unión Europea, no solamente deben conducir a un procedimiento más justo y más efectivo en relación con los objetivos perseguidos sino que también podrá traducirse en un nuevo paradigma de gestión pública en el que ambas partes asumen compromisos recíprocos sobre la base de la transparencia y la mutua confianza.

Son, finalmente, las consideraciones expuestas las que, siguiendo a PONCE SOLÉ, nos permiten subrayar la necesidad de tomar consciencia de la *revolución tranquila* que está suponiendo la aplicación del principio de buena administración a la actuación de la Administración y que no obsta para afirmar, al mismo tiempo, la necesidad de profundizar en el estudio y análisis de dicho principio en lo que se refiere, en particular, al procedimiento de aplicación de los tributos, lo que, a nuestro juicio, pasa ineludiblemente, por su previsión por parte del legislador.

En todo caso, nos encontramos, por una parte, ante un principio con un enorme potencial que se presenta como una *oportunidad* para proceder a la transformación de los procedimientos de aplicación de los tributos, especialmente necesaria en la era de la digitalización administrativa siendo cierto, no obstante, tal como se expone en el presente estudio, que la construcción del derecho a la buena administración digital se encuentra todavía pendiente de realizar.

Asimismo, y de otro lado, no debe pasarse por alto que la buena administración implica también un reto de gran complejidad imponiéndose como un *desafío* tanto para la doctrina como la jurisprudencia, ante la necesidad de otorgar a este principio de fuerza y visibilidad, con la finalidad de "dotar de alma a la Administración Pública", en conocida expresión de TORNOS MAS; objetivo, en cuya consecución, el presente trabajo pretende ser una humilde aportación.

No queremos concluir sin agradecer a la Editorial Tirant lo Blanch las facilidades para la publicación del presente trabajo, que se enmarca en los Proyectos I+D+i *PID2022-139650OB-100 "Administración electrónica, inteligencia artificial y tributos"*, financiado por MCIN/ AEI/10.13039/501100011033/ y "FEDER Una manera de hacer Europa", así como 2022-GRIN-34476, "Gestión Tributaria y Nuevos Modelos de Negocios", cofinanciado por la Universidad de Castilla-La Mancha (Vicerrectorado de Política Científica) y por el Fondo Europeo de Desarrollo Regional (FEDER).

Capítulo Primero

EL PRINCIPIO DE BUENA ADMINISTRACIÓN EN RELACIÓN CON EL PROCEDIMIENTO DE INTERCAMBIO DE INFORMACIÓN TRIBUTARIA ENTRE ESTADOS

1. INTRODUCCIÓN

La proyección del principio de buena administración sobre el ordenamiento español y, sobre el Derecho Financiero y Tributario en particular, no es sino una muestra más de que esta rama jurídica no puede comprenderse sin tener en cuenta la influencia del Derecho europeo, así como su integración en dicha disciplina[1].

Principio que, sin perjuicio de su todavía compleja e insuficiente definición e interpretación, cabe afirmar en estas primeras líneas que se dirige a la previsión de un conjunto de garantías, de carácter esencialmente procedimental, a favor de los interesados en el seno de los procedimientos administrativos y, por ende, de los correlativos deberes a la Administración Pública[2].

Esta afirmación justifica, precisamente, la aplicación del principio de buena administración a los procedimientos de intercambio de información en el seno de la Unión Europea, a que se circunscribe el presente trabajo debido, fundamentalmente, a que la esencia del mismo radica en el *equilibrio* entre los intereses particulares y los de carácter público[3], cuya necesidad de conciliación se en-

---

1 Sentido en que tempranamente reconoció el TJCE, en su Sentencia de 15 de julio de 1964, Asunto *Costa c. ENEL* (6/64), que el Derecho comunitario no es un Derecho internacional, es "un ordenamiento jurídico propio, integrado en el sistema jurídico de los Estados miembros, y que se impone a sus órganos jurisdiccionales".

2 Línea en que afirma MARTÍNEZ MUÑOZ, Y., "El principio de buena administración y los procedimientos de gestión tributaria: cuestiones pendientes", en *La proyección de la buena administración sobre los procedimientos de aplicación de los tributos,* LUCHENA MOZO, G. M. y SÁNCHEZ LÓPEZ, M. E. (Dirs.), Tirant lo Blanch, Valencia, 2023, pp. 125 y 126, que los derechos asociados a una buena administración constituyen auténticos deberes de la Administración en el ámbito de la aplicación de los tributos.

3 Señala MATIA PORTILLA, A., *La buena administración como noción jurídico-administrativa*, Dykinson, Madrid, 2020, p. 235, que el contenido de la buena administración y sus manifestaciones concretas radica en "realizar los intereses públicos sin provocar la ruptura del equilibrio que debe guardarse en esa realización con la salvaguarda de los derechos y libertades de los ciudadanos", siendo este el "planteamiento fundamental que se coloca en la base misma de la idea de *buena administración pública*". Idea respecto de la que son significativas las palabras de LUCHENA MOZO, G. M., al señalar que el principio de buena administración actuaría "como base aglutinadora para reajustar las posiciones de las dos partes implicadas en todas las fases de aplicación de los tributos" (*Vid.* "Los Códigos de Buenas Prácticas como manifestación de la Buena Administración y del compliance: su relación con la ciencia del comportamiento", en *Los principios*

cuentra en el horizonte del intercambio de información entre Estados miembros (EEMM)[4], en el entendimiento de que el procedimiento justo debe tender a la correcta actuación de la función administrativa, comportando una reconstrucción de la disciplina en base a un equilibrio correcto de los intereses contrapuestos[5].

Ámbito en que es preciso señalar, adelantando algunas ideas, junto a FERNÁNDEZ MARÍN, y en lo que respecta a la funcionalidad del intercambio de datos en el seno de la Unión Europea, que la correcta aplicación del tributo no sería por sí misma fundamento suficiente para la regulación comunitaria de la asistencia y, por tanto, del intercambio de información entre las Administraciones tributarias, residiendo dicho fundamento en "el carácter basilar de los tributos en el funcionamiento del mercado único", que es lo que justifica, en último término, la existencia de la normativa comunitaria en esta materia, encontrándose, por ello, la justificación de dichas obligaciones de asistencia mutua en "la necesidad del correcto funcionamiento del mercado"[6] y de realización, por tanto, de las libertades comunitarias.

Pues bien, la consagración de la buena administración se encuentra formulada en el art. 41 de la Carta de los Derechos Fundamentales de la Unión Europea[7] (CDFUE)[8]; precepto que, aun teniendo raíces antiguas, cabe considerar como

---

de cumplimiento cooperativo en materia tributaria, MORENO GONZÁLEZ, S. y CARRASCO PARRILLA, P. J. (Dirs.) y GÓMEZ REQUENA, J. A. (Coord.), Atelier, Barcelona, 2023, p. 95).

4 Se refiere MARTÍN DELGADO, J. M., en el Prólogo a la obra *Derecho comunitario y Procedimiento tributario*, FERNÁNDEZ MARÍN, F. (Dir.) y FORNIELES GIL, A. (Coord.), Atelier, Barcelona, 2010, pp. 11 y 12, a las "tensiones" a que se ve sometido el Derecho Financiero como consecuencia de su condición de "intrumento eficaz para el logro de la política económica de los diferentes Estados". Tensiones que en muchos casos encuentran reflejo en la ausencia de protección de los obligados tributarios.

5 *Vid.* SCHIAVOLIN, R., "Il diritto ad una buona amministrazione e il giusto procedimiento tributario", en *Il diritto ad una buona amministrazione nei procedimenti tributari*, Guiffrè, Francis Lefebvre, Milano, 2019, p. 48.

6 *Vid.* FERNÁNDEZ MARÍN, F., *El intercambio de información como asistencia tributaria externa del Estado de la Unión Europea*, Tirant lo Blanch, Valencia, 2006, p. 146.

7 (*Tol 131225*)

8 Precepto que, bajo la denominación de "Derecho a una buena administración", establece lo siguiente: "1. Toda persona tiene derecho a que las instituciones, órganos y organis-

de "nuevo cuño"[9], habiéndose llevado a cabo su integración en nuestro ordenamiento fundamentalmente a través de la jurisprudencia del Tribunal Supremo.

Escenario que, a nuestro juicio, está propiciando la *apertura* de un nuevo campo de protección del contribuyente en el seno del procedimiento y, en particular, como se examinará en el presente trabajo, en el dirigido al intercambio de información tributaria entre Estados miembros, afectando de forma más acusada a aquéllos que se producen previo requerimiento o con carácter rogado. Ámbito, precisamente, en que indica MICHELE que, debido a la "especial" incidencia de las normas sobre intercambio de información en la esfera jurídica del contribuyente, no existe obstáculo para la aplicación en el mismo del principio de buena administración teniendo en cuenta que, como señala este autor en sintonía con buena parte de la doctrina, toda la materia administrativa debe entenderse "europeizada"[10], según se analizará más adelante. Más aun, e incidiendo en esta idea, cabe afirmar "la existencia de una europeización de los derechos fundamen-

mos de la Unión traten sus asuntos imparcial y equitativamente y dentro de un plazo razonable.
2. Este derecho incluye en particular:
a) el derecho de toda persona a ser oída antes de que se tome en contra suya una medida individual que la afecte desfavorablemente;
b) el derecho de toda persona a acceder al expediente que le concierna, dentro del respeto de los intereses legítimos de la confidencialidad y del secreto profesional y comercial;
c) la obligación que incumbe a la administración de motivar sus decisiones.
3. Toda persona tiene derecho a la reparación por la Unión de los daños causados por sus instituciones o sus agentes en el ejercicio de sus funciones, de conformidad con los principios generales comunes a los Derechos de los Estados miembros
4. Toda persona podrá dirigirse a las instituciones de la Unión en una de las lenguas de los Tratados y deberá recibir una contestación en esa misma lengua".

9 Idea que ilustra PAVEL, N., "The right to Good Administration", *Contemporay readings in Law and Social Justice*, Vol. 4(2)/2012, p. 920 y ss, al situar este derecho en la época de Aristóteles y, más delante, en la Declaración de los Derechos del Hombre y del Ciudadano, de 1971. Autor que afirma que nos encontramos ante un derecho nuevo en su redacción, pero no en su enfoque, que podría tener la consideración de un derecho fundamental.

10 MICHELE, M., "Il diritto ad una buona amministrazione nella riscossione transnazionale dei crediti tributari", in AA.VV. (a cura di M. PIERRO*), Il diritto ad una buona amministrazione nei procedimenti tributari*, 2019, Milano, Giuffrè, pp. 344 y 350.

tales reconocidos en los ordenamientos jurídicos de los Estados miembros" por influencia de la Carta de los Derechos Fundamentales de la Unión Europea[11].

De este modo, puede decirse que la buena administración ha estado siempre presente en la actuación de la Administración y, por ende, de la Administración tributaria, tratándose de una característica "inherente" a la misma[12]. En efecto, no pudiendo considerar la preocupación acerca de cómo debe ejercerse el poder público ni mucho menos novedosa, es posible encontrar el germen tanto de la buena como de la mala administración ya en el panorama del Derecho Público europeo del siglo XIX y principios del XX, no tratándose, en consecuencia, de un tópico que se haya descubierto ahora[13]. Cuestión distinta y de gran complejidad, como se analizará a lo largo del presente estudio, es la necesidad de otorgar un contenido propio a dicho concepto.

Afirmada, pues, la "atemporalidad" del principio mencionado creemos, sin embargo, que la cuestión debe ser retomada o, mejor, *relanzada* desde la vertiente de la recuperación de la perspectiva ética de la Administración en cuanto institución al servicio de la ciudadanía[14] y el consiguiente refuerzo de la confianza de los administrados y, en concreto, en lo que respecta al ámbito tributario, en referencia a que la Administración tributaria lleve a cabo una correcta aplicación de las normas en el seno de un ordenamiento justo, siguiendo lo previsto en el art. 31.1 de nuestra Carta Magna[15]. Por consiguiente, y como se ha señalado, en el contexto jurídico actual no se descubre la buena administración como fórmula jurídica relevante, sino que lo que se pretende es dotarla de visibilidad y fuerza, confiriéndole paulatinamente contenido jurídico concreto[16] o, lo que es

---

11 MARTÍN DELGADO, I., "El procedimiento administrativo en el Derecho de la Unión Europea", *Revista de Derecho de la Unión Europea,* núm. 19/2010, p. 130.

12 Sentido en que ha señalado RODRÍGUEZ-ARANA MUÑOZ, J., Prólogo al *libro La buena administración como noción jurídico-administrativa*, MATIA PORTILLA, A., *La buena administración como noción jurídico-administrativa*, cit., pp. 13 y 14, que la buena administración es una "característica inherente a la misma Administración, a su existencia, a su sentido, a su justificación".

13 MATIA PORTILLA, A., op. cit., p. 21.

14 RODRÍGUEZ-ARANA MUÑOZ, J., Prólogo al *libro La buena administración como noción jurídico-administrativa*, cit., p. 15.

15 (*Tol 173304*)

16 *Vid.* MATIA PORTILLA, A., *La buena administración como noción jurídico-administrativa*, cit., pp. 35 y 59. Autor que realiza un repaso muy completo de los antecedentes

lo mismo, auténtica sustantividad. Como ha señalado DELPIAZZO, superada la etapa en que dicho concepto se vinculó al mérito más que a la legitimidad del quehacer administrativo, al presente corresponde reconocer la consolidación de "la buena administración como principio general del Derecho" y, por tanto, como norma jurídica como máximo valor y fuerza[17].

Consideraciones, en efecto, de las que se desprende que la continua expansión y evolución del Derecho comunitario, en lo que respecta en concreto a la materia tributaria, no solamente despliega su eficacia sobre aspectos materiales de nuestra disciplina sino sobre cuestiones que, en principio, podrían calificarse como estrictamente "formales", no siendo posible pasar por alto, en este sentido, la dimensión material de los elementos de carácter procedimental, según venimos defendiendo desde hace años[18], y que ha expresado con claridad FERNÁNDEZ RODRÍGUEZ al afirmar que en "el procedimiento, la forma, solo de un modo convencional puede separarse del fondo", siendo forma y fondo "aspectos de una misma cosa, de una misma realidad"[19]. Dicho de otro modo, "lo «procedimental» es algo más que una regulación meramente «procesal» o formal"; no se limita a la secuencia procesal de la aplicación normativa. Lo procedimental

---

de la buena administración tanto en Europa como en Latinoamérica.

17 DELPIAZZO, C., "La buena administración como imperativo ético para administradores y administrados", *Revista de Derecho*. Segunda Época, núm. 10/2014, p. 44.

18 Hace tiempo hicimos referencia a "la «dimensión material» de los procedimientos de aplicación de los tributos y, en consecuencia, de aquellos dirigidos al desarrollo de las actuaciones de aportación e intercambio de datos a nivel comunitario e internacional" (*Vid.* SÁNCHEZ LÓPEZ, M. E., "La tutela del contribuyente en relación con las actuaciones de intercambio de información tributaria en el ámbito internacional", en *Intercambio internacional de información tributaria: avances y proyección futura*, PATÓN GARCÍA, G. y SÁNCHEZ LÓPEZ, M. E. (Coords.); COLLADO YURRITA, M. A. (Dir.), Cizur Menor, Aranzadi, Thomson-Reuters, 2011, p. 134).

19 FERNÁNDEZ RODRÍGUEZ, T. R., "El derecho a una buena administración: una nueva mirada a la Administración y el derecho administrativo" en *Anuario del Buen Gobierno y de la Calidad de la Regulación: La Regulación de la protección de los alertadores y denunciantes (whistleblowers)*, Fundación Democracia y Gobierno Local, Barcelona, 2021, p. 90. Línea en que podrían insertarse las palabras de VIÑUALES FERREIRO, S. cuando señala que "el procedimiento solo puede concebirse como instrumento para la aplicación del Derecho sustantivo que rige en cada sector" (*Vid. El procedimiento Administrativo de la Administración Europea,* Thomson Reuters, Aranzadi, Cizur Menor, Navarra, 2015, p. 28).

contiene elementos sustantivos[20], que pueden conducir a hablar de una "sustantivación" de los vicios de carácter procedimental[21] con la repercusión que ello tendría en el control administrativo o jurisdiccional de las actuaciones procedimentales.

Ideas, de otra parte, que, partiendo de la parquedad del procedimiento previsto para el intercambio rogado de información tributaria, diseñado por parte de la Directiva 2011/16/UE, de 15 de febrero de 2011, relativa a la cooperación administrativa en el ámbito de la fiscalidad y por la que se deroga la Directiva 77/799/CEE[22], así como de las carencias y ambigüedades que, en muchos casos, presentan las Directivas que regulan el intercambio automático de información entre Estados miembros, nos conducen a subrayar en estas primeras líneas que el objeto del presente trabajo se dirige, en esencia, al examen del procedimiento de intercambio de información tributaria en el seno de la Unión Europea desde la perspectiva garantista y de eficacia que, a nuestro juicio, puede imprimir sobre el mismo la proyección del principio de buena administración el cual, como se ha afirmado acertadamente, ha *evolucionado* desde su consideración de principio al servicio de la eficacia de la Administración pública hasta una función de garantía de los derechos del ciudadano[23].

Concepto de buena administración que cabe referir, por ende, tanto a la salvaguarda de los derechos de los administrados como al buen funcionamiento de

---

20 Idea a la que se han referido, entre otros, VELASCO CABALLERO, F., "Procedimiento administrativo para la aplicación del Derecho comunitario", *Revista Española de Derecho Europeo*, núm. 28/2008, p. 447 y MARCHESSOU, P., "Procedimientos tributarios nacionales y protección comunitaria del contribuyente", en *Derecho Comunitario y Procedimiento Tributario*, FERNÁNDEZ MARÍN, F. (Dir.), Atelier, Barcelona, 2010, p. 112, indicando que "en la práctica, es difícil establecer la frontera entre el Derecho material y los procedimientos".

21 *Vid.* GARCÍA NOVOA, C., "El principio de Buena Administración como regla de control de los actos administrativos en materia tributaria", (El principio de Buena Administración como regla de control de las actos administrativos en materia tributaria (politicafiscal.es). Fecha de consulta: 2 de julio de 2022.

22 (*Tol 2043932*)

23 *Vid.* CONTE, D., "Interpello tributario e diritto ad una buona amministrazione: riflessioni per un balancio", en *La proyección de la buena administración sobre los procedimientos de aplicación de los tributos,* LUCHENA MOZO, G. M. y SÁNCHEZ LÓPEZ, M. E. (Dirs.), Tirant lo Blanch, Valencia, 2023, pp. 461 y 462.

la Administración como sistema[24], debiendo incluir los aspectos organizativos siendo así que la buena administración no solo es un actuar sino que son también estructuras y organización, debiendo ser considerada también la vertiente organizativa como una garantía para el particular; más aún, si bien "una organización administrativa adecuada para la realización de los intereses generales es síntoma de buena administración", una configuración inadecuada de "los procedimientos de actuación puede dañar la finalidad garantista de la actuación administrativa". Salvar los obstáculos mencionados "pasa por una revisión del Derecho Administrativo para que la «buena administración» sea algo más que una aspiración"[25].

2. CONTENIDO E INTERPRETACIÓN DEL PRINCIPIO DE BUENA ADMINISTRACIÓN

Los tratados fundacionales de las Comunidades Europeas no contenían referencia alguna a los principios generales del derecho o a los derechos fundamentales. Sin embargo, pronto la jurisprudencia del Tribunal de Justicia evidenció que estos principios formaban parte del orden jurídico comunitario. Contexto en que es importante señalar la relevancia de la aprobación de la Carta de los Derechos Fundamentales de la Unión Europea, el 7 de diciembre de 2000, cuyo objetivo radica en hacer visibles los valores comunes a los Estados miembros, constituyendo, a juicio de MALHERBE, un compromiso político de relevancia incuestionable[26].

De este modo, la aparición de la Carta de los Derechos fundamentales ha supuesto la introducción de una vinculación cualificada al legislador comunitario y, respecto al derecho a la buena administración, una vinculación en la toma de decisiones a la Comisión Europea y al resto de Instituciones comunitarias, que se ven comprometidas a promover su desarrollo, respetando el contenido concreto

24 VALAN, E. y VARIA, G., "On the Right to Good Administration: European developments and national administrative practice", *Academic Journal of Law and Governance*, núm. 8/2020, p. 8.

25 MEILÁN GIL, J. L., "La buena administración como institución jurídica", *Revista Andaluza de Administración Pública,* núm. 87/2013, p. 18.

26 *Vid.* MALHERBE, J., "La buena administración en el Derecho Fiscal: los Derechos fundamentales", en *Derecho comunitario y procedimiento tributario,* FERNÁNDEZ MARÍN, F. (Dir.) y FORNIELES GIL, A. (Coord.), Atelier, Barcelona, 2010, p. 286.

atribuido al mismo en la Carta[27], debiendo destacar, en relación con esta última idea, el hecho de que aún no se ha producido desarrollo alguno del principio de buena administración a nivel de la normativa europea, tal como sería deseable.

Pues bien, sin perjuicio de situar los antecedentes de la buena administración tanto en distintas normas elaboradas en el seno de la Unión Europea, y en particular, el Código Europeo de Buena Conducta Administrativa[28] el Libro Blanco sobre la Gobernanza europea[29], la jurisprudencia de los Tribunales comunitarios[30], así

27 *Vid.* GUILLEM CARRAU, J., "El avance del derecho a la buena administración en el Tratado de Lisboa", *Revista de Derecho de la Unión Europea*, núm. 19/2010, p. 44.

28 Instrumento de concreción del derecho a la buena administración y antecedente directo del art. 41 de la CDFUE (*Vid.* RODRÍGUEZ-ARANA MUÑOZ, J., "Consideraciones sobre el derecho fundamental a la buena administración", en *La proyección de la buena administración sobre los procedimientos de aplicación de los tributos,* LUCHENA MOZO, G. M. y SÁNCHEZ LÓPEZ, M. E. (Dirs.), Tirant lo Blanch, Valencia, 2023, pp. 28 y 29).

29 (*Tol 218096*). Adoptado por la Comisión Europea, tras la aprobación por el Parlamento Europeo, el 6 de septiembre de 2001, del Código de Buena Conducta Administrativa. Documento que, como señala CASAS AGUDO, ha sido calificado por la doctrina administrativa como "*acto comunitario atípico*", atribuyéndole carácter de *soft law* en lo que se refiere a sus efectos jurídicos, "en tanto que tiene por objeto la fijación de los principios generales programáticos de la actuación de la Administración comunitaria en sus relaciones con los ciudadanos de la UE", habiendo contribuido a "concretar en la práctica el significado del derecho a la buena administración" (*Vid.* "Derecho a una buena administración y ordenamiento tributario", en *Derechos Fundamentales y Tributación, Nueva Fiscalidad*, 2020, p. 71).

30 *Vid.* RODRÍGUEZ-ARANA MUÑOZ, J., "La buena administración como principio y como Derecho fundamental en Europa", *Revista Misión Jurídica*, núm. 6/2013, p. 39. Línea en que se declara en El Código Europeo de Buena Conducta Administrativa que, tal como "establecen claramente las notas explicativas que acompañan a la Carta de los Derechos Fundamentales, el derecho a una buena administración se basa en la jurisprudencia del Tribunal de Justicia relativa a la buena administración como uno de los principios generales del Derecho de la UE. Estos principios generales obligan asimismo a los Estados miembros cuando actúan dentro del ámbito de aplicación del Derecho de la UE". Jurisprudencia, tanto del Tribunal de Justicia de las Comunidades Europeas como del Tribunal de Primera Instancia, que ha contribuido, a juicio del autor citado, a la "existencia positiva del derecho fundamental a la Buena Administración" (RODRÍGUEZ-ARANA MUÑOZ, J., "Consideraciones sobre el derecho fundamental a la buena administración", cit., p. 23).

como determinados documentos emitidos por la OCDE[31], el hito fundamental en orden a su reconocimiento se encuentra en el art. 41 de la CDFUE (siendo la Carta un texto independiente dotado de valor jurídico vinculante en virtud de lo dispuesto en el Tratado de la Unión Europea[32]). Principio que encuentra su "espejo", al otro lado del Atlántico, en la Carta Iberoamericana de los Derechos y Deberes del ciudadano en relación con la Administración Pública, aprobada en 2013, tras la XXIII Cumbre Iberoamericana de los Jefes de Estado y de Gobierno de Panamá, que no cuenta, sin embargo, con la vinculación de un tratado internacional encontrándose plasmado, explícita o implícitamente, en las Constituciones de distintos países latinoamericanos[33]. Ausencia de carácter vinculante a pesar de lo cual la doctrina le atribuye relevancia jurídica en cuanto compromiso que busca reflejarse en el ámbito de los derechos y deberes de los ciudadanos y sus relaciones con la Administración Pública e instrumento de guía de la actuación de la Administración[34].

Concepto, por otra parte, que, en lo que respecta a su *naturaleza jurídica*, nos lleva a afirmar que nos encontramos más bien ante un *principio rector* o principio

---

31 OCDE. *Trust and public Policy how better Governance can help rebuild public Trust,* Paris 2017.

32 Tal como se indica en El Código Europeo de Buena Conducta Administrativa, a partir de la entrada en vigor del Tratado de Lisboa, en diciembre de 2009, "la Carta de los Derechos Fundamentales tiene el mismo valor jurídico que los Tratados. Por consiguiente, los ciudadanos tienen ahora derecho a que las instituciones de la Unión Europea traten sus asuntos según los principios de la buena administración". Sentido en que ha afirmado MEILÁN GIL, J. L., "La buena administración como institución jurídica", cit., p. 32, que "el derecho a la buena administración se incorpora, como Estado miembro de la UE, al ordenamiento jurídico español que específicamente incorpora los derechos fundamentales a la Constitución y que se refuerza en su artículo 10.2", siendo un avance de "extraordinaria importancia", no siendo necesario insistir "en la naturaleza y significación jurídica de esta institución. No solo son derechos subjetivos, sino que vinculan, en tanto Derecho subjetivo, a todos los poderes del Estado (...)".

33 *Vid.* MASBERNAT, P., "Algunas perspectivas acerca de la buena administración y tributación en América Latina", en *La proyección de la buena administración sobre los procedimientos de aplicación de los tributos,* LUCHENA MOZO, G. M. y SÁNCHEZ LÓPEZ, M. E. (Dirs.), Tirant lo Blanch, Valencia, 2023, pp. 519 y ss.

34 *Vid.*, en relación con estas ideas, MATIA PORTILLA, A., *La buena administración como noción jurídico-administrativa*, cit., p. 174.

general de la actuación de la administración europea[35], si bien dotado (o al que se debe dotar) de una "singularidad propia", cimentada en el trato equitativo y en la total exclusión de la arbitrariedad[36], que se *proyecta* a través de una *renovada eficacia* de la variedad de derechos que cabe incluir bajo el mismo, llevada a cabo hasta el momento sobre todo a partir de la construcción jurisprudencial, tanto de los tribunales de los Estados miembros como del Tribunal de Justicia de la Unión Europea (TJUE) y del Tribunal Europeo de Derechos Humanos (TEDH)[37], sin olvidar las importantes contribuciones que, sobre todo en los últimos tiempos se vienen realizando por parte de la doctrina (particularmente administrativa pero

35 Es significativo, en este sentido que en las Explicaciones sobre la Carta de los Derechos Fundamentales (2007/C 303/02), se conciba la buena administración como un principio general y no como un derecho. Línea en que ha indicado SANZ GÓMEZ, R., "Buena administración y procedimiento tributario justo", en *La protección de los derechos fundamentales en el ámbito tributario*, MERINO JARA, I. (Dir.), VAZQUEZ DEL REY VILLANUEVA, A. y SUBERBIOLA GARBIZU, I. (Coords.), Wolters Kluwer, Madrid, 2021, p. 235, que uno de los "puntos comunes" en la jurisprudencia del TEDH, el TJUE y el TS, es, precisamente, el relativo a la naturaleza jurídica de la buena administración en cuanto "«meta-principio» que engloba otros principios, deberes administrativos (como el deber de motivación) o derechos de los particulares (como el derecho de audiencia)", situándose también en esta dirección, entre otros autores, CARRASCO GONZÁLEZ, F. M., "El principio de buena administración en el ámbito de la revisión de los actos tributarios", *Revista Española de Derecho Financiero*, núm. 197/2003, p. 3.

36 *Vid.* ORENA DOMÍNGUEZ, A., "El principio de buena administración como derecho y garantía de los obligados tributarios", en *Los principios de cumplimiento cooperativo en materia tributaria*, MORENO GONZÁLEZ, S. y CARRASCO PARRILLA, P. (Dirs.), GÓMEZ REQUENA, J. A. (Coord.), Atelier, 2023, p. 69, pronunciándose en esta misma línea GARCÍA NOVOA, C., "El principio de Buena Administración como regla de control de los actos administrativos en materia tributaria", (El principio de Buena Administración como regla de control de las actos administrativos en materia tributaria (politicafiscal.es). Fecha de consulta: 5 de julio de 2022.

37 A pesar de que el Convenio Europeo de Derechos Humanos de 1950 no recoge entre sus artículos ninguna mención expresa a la buena administración o a la buena gobernanza, ello "no ha sido obstáculo para que el TEDH en diversas sentencias incorpore estas ideas y las conecte con el control de las autoridades públicas bajo el Convenio" (*Vid.* PONCE SOLÉ, J., *La lucha por el buen gobierno y el derecho a una buena administración mediante el estándar jurídico de diligencia debida*, Editorial Universidad de Alcalá, Universidad de Alcalá, 2019, p. 56).

también tributaria, en especial en los últimos años) cuya misión "será aportar el necesario rigor en la delimitación" del contenido de la buena administración[38].

Contexto en que ha señalado TORNOS MAS, que, "como principio rector de la actuación de las administraciones públicas, la buena administración tiene un alcance mucho mayor en la medida en que su carácter plural y su fuerza expansiva pueden dar mucho juego para imponer una nueva cultura en la actuación de las administraciones públicas y en su relación con los ciudadanos"[39]. De ahí que creamos preciso huir de una explicación de la buena administración como un "concepto marco" dentro del que se encuadran, derechos, reglas y principios que guían los procedimientos administrativos[40], debido, en esencia, a que *ello no aporta nada* a la configuración y contenido de este principio.

Línea, pues, en que cabría comenzar afirmando que es la *interacción* entre la buena administración y los principios y derechos en que se articula la misma, lo que determina y va configurando tanto su "eficacia jurídica"[41] como la de los derechos y principios sobre la que se proyecta, encontrándonos, por tanto, ante un principio en continua evolución. En suma, y desde la perspectiva expuesta, el principio de buena administración actuaría como *herramienta de interpretación* y parámetro material de garantía procedimental[42] situándose su contenido (a pesar de su compleja delimitación) *más allá* de los derechos incluidos bajo el

---

38 Sentido en que ha señalado MERINO JARA, I., Prólogo a la obra colectiva *La proyección de la buena administración sobre los procedimientos de aplicación de los tributos,* LUCHENA MOZO, G. M. y SÁNCHEZ LÓPEZ, M. E. (Dirs.), Tirant lo Blanch, Valencia, 2023, pp. 12 y 13, que "la jurisprudencia, con apoyo de la doctrina, tiene mucha tarea por delante en la búsqueda de un espacio propio para el principio de buena administración. No es fácil dibujar sus contornos".

39 TORNOS MAS, J., "El derecho a una buena administración", Sindicatura de Greuges, Barcelona, p. 16 (https://www.sindicadegreugesbcn.cat/pdf/monografics/administracio_es.pdf). Fecha de consulta: 7 de septiembre de 2022).

40 Idea defendida por BATALLI, M. y FEZZULLAHU, A., "Principles of Good Administration under the European Code of Good Administrative Behaviour", *Journal of International and European Law*, I/2018, p. 27.

41 FUENTETAJA PASTOR, J. A., "El derecho a la buena administración en la Carta de los Derechos Fundamentales de la Unión Europea", *Revista de Derecho de la Unión Europea*, núm. 15/2008, pp. 138 y 144.

42 *Vid.* MELLADO RUIZ, L., "Principio de buena administración y aplicación indirecta del derecho comunitario: instrumentos de garantía frente a la «comunitarización» de los procedimientos", *Revista Española de Derecho Europeo,* núm. 27/2008, p. 302.

mismo. Derechos que, en este sentido, y bajo la perspectiva de la buena administración, adquieren necesariamente un contenido diferente que será preciso delimitar en cada sector de nuestro ordenamiento (dada la inexistencia de un modelo único de buena administración[43]); derechos y garantías cuya realización por tanto, y en última instancia, van configurando tanto el contenido como la efectividad del principio de buena administración.

Por consiguiente, teniendo en cuenta que la Carta de Derechos Fundamentales de la Unión Europea no define ni precisa el contenido exacto de este principio, y en relación con lo expuesto, nos mostramos de acuerdo con MELLADO RUIZ cuando sostiene que "su probable caracterización real es la de un «principio general directriz»" que asume "el marcado carácter «creativo» de toda la jurisprudencia del TJCE en materia de protección de derechos fundamentales". Principio directriz o basilar de las relaciones entre la Administración pública y los ciudadanos, cuya virtualidad fundamental radicaría en servir de gozne de cohesión e interpretación de una serie de derechos más concretos y específicos[44], no debiendo llevar esta afirmación a perder de vista la necesidad de otorgar unos contornos propios al principio de buena administración configurados, en buena medida, y a nuestro juicio, por los deberes de diligencia y debido cuidado que se imponen a la Administración en orden a la consecución de una gestión óptima en beneficio del ciudadano. Características que se configuran como límites especialmente importantes en aquellos ámbitos en que la Administración goza de márgenes más o menos amplios de discrecionalidad[45] y que asignan un contenido propio a la buena administración debiendo encontrar reflejo en los nuevos

---

43 Sentido en que señala MEILÁN GIL, J. L., "La buena administración como institución jurídica", cit., p. 32, que si bien no hay un modelo único de buena administración, "al menos el derecho fundamental indica que existe algo que es sustancial, que puede ser común a todas las administraciones", añadiendo que "la regulación de ese derecho es deudora de una arraigada concepción del derecho administrativo, construido sobre la óptica del control de la Administración, en garantía de los derechos de los ciudadanos".

44 MELLADO RUIZ, L., "Principio de buena administración y aplicación indirecta del derecho comunitario: instrumentos de garantía frente a la «comunitarización» de los procedimientos", cit., pp. 306 y 307.

45 Sentido en que ha indicado RODRÍGUEZ-ARANA MUÑOZ, J., "Consideraciones sobre el derecho fundamental a la buena administración", cit., p. 24, que la discrecionalidad constituye el verdadero caballo de Troya del Derecho Administrativo, debiendo garantizarse "el ejercicio de la discrecionalidad administrativa en armonía con los principios de derecho".

perfiles de los derechos y garantías cobijados bajo el mismo y, en definitiva, en su renovado significado y alcance.

Funcionalidad, por tanto, que, aun teniendo en cuenta el carácter ambiguo y complejo de dicho principio, "constituye el punto de inflexión definitivo entre la *protección formal* de los derechos (humanos) fundamentales en la esfera comunitaria, admitida sin problemas hasta ahora por el TJUE, y su efectiva *protección material*", por lo que "la reacción individual frente a la actuación jurídico-administrativa ha de sustanciarse necesariamente en el seno de los procedimientos administrativos, constituyendo el derecho a una buena administración (...) la columna vertebral y el paradigma genérico de exigibilidad de una adecuada, eficaz y ponderada acción pública"[46].

Ahora bien, cabe advertir que el principio de buena administración, en cuanto *mandato de optimización* a la actuación de la Administración, únicamente desplegará todos sus efectos cuando el legislador lo transforme en *norma* concretándolo en derechos específicos acompañados de un correlativo deber de actuación de la Administración[47]. Y ello, sin perjuicio de tener en cuenta la "virtualidad" del Código Europeo de Buena Conducta, aprobado por el Parlamento Europeo en septiembre de 2001, que permite a los ciudadanos de la Unión Europea conocer en la realidad práctica en qué consiste este derecho fundamental, qué significa en concreto y en qué casos se lesiona por parte de las Autoridades de la Unión Europea[48], convirtiéndose, según se indica en dicho documento, "en un instrumento fundamental para la aplicación práctica del principio de buena administración"; ello, sin perjuicio de tener en cuenta que se trata de un instrumento que no es jurídicamente vinculante.

---

46 MELLADO RUIZ, L., "Principio de buena administración y aplicación indirecta del derecho comunitario: instrumentos de garantía frente a la «comunitarización» de los procedimientos cit., p. 311.

47 *Vid.*, en esta línea, entre otros, ROUCCO, G., "La «buena administración» y el «interés general»", *Revista de Direito Administrativo & Constitucional,* núm. 49/2012, p. 29 y GARÍN BALLESTEROS, B., "Estándar de buena administración en los actos tributarios", en *La proyección de la buena administración sobre los procedimientos de aplicación de los tributos,* LUCHENA MOZO, G. M. y SÁNCHEZ LÓPEZ, M. E. (Dirs.), Tirant lo Blanch, Valencia, 2023, p. 81, para quien la "positividad" es la que garantiza la realización efectiva de la buena administración.

48 *Vid.* RODRÍGUEZ-ARANA MUÑOZ, J., "Consideraciones sobre el derecho fundamental a la buena administración", cit., p. 31.

Consideraciones, pues, que se sitúan en línea con la construcción jurisprudencial del principio de buena administración que "desde su origen se ha centrado en el logro de una gestión pública más óptima en beneficio de los ciudadanos"[49] y que, en el ámbito de nuestro ordenamiento tributario, ha sido realizada fundamentalmente por el Tribunal Supremo; Órgano que, a golpe de Sentencia (monopolizada prácticamente por su Sección 2ª, sobre la que recae la competencia en materia tributaria)[50] ha ido configurando el contenido de este principio a través de interpretaciones favorables a los ciudadanos partiendo de la idea de una mejor y más adecuada gestión y administración pública en beneficio de éstos y, de modo particular, de los contribuyentes, afirmando, entre otras, en la Sentencia de 11 de junio de 2020[51], que el mismo "*impone a la Administración una conducta lo suficientemente diligente como para evitar definitivamente las posibles disfunciones derivadas de su actuación, sin que baste para dar cobertura a sus deberes la mera observancia estricta de procedimientos y trámites, sino que, más allá, reclama la plena efectividad de garantías y derechos reconocidos legal y constitucionalmente al contribuyente y ordena a los responsables de gestionar el sistema impositivo, a la propia Administración Tributaria, observar el deber de cuidado y la debida diligencia para su efectividad y la de garantizar la protección jurídica que haga inviable el enriquecimiento injusto*"[52].

2.1 LA BUENA ADMINISTRACIÓN EN EL SENO DEL ORDENAMIENTO ESPAÑOL

Si bien la buena administración no se encuentra recogida de modo expreso en nuestra Constitución, sí cabe encontrar en dicha Norma los "subprincipios" que conforman este principio a partir del contenido de ciertos preceptos constitucionales que definen la forma de actuación de la Administración pública, tales

49 VIÑUALES FERREIRO, S., "El artículo 41 de la Carta de los Derecho Fundamentales de la Unión europea: una visión crítica", *Estudios de Deusto*, Vol. 63/1, 2015, (http://www.revista-estudios-deusto.es/) Fecha de consulta: 11 de septiembre de 2022.

50 *Vid.* MERINO JARA, I., Prólogo a la obra colectiva *La proyección de la buena administración sobre los procedimientos de aplicación de los tributos,* cit., p. 9.

51 Núm. rec.: 3887/2017 (*Tol 7980053*)

52 Doctrina que se recoge en los mismos términos, entre otras, en las Sentencias del Tribunal Supremo de 17 de junio de 2020, rec. nº 3687/2017 (*Tol 7983641*) y de 14 de mayo de 2019, rec. nº 3457/2017 (*Tol 7263574*).

como los arts. 9.3, 31.2, 103.1 y 106.1 de la CE, pudiendo afirmar, desde esta perspectiva, su innegable "anclaje constitucional"[53]. Buena administración que, formando parte, asimismo, de "las tradiciones constitucionales de los Estados Miembros", tal como ha declarado la jurisprudencia europea[54], no supone un "nuevo derecho", sino más bien, y como se ha adelantado ya, un derecho de "nuevo cuño"[55], que reclama la previsión por parte del ordenamiento de las garantías correspondientes.

---

53 Sentido en que MARTÍN REBOLLO, L., "Ayer y hoy de la responsabilidad patrimonial de la Administración", *Revista de Administración Pública*, núm. 50/1999, p. 363, señala que existe "un derecho implícito en la Constitución. El derecho al buen funcionamiento de una Administración cuya función es servir (art. 103 CE)". Línea en que, entre otros autores, ha indicado TOMÁS MALLÉN, B., *El derecho fundamental a una buena administración*, INAP, Madrid, 2004, p. 102, que, si bien nuestra Constitución no recoge el derecho a una buena administración, algunos de los derechos previstos en la Carta de Niza "tienen reflejo —aunque asimétrico— en *valores o principios* establecidos en diversas disposiciones constitucionales", aludiendo también MELLADO RUIZ, L., "Principio de buena administración y aplicación indirecta del derecho comunitario: instrumentos de garantía frente a la «comunitarización» de los procedimientos", cit., p. 318, al "evidente anclaje constitucional de este derecho", cuyo reconocimiento positivo puede sentar las bases de un progresivo cambio de paradigma en las relaciones jurídico-administrativas. Línea en que señala HERMIDA DEL LLANO, C., "La configuración del derecho a una buena administración como nuevo derecho frente al poder", *Pensamiento Constitucional*, núm. 16/2012, p. 158, que "el hecho de que se omita una referencia expresa a la buena administración no impide su reconocimiento como parte del contenido interpretativo de otra serie de principios constitucionales, concretamente, de los que aparecen dentro del Título dedicado al Gobierno y a la Administración".

54 *Vid.*, entre otras, la Sentencia del Tribunal de Primera instancia 20 enero 2002, Asunto *max.mobil telekommunication Service GMBH contra Comisión* (T-54/99).

55 Se pronuncian en este sentido, entre otros, VIÑUALES FERREIRO, S., "El artículo 41 de la Carta de los Derecho Fundamentales de la Unión europea: una visión crítica", (http://www.revista-estudios-deusto.es/) Fecha de consulta: 25 de septiembre de 2022, y TOMÁS MALLÉN, B., *El derecho fundamental a la buena administración*, cit., p. 41, quien afirma que "no se trata de un «nuevo derecho» pero sí de un derecho de «nuevo cuño» en cuanto a su formulación autónoma que dota de unidad a diversos derechos reconocidos de manera dispersa en el orden nacional (...) y en el orden comunitario". Línea en que también ha señalado GARÍN BALLESTEROS, B., "La interpretación del deber de buena administración en la jurisprudencia del Tribunal Supremo. Análisis de la STS de 15 de marzo de 2021, rec. núm. 526/2020", *Revista de Contabilidad y Tributación,* núm. 463/2021, p. 146, que nos encontramos ante un principio "de construcción novedosa, pero de raíces antiguas".

Consideración que ha conducido a la doctrina a poner de manifiesto con razón los problemas de su materialización en los procedimientos administrativos y, por ende, en los de aplicación de los tributos, debido fundamentalmente, y como se ha avanzado, a la discutida naturaleza jurídica de este principio general, de origen netamente jurisprudencial, *sin reconocimiento expreso en nuestro ordenamiento tributario* interno cuyo contenido se encuentra escasamente delimitado.

Reconocimiento normativo, por consiguiente, del que depende tanto su *efectiva aplicación* como su *exigencia* por parte de los administrados, teniendo en cuenta la conexión directa de la buena administración con el derecho a la tutela judicial efectiva, lo que no impide señalar, junto a HERMIDA DEL LLANO, que "desde una perspectiva política", la incorporación de la buena administración en la Carta de Derechos Fundamentales de la Unión Europea "ha contribuido a reforzar la condición de ciudadano frente a las instituciones de la UE y frente a los organismos internos cuando apliquen el Derecho de la Unión". Más aun, la previsión del derecho a la buena administración en el catálogo de derechos no solo contribuye a profundizar en dicho refuerzo sino a "colocar a la ciudadanía como verdadero protagonista del proceso de construcción europea"[56].

A partir de estas ideas, cabe observar, en primer lugar, desde la premisa de que en España la Carta de Derechos Fundamentales de la Unión Europea "constituye un canon interpretativo de los derechos fundamentales y de los principios constitucionales con los que pueda vincularse", derivándose de su ratificación la atribución de idéntico valor vinculante al de los Tratados y confiriendo a los derechos y libertades enunciados en la misma la condición de "auténtico derecho interno"[57] (siendo ello importante en cuanto que la jurisprudencia española ha vinculado el principio de buena administración, entre otros, con los principios contenidos en los arts. 9.3, 103 y 106.1 de la CE[58], en los que encuentra "reflejo

56 HERMIDA DEL LLANO, C., "La configuración del derecho a una buena administración como nuevo derecho frente al poder", cit., pp. 161 y 162. Autora que añade a lo expuesto en el texto que el derecho a una buena administración lo que persigue es su enfoque como un derecho que se ejerce frente y ante la Administración de forma directa como indirecta, en el marco de un Estado social y democrático de Derecho.

57 MARTÍNEZ ÁLVAREZ, J., "El principio de buena administración como nuevo paradigma jurídico y su aplicación en el ámbito tributario: régimen normativo, naturaleza jurídica y contenido", *Nueva Fiscalidad,* enero-marzo 2022, Dykinson, pp. 30 y 31.

58 SANZ GÓMEZ, R., "Buena administración y procedimiento tributario justo", cit., p. 234.

«explícito»"[59]), que aunque el principio de buena administración no se encuentre expresamente formulado en nuestro ordenamiento jurídico, y en el deseo de que llegue a positivizarse, los Estados miembros deben respetar las disposiciones de la Carta tanto cuando aplican el Derecho de la Unión Europea como cuando no sea así[60].

Esto es, nada impide que los EEMM, a través de sus propios Tribunales, invoquen los derechos de la Carta y, en concreto el de buena administración, en la resolución de los distintos conflictos, siendo esto, precisamente, lo que está

---

59 CUDERO BLAS, J., "El principio de buena administración en la jurisprudencia de la Sala Tercera del Tribunal Supremo", *Anuario del buen gobierno y de la calidad de la regulación*, núm. 1/2019, p. 89.

60 *Vid.*, entre otros autores, MARÍN BARNUEVO-FABO, D., "El principio de buena administración en materia tributaria", *Revista Española de Derecho Financiero,* núm. 186/2020, p. 20. Sentido, además, en que ha señalado PONCE SOLÉ que el Tribunal Supremo español, "complementando el ordenamiento jurídico nacional (art. 1 del Código Civil) ha generado mediante su jurisprudencia una obligación de respeto del derecho a una buena administración incluso cuando solo está en juego Derecho puramente español, si bien de momento, como es sabido, el ordenamiento estatal no ha recogido explícitamente aun este derecho, a diferencia de algunos ordenamientos autonómicos" (*Vid.* "La lucha por el buen gobierno y el derecho a una buena administración mediante el estándar jurídico de diligencia debida", cit., pp. 88 y 89) y ORENA DOMÍNGUEZ, A., "El principio de buena administración como derecho y garantía de los obligados tributarios", cit., p. 50. Línea seguida también más allá de nuestras fronteras por PAVEL, N., "The right to Good Administration", *Contemporay readings in Law and Social Justice*, Vol. 4(2)/2012, p. 931, al afirmar que el concepto de Buena Administración debe dirigir/enmarcar las relaciones entre la Administración Pública y los ciudadanos, añadiendo que los principios que conforman la Buena Administración deben aplicarse obligatoriamente por los Estados miembros de la Unión Europea y PIERRO, M., "I doveri di informazione dell'amministrazione finanziaria e la «nuova» trasparenza amministrativa tra diritto e principio di buona amministrazione", cit., pp. 88 y 91 y ss., a cuyo juicio el art. 97 de la Constitución Italiana enuncia el principio de "buen andamento e imparzialità dell'azione amministrativa", confirmada a nivel europeo como derecho/principio a la buena administración, asumiendo la categoría de fuente y norma de derecho interno, directamente aplicable a todos los procedimientos administrativos, como garantía del contribuyente (finalidad de la buena administrativo), añadiendo que, sin embargo, la Corte di Cassazione ha excluido la aplicabilidad de dicho principio, siempre que no sea de aplicación directa el derecho comunitario. Posición de la que discrepa la autora, entre otras razones, porque, por un lado, la misma prescinde de una interpretación sistemática de los arts. 41 y 51 de la CDFUE y, por otra parte, no tiene en cuenta el "valor constitucional" de la Carta.

ocurriendo en España por la vía del art. 10.2 de la CE[61]. Línea defendida en el Informe anual elaborado por la Comisión en 2018, sobre la aplicación de la Carta de Derechos Fundamentales de la Unión Europea, en el que se afirma que "los jueces nacionales no solo mencionan la Carta en asuntos que entran en el ámbito de aplicación del Derecho de la UE", sino que "en la mayoría de las decisiones que citan la Carta, no se plantea la cuestión de si la Carta es aplicable y el motivo de ello", debiendo destacar, en este sentido, la reciente STJUE, 21 de octubre de 2021, Asunto *CHEP Equipment Pooling*, (C-396/20)[62], en la que confirma su aplicación a las Administraciones nacionales.

Y ello, a pesar de la literalidad del artículo 51.1 de la propia CDFUE, al indicar que la misma está dirigida "a las instituciones y órganos de la Unión respetando el principio de subsidiariedad, así como a los Estados miembros *únicamente cuando apliquen el Derecho de la Unión*", añadiendo que, "por consiguiente, éstos respetarán los derechos, observarán los principios y promoverán su aplicación, con arreglo a sus respectivas competencias". Precepto que, como se indica en el Informe de la Comisión anteriormente citado, rara vez su aplicación es analizada por los jueces siendo esta una posición compartida tanto por el Tribunal Supremo[63] como por la mayoría de nuestra doctrina.

El debate expuesto, sin embargo, sin perjuicio de su relevancia así como de la problemática que genera centrada, sobre todo, en la dificultad de determinar qué condiciones deben concurrir para poder afirmar que nos encontramos ante la "aplicación" del Derecho de la Unión[64], no creemos que afecte a nuestro objeto de estudio desde la premisa de que cuando un Estado miembro transmite información tributaria a otro, tanto previa solicitud como con carácter automático, está *aplicando* el Derecho de la Unión Europea, no existiendo dudas, por tanto, acerca de la proyección del principio de buena administración sobre dicho mecanismo.

---

61 MARTÍN DELGADO, I., "El procedimiento administrativo en el Derecho de la Unión Europea", cit., p. 125, quien se refiere a la abundante jurisprudencia que contiene alguna referencia a los derechos de la Carta y, en particular, el derecho de buena administración en general o a alguna de sus manifestaciones, en particular.

62 (*Tol 8618982*)

63 *Vid.*, entre otras, STS de 20 de noviembre de 2015.

64 *Vid.*, en relación con esta idea, MARTÍN DELGADO, I., "El procedimiento administrativo en el Derecho de la Unión Europea", cit., p. 106.

Idea, precisamente, a la que se ha referido MARTÍN DELGADO al señalar que siempre que exista una conexión entre la situación nacional y el Derecho de la Unión, "serán de aplicación a aquélla los derechos contenidos en éste, constituyendo canon de interpretación de la legalidad misma"; en definitiva, existe implementación del Derecho de la Unión, cuando existe una normativa europea que debe ser aplicada por parte de los Estados miembros (tanto mediante aplicación de normas, como a través de actuaciones internas que buscan la realización de objetivos o el cumplimento de obligaciones europeas) así como en el supuesto de que la actuación nacional afecte a alguna de las libertades fundamentales de la Unión[65].

Consideración refrendada por la jurisprudencia del TJUE al afirmar que, "cuando un Estado miembro aplica el Derecho de la Unión, debe cumplir las exigencias derivadas del derecho a una buena administración, en tanto que dicho derecho refleja un principio general del Derecho de la Unión"[66]. Más aun, cuando un Estado aplica el Derecho europeo de modo contrario a los derechos inherentes al principio de buena administración puede estar perjudicando la finalidad o la consecución del objetivo perseguido por la normativa europea vulnerando, en consecuencia, el principio de lealtad institucional e, incluso, y en su caso, incumpliendo las obligaciones asumidas en virtud del Derecho de la Unión[67].

Posición que respalda, por tanto, la aplicación del principio de buena administración sobre el procedimiento de intercambio de información tributaria teniendo en cuenta, además, como ha indicado FUENTETAJA PASTOR, que dicho principio puede tener "un alcance insospechado" respecto de los procedimientos de los Estados miembros desde la consideración de que los derechos recogidos en la Carta de Derechos Fundamentales de la Unión Europea "condicionan" la ejecución que realicen los Estados del Derecho de la Unión[68]; y ello, al margen de señalar la recepción implícita del principio mencionado, en lo que

---

65 Op. cit., pp. 113 y 115.

66 *Vid.,* entre otros pronunciamientos STJUE, de 26 de febrero de 2013, Asunto *Akerberg Fransson*, C-617/10, Ap. 28.

67 MARTÍN DELGADO, I., "El procedimiento administrativo en el Derecho de la Unión Europea", cit., p. 121.

68 FUENTETAJA PASTOR, J., Prólogo al libro de VIÑUALES FERREIRO, S., *El procedimiento Administrativo de la Administración Europea,* Thomson Reuters, Aranzadi, Cizur Menor, Navarra, 2015, p. 21.

respecta al ordenamiento tributario español, a través de su reflejo en el art. 34 de la Ley General Tributaria (LGT)[69], relativo a los *Derechos y Garantías de los obligados tributarios*, cuyo contenido entroncaría directamente con el derecho a la buena administración[70].

Precepto este último que, pese a sus insuficiencias e imperfecciones, como ha destacado MERINO JARA, "todavía puede dar juego, a la espera de que se produzca su reforma y con ella la de distintos preceptos referidos a aspectos procedimentales". Demanda que, a juicio de dicho autor, a la que nos sumamos, podría abrir paso a la mención expresa del principio de buena administración en el ámbito tributario. Ello, además, desde la consideración de que las últimas modificaciones normativas de la Ley General Tributaria han desaprovechado la ocasión "para fortalecer los derechos y garantías de los contribuyentes y adecuarse a los tiempos actuales"; más aún, "la producción normativa sobre derechos y garantías del contribuyente no está yendo en paralelo a la aprobada para reforzar la posición de la administración tributaria", siendo aquélla deficitaria frente a ésta[71].

Por consiguiente, la consagración legislativa de la buena administración en el ámbito tributario no solamente sería altamente beneficiosa para la protección de los derechos de los contribuyentes sino también para la propia Administración tributaria suponiendo su previsión normativa el justo refrendo a la apelación a dicho principio, cada vez de manera más intensa tanto por la jurisprudencia del Tribunal Supremo como por la doctrina científica. Reconocimiento que, al mismo tiempo, contribuiría a una mejor y más adecuada aplicación de dicho principio en el seno del ordenamiento tributario; y ello, desde la premisa, a nuestro juicio, de que la buena administración, al margen del contenido nuclear de la misma[72], posee un *contenido propio* en continua evolución en las distintas ramas del Derecho en cuya formación tiene un papel indiscutible la jurisprudencia tanto patria como del Tribunal de Justicia de la Unión Europea. Sentido en que

---

69 (*Tol 327278*)

70 *Vid.*, en relación con esta idea, CASAS AGUDO, D., "Derecho a una buena administración y ordenamiento tributario", cit., pp. 75 y ss.

71 MERINO JARA, I., Prólogo a la obra colectiva *La proyección de la buena administración sobre los procedimientos de aplicación de los tributos,* cit., pp. 11 y 13.

72 Como ha afirmado MEILÁN GIL, "La buena administración como institución jurídica", cit., p. 32, "no existe un modelo único de buena administración, pero al menos el derecho fundamental indica que existe algo que es sustancial, que puede ser común a todas las administraciones".

MARTÍN DELGADO ha indicado con acierto que "la apertura del derecho de buena administración", lo convierte en fuente de avances jurisprudenciales en el ámbito del Derecho de la Unión que conviene extender, además, a los Estados miembros[73].

En segundo lugar, y sin perjuicio de la construcción que en nuestro ordenamiento está llevando a cabo el Tribunal Supremo, desde la consideración de que dicho principio se encuentra ya recogido de manera implícita en algunos preceptos legales y constitucionales, tratándose de *una suerte de filtro de valoración del actuar administrativo*, creemos que la labor de dicho Tribunal debe ir más allá de la valoración casuística[74], dirigiéndose a establecer unos estándares jurisprudenciales de buena administración, que otorguen la necesaria seguridad jurídica al contribuyente acerca de la actuación administrativa que los vulnera[75]. Ámbito en que merece la pena reflexionar acerca de las palabras de RODRÍGUEZ-ARANA cuando señala que "los conceptos de elaboración jurisprudencial son conceptos construidos desde la realidad", algo en sí mismo relevante debido a que permite la construcción de un nuevo derecho fundamental con "la garantía del apoyo de la ciencia que estudia la solución justa a las controversias jurídicas"[76].

Ahora bien, sin perjuicio de lo expuesto hasta el momento, y tal como se viene subrayando, la eficacia jurídica de la buena administración pasa necesariamente por su reconocimiento como derecho al obligado tributario, lo que requiere la

---

73 MARTÍN DELGADO, I., "El procedimiento administrativo en el Derecho de la Unión Europea", cit., p. 122.

74 Sentido en que ha señalado MERINO JARA, Prólogo a la obra colectiva *La proyección de la buena administración sobre los procedimientos de aplicación de los tributos,* cit., p. 13, que el impulso de la buena administración debe venir de la mano del legislador, "ponerlo bajo la responsabilidad de los tribunales tiene inconvenientes, algunos de ellos derivados del casuismo. No es razonable fiar toda esta tarea transformadora a ellos".

75 Línea en que se sitúa MENÉNDEZ SEBASTIÁN, E. M., *De la función consultiva clásica a la buena administración. Evolución en el Estado social y democrático de Derecho,* Marcial Pons, Madrid, 2021, pp. 19 y 43-45, afirmando además que, ante la carencia de una definición clara de buena administración, "debería dotársela de cierta estabilidad, integrarla como una noción propia de nuestra disciplina y, en general, del Derecho público", concediéndole "efectos jurídicos propios y no solo como apoyo a los principios y derechos ya existentes".

76 RODRÍGUEZ-ARANA MUÑOZ, J., "Consideraciones sobre el derecho fundamental a la buena administración", cit., p. 24.

intervención del legislador, tanto en el ámbito interno como comunitario[77], no siendo ello sino consecuencia de que, como es conocido, los derechos valen tanto como las garantías[78].

En suma, y a pesar de que diversas voces se pronuncian en el seno de la doctrina a favor de la consideración de la buena administración como un derecho fundamental[79], en coherencia con la literalidad del art. 41 de la CDFUE, o incluso

---

77 Línea en que afirma VIÑUALES FERREIRO, S., "La constitucionalización del derecho a una buena administración en la Unión Europea: ¿nuevas garantías para la protección de los derechos en el procedimiento administrativo?", *Revista de Derecho de la Unión Europea*, núms. 27-28/2015, p. 333, que "la configuración formal del derecho a una buena administración como derecho fundamental carece hasta el momento de consecuencias específicas en el ámbito de la Unión Europea", siendo cuestión diferente "si los derechos relacionados en el art. 41 pueden ser considerados derechos públicos subjetivos y, en consecuencia, ser directamente alegables por los particulares ante los tribunales". Autora que señala más adelante que "ni el derecho a la buena administración como principio informador, ni los específicos derechos subjetivos que lo integran, encuentran con la adquisición de valor jurídico de la Carta un plus de protección respecto a la situación anterior". Palabras que corrobora el Tribunal de Primera Instancia, en el Asunto *Tillack* (T-193/04), al declarar, en relación a la eficacia jurídica de la buena administración, que dicho principio "no confiere por sí mismo derechos a los particulares a menos que constituya la expresión de derechos específicos como los derechos de toda persona a que se traten sus asuntos imparcial, equitativamente y dentro de un plazo razonable, a ser oída y a acceder al expediente, o el derecho a la motivación de las decisiones que le afecten según se recogen en el artículo 41 de la CDFUE, proclamada en Niza el 7 de diciembre de 2000".

78 *Vid.* CASSESE, A., *Los derechos fundamentales en el mundo contemporáneo*, Ariel, Barcelona, 1993, p. 17.

79 Línea en que, entre otros autores, se sitúa MEILÁN GIL, "La buena administración como institución jurídica", cit., pp. 30-31, para quien la buena administración "ha dejado de ser una aspiración meramente programática e incluso un principio jurídico para convertirse en un derecho fundamental", añadiendo en este sentido que el reconocimiento de la buena administración "como un derecho fundamental de la persona hace más fácil entender los esfuerzos por que se le reconozca eficacia jurídica" (p. 36). Línea en que también alude MORENO GONZÁLEZ, S., "La buena administración en el ejercicio de la potestad sancionadora tributaria", en *La proyección de la buena administración sobre los procedimientos de aplicación de los tributos*, LUCHENA MOZO, G. M. y SÁNCHEZ LÓPEZ, M. E. (Dirs.), Tirant lo Blanch, Valencia, 2023, pp. 274 a 276, a que "las Explicaciones sobre la Carta destacan el tránsito que la buena administración ha experimentado de «principio» a «derecho», al proclamarse expresamente como tal en el artículo 41 de la Carta y fundamentarse en la concepción de la Unión Europea

como un derecho subjetivo[80] no creemos que la atribución de estas calificaciones tenga cabida en nuestro ordenamiento actualmente dada la necesidad de una previsión normativa expresa en este sentido[81] que permita a los administrados su exigencia judicial; razón por la que en el presente estudio vamos a adoptar la calificación de "principio" al referirnos a la buena administración que, a nuestro juicio, se adecúa más al estado en que se encuentra la evolución actual de dicho concepto.

Línea en que se sitúa, precisamente, TORNOS MAS al indicar que la buena administración, en cuanto "principio rector", implica "la imposición a los poderes públicos de una conducta tendente a hacer realidad el contenido de este principio", no otorgando a los ciudadanos posiciones subjetivas concretas que les permitan exigir lo que dicho principio pretende, quedando en manos del legislador la posibilidad de convertir este principio en derechos subjetivos específicos[82]. En definitiva, *transformar* la buena administración en un derecho, con todo lo que

---

como una «comunidad de Derecho» (*rule of law*)", añadiendo que "la codificación de la buena administración ha contribuido a reforzar su consideración como «derecho» de los ciudadanos o interesados y consiguiente «mandato» a las instituciones, órganos y organismos de la Unión de conducirse de acuerdo con diferentes mandatos de buena conducta administrativa". En consecuencia, puede considerarse como un "derecho fundamental", en base a la "generalidad con que se enuncia" ya que "se atribuye a «toda persona» que se relacione con la Administración europea" y RODRÍGUEZ-ARANA MUÑOZ, J., "Consideraciones sobre el derecho fundamental a la buena administración", cit., pp. 23 y 24, quien afirma de forma tajante que "la Buena Administración pública es un derecho ciudadano de naturaleza fundamental".

80 Entre otros, MELLADO RUIZ, L., "Principio de buena administración y aplicación indirecta del derecho comunitario: instrumentos de garantía frente a la «comunitarización» de los procedimientos", cit., pp. 308 y 309 y PONCE SOLÉ, J., *La lucha por el buen gobierno y el derecho a una buena administración mediante el estándar jurídico de diligencia debida*, cit., p. 68, quien afirma que "el poder ejecutivo se ve hoy en día sometido a concretas obligaciones jurídicas vinculadas a la existencia de un auténtico derecho subjetivo de los particulares a una buena administración".

81 *Vid.,* en esta línea, MARTÍNEZ ÁLVAREZ, J., "El principio de buena administración como nuevo paradigma jurídico y su aplicación en el ámbito tributario: régimen normativo, naturaleza jurídica y contenido", cit., pp. 34 y 35.

82 *Vid.* TORNOS MAS, J., "El derecho a una buena administración", cit., p. 38, (https://www.sindicadegreugesbcn.cat/pdf/monografics/administracio_es.pdf). Fecha de consulta: 20 de septiembre de 2022.

ello comporta, "colabora a que sea efectiva"[83] (vertiente subjetiva), existiendo dudas actualmente en relación con su invocación en sede judicial por parte de los administrados en el seno de nuestro ordenamiento así como, y en particular, respecto de las garantías derivadas de la aplicación de dicho principio, en cuanto finalidad que debe guiar a la Administración para una efectiva realización de los intereses generales (vertiente objetiva) que, como parece lógico, se encontrarán en relación directa con el contenido asignado a la buena administración[84].

Ámbito en que no cabe olvidar que el titular del derecho a la buena administración no es otro sino el ciudadano, a partir de su consideración de sujeto de derecho, como ciudadano de la Unión[85] y que, al menos en el ámbito del intercambio de información tributaria, parece no encontrarse todavía plenamente asumida, según se pondrá de manifiesto a lo largo del presente estudio. Sentido en que son expresivas las palabras de MICHELE, al afirmar que las previsiones contenidas en las normas sobre intercambio de información tributaria "no aseguran una tutela apropiada del contribuyente, tratándose de normas concebidas desde el principio como instrumentos de colaboración entre Estados"[86], que dejan de lado la toma en consideración de los sujetos afectados.

Así pues, y en la línea expuesta, es posible afirmar que el interés general, a cuya realización se dirige el principio de buena administración, sólo adquiere sentido si se presenta de forma *concreta*, acompañado de la motivación y justificación que sea precisa según el grado de discrecionalidad ínsito en la potes-

---

83 *Vid.* MEILÁN GIL, J. L., "La buena administración como institución jurídica", cit., p. 16.

84 MARTÍNEZ ÁLVAREZ, J., "El principio de buena administración como nuevo paradigma jurídico y su aplicación en el ámbito tributario: régimen normativo, naturaleza jurídica y contenido", cit., p. 36.

85 Sentido en que MELLADO RUIZ resalta, frente a las facultades de los poderes públicos, "la virtualidad y exigencias derivadas del estatuto europeo de ciudadanía" (*Vid.* "Los principios comunitarios de eficacia directa y primacía frente a la funcionalidad del principio de autonomía procedimental", en *Derecho Comunitario y Procedimiento Tributario*, FERNÁNDEZ MARÍN, F. (Dir.) y FORNIELES GIL, A. (Coord.), Atelier, Barcelona, 2010, p. 26).

86 MICHELE, M., "Il diritto ad una buona amministrazione nella riscossione transnazionale dei crediti tributari", cit., pp. 343 y 353, quien señala, además, que el derecho a la buena administración puede considerarse la "«fuente integrativa»" en el ámbito supranacional (...), en cuanto que se presenta idóneo para asegurar la tutela del contribuyente".

tad de la que emana la decisión[87] dependiendo su *eficacia real*, según se viene insistiendo, de su asunción normativa, además de jurisprudencial y, por ende, del compromiso y convicción tanto de las instituciones como de los ciudadanos, contribuyendo en concreto a crear y mantener su confianza[88], configurándose de este modo la buena administración como una cambio de paradigma auténtico en el entendimiento, análisis y control de la actividad pública[89]. Sentido en que son significativas las palabras pronunciadas por la Defensora del Pueblo Europeo, en el Código Europeo de Buena Conducta Administrativa, al afirmar en referencia tanto a la buena administración como al propio Código, que "las instituciones deben aceptarlo como una norma de responsabilidad, y no adoptar una actitud defensiva o evasiva"; esto es, las instituciones deben "acoger el cambio y el desafío, y actuar de manera proactiva para mejorar y reforzar la calidad y la eficacia de su trabajo".

Idea en la que, además de incidir BATALLI y FEZZULLAHU, señalan con acierto que los distintos Estados y Administraciones, junto a la "codificación" de dichos principios, deberían adherirse a estándares comunes a los países miembros de la Unión Europea, debido al carácter vinculante de la Carta de Derechos Fundamentales de la Unión Europea. Consideración que, siguiendo a los autores mencionados, nos conduce a afirmar que el *reto* radica en la elaboración de una Constitución Europea que recoja y unifique dichos estándares y acuerdos comunes, con la finalidad de lograr la aplicación uniforme de la Carta de Derechos

87 RODRÍGUEZ-ARANA MUÑOZ, J., "Consideraciones sobre el derecho fundamental a la buena administración", p. 11. Sentido en que afirma JUAN LOZANO, A. M., "Los avances de la buena administración en los procedimientos de inspección", en *La proyección de la buena administración sobre los procedimientos de aplicación de los tributos*, LUCHENA MOZO, G. M. y SÁNCHEZ LÓPEZ, M. E. (Dirs.), Tirant lo Blanch, Valencia, 2023, pp. 169 y 170, que es preciso "trascender hasta una dimensión de configuración normativa informada por las exigencias de la buena administración", esto es, el "tránsito desde la aplicación judicial de los principios hasta la configuración normativa de algunas de sus manifestaciones o exigencias, o como complemento de aquella".

88 ASTOLA MADARIAGA, J., "Los derechos fundamentales y el Derecho comunitario", *Revista Vasca de Administración Pública*, núm. 52/1998, p. 121. Sentido en que señalan BATALLI, M. y FEZZULLAHU, A., "Principles of Good Admministration under the European Code of Good Administrative Behavior", cit., p. 27, que la buena administración es especialmente importante en orden a crear y mantener la *confianza* de los ciudadanos, ostentando un impacto directo sobre el nivel de vida de éstos.

89 *Vid.* PONCE SOLÉ, J., *La lucha por el buen gobierno y el derecho a una buena administración mediante el estándar jurídico de diligencia debida*, cit., p. 91.

Fundamentales de la Unión Europea, lo que tendría un impacto trascendental en su incorporación dentro del "espacio administrativo común europeo"[90].

Principio, por otra parte, que sí se encuentra reconocido en nuestro ordenamiento, en el seno del Derecho Administrativo, habiéndose consagrado en el art. 34 de la Ley 9/2017, de Contratos del Sector Público[91], así como, *implícitamente,* en el art. 13 de la Ley 39/2015, de 1 de octubre, de Procedimiento Administrativo Común de las Administraciones Públicas (LPAC)[92] y en el art. 3 de la Ley 40/2015, de 1 de octubre, de Régimen Jurídico del Sector Público (LRJSP)[93], siendo significativo constatar que este principio ya se recogía, si bien no se definía, en la Ley de la Jurisdicción Contencioso-Administrativa, de 27 de diciembre de 1956. Ello, sin perjuicio de su incorporación en diversas Leyes autonómicas, como la Ley catalana 26/2010, de 3 de agosto, de Régimen Jurídico y procedimiento de las Administraciones públicas en Cataluña[94] o la Ley balear 4/2011, de 31 de marzo, de la buena administración y del buen gobierno de las Illes Balears[95], entre otras[96].

Por consiguiente, en el escenario expuesto, y sin perjuicio de tratarse de una noción ambigua, que entraría dentro del ámbito de los conceptos jurídicos indeterminados, todavía en construcción, cabe detectar en la "buena administración" importantes mimbres que, concretamente en relación con la materia tributaria, nos llevan a pensar que nos encontramos ante un principio de enorme recorrido cuya proyección sobre el ámbito concreto del intercambio de información tributaria entre Estados en el seno de la Unión Europea puede (y debe) ayudar a salvaguardar y, en su caso, *potenciar* las garantías de los sujetos afectados por dicho mecanismo así como la eficacia de dicho instrumento.

---

90 *Vid.* BATALLI, M. y FEZZULLAHU, A., "Principles of Good Administration under the European Code of Good Administrative Behaviour", cit., p. 35.

91 (*Tol 6414318*)

92 (*Tol 5494102*)

93 (*Tol 5494100*)

94 (*Tol 1904053*)

95 (*Tol 2068700*)

96 En relación con los Estatutos de Autonomía en los que se reconoce el principio de buena administración, *vid.,* entre otros autores, SANZ LARRUGA, F. J., "El ordenamiento europeo, el Derecho Administrativo español y el Derecho a una Buena Administración", *Anuario da Facultade de Dereito da Universidade da Coruña,* núm. 13/2009, pp. 738 y ss.

Objetivo cuya realización debe pasar, fundamentalmente, por una *renovada* interpretación del principio de autonomía procedimental, así como por la ampliación de los contornos de principios como la transparencia, la seguridad jurídica, la proporcionalidad o el derecho de defensa en el escenario configurados por la necesidad de *conciliar* el interés perseguido por el intercambio de información entre Estados y la protección de los obligados tributarios. Esto es, el derecho a una buena administración aparece "como un derecho de contenido plural y abierto que da cobertura a una serie de derechos cuya máxima expresión se alcanza generalmente en el procedimiento administrativo"[97]. Principio de buena administración que, como se viene insistiendo, más allá de cobijar los principios expuestos, debe signársele un *perfil propio* o sus "propios mimbres" en el ámbito tributario, en palabras de SCHIAVOLIN[98].

En este contexto, cabe señalar, por tanto, que una buena actuación administrativa no debe ser solo el resultado de una actividad "legal", sino también proporcionada y congruente, "fruto de una racional ponderación, aun en el caso de auténticas potestades administrativas, de los diversos intereses, públicos y privados, en presencia", debiendo entenderse como un "estándar de superación de los meros derechos procedimentales y de protección de la figura de los ciudadanos"[99] y, por ende, como un derecho o principio que opera "más allá de la legalidad"[100]

97 *Vid.* MORENO GONZÁLEZ, S., "La buena administración en el ejercicio de la potestad sancionadora tributaria", cit., p. 272.

98 *Vid.* SCHIAVOLIN, R., "Il diritto ad una buona amministrazione e il giusto procedimiento tributario", cit., p. 54.

99 MELLADO RUIZ, L., "Principio de buena administración y aplicación indirecta del derecho comunitario: instrumentos de garantía frente a la «comunitarización» de los procedimientos", cit., pp. 318 y 319. Línea en que ha señalado ROUCCO, G., "La «buena administración» y el «interés general»", cit., p. 32, que dicho concepto responde a "las posturas más recientes del Derecho Administrativo, caracterizado por el intento de superar la visión estrictamente formal que legitima la administración para el mero cumplimiento neutral y objetivo de la norma que le otorga las potestades de actuación, y poner el énfasis en la voluntad de situar a la persona en el centro de la preocupación de las normas que ordenan la actividad administrativa".

100 *Vid.*, entre otros, BONOMO, A., "The right to good administration and theadministrative inaction: a troubled relationship", *Diritto Pubblico Europeo*, Rassegna online, Fascicolo 2/2015, destaca significativamente, en este sentido la afirmación del Ombudsman relativa a que "there is life beyond legality" y VALAN, E. y VARIA, G., "On the Right to Good Administration: European developments and national administrative practice", cit., p. 8.

persiguiendo la calidad de la decisión administrativa[101]. Consideraciones que permiten concluir con la importante afirmación de que el principio de buena administración puede resultar especialmente aplicable en aquellos casos en que no existe una vulneración manifiesta del ordenamiento jurídico[102].

2.2 LA BUENA ADMINISTRACIÓN: GUÍA DEL NUEVO ENTENDIMIENTO DE LAS RELACIONES ENTRE ADMINISTRACIÓN Y CIUDADANO

Siendo el cumplimiento correcto de las normas consustancial al mundo del Derecho, cabe constatar cómo en el seno del ordenamiento tributario se viene abriendo paso desde hace años la idea del *fomento de la cooperación* entre Administración y contribuyente con la finalidad de un adecuado cumplimiento de las obligaciones tributarias. Ahora bien, para que este modelo de cooperación funcione son precisos "elementos de perceptibilidad en los contribuyentes hacia un cambio del modelo tradicional y una mayor comunicación interna entre las dos partes", debido a que la sociedad demanda "no solo un cambio cultural en el seno de la Administración", que a los efectos del presente estudio es lo que más nos interesa remarcar, sino también en el ámbito empresarial[103].

Fomento de la cooperación o *compliance* que, como es conocido, sitúa el foco fundamentalmente en el fomento del cumplimiento voluntario de las obligaciones tributarias, basado en el intercambio de certeza, seguridad jurídica y confianza legítima[104] a cambio de transparencia por parte de la Administración tributaria. Ámbito en que cabe destacar, junto a RAMOS HERRERA, cómo la

---

101 PONCE SOLÉ, J., "Good Administration and Administrative Procedures", *Indiana Journal of Global Legal Studies,* Vol. 12, 2005, p. 554.

102 *Vid*. MARTÍNEZ MUÑOZ, Y., "El principio de buena administración y los procedimientos de gestión tributaria: cuestiones pendientes", cit., p. 128.

103 *Vid*., en relación con estas ideas, LUCHENA MOZO, G. M., "Los Códigos de Buenas Prácticas como manifestación de la Buena Administración y del compliance: su relación con la ciencia del comportamiento", cit., pp. 93, 94 y 116.

104 Principio que, según indica RAMOS HERRERA, A., "La relevancia del principio de confianza legítima en el ámbito tributario", en Los principios del cumplimiento cooperativo en materia tributaria, MORENO GONZÁLEZ, S., y CARRASCO PARRILLA, P. J. (Dirs.) y GÓMEZ REQUENA, J. A. (Coord.), Atelier, 2023, p. 207, tiene como objetivo conseguir que "las relaciones entre los poderes públicos y la ciudadanía se desarrollen en un marco de estabilidad".

Ley 4/1999, de 13 de enero, de modificación de la Ley 30/1992, de Régimen Jurídico de las Administraciones Públicas y del Procedimiento Administrativo Común[105] señala en su Exposición de Motivos que en el Título Preliminar se introducen dos principios que, derivados del de seguridad jurídica, deben guiar la actuación de las Administraciones Públicas, siendo estos el de buena fe y el de confianza legítima. Principio este último recogido en la actualidad en el art. 3 de la Ley 40/2015 y que si bien no prevé explícitamente la Ley General Tributaria, puede inferirse del contenido del apartado 2 del art. 7 de dicha Norma, a cuyo tenor "tendrán carácter supletorio las disposiciones generales del derecho administrativo y los preceptos del derecho común"[106], debiendo subrayar, en este sentido, como la confianza en las autoridades públicas es un factor de gran importancia a la hora de estimular a los contribuyentes en el cumplimiento de sus obligaciones fiscales[107].

Esta relación de colaboración también encuentra aplicación, como es obvio, en el ámbito del cumplimiento de los *deberes fiscales en sentido estricto*, como sucede en el caso de la aportación de información tributaria por parte de los distintos obligados en el marco de las actuaciones de intercambio de información entre Estados, teniendo en cuenta la relevancia esencial de dichos deberes en la realización del deber de contribuir en que, precisamente, encuentran su fundamento.

Se trata, por tanto, de reforzar la colaboración en el seno del procedimiento de aplicación de los tributos, a partir de las exigencias derivadas del principio de buena administración. Procedimiento "cuyo utillaje conceptual", parafraseando a CASTILLO BLANCO, "urge remozar" para hacer frente a los retos que plantea nuestra disciplina en un contexto de creciente complejidad[108].

En definitiva, es posible extender la relación cooperativa y, por tanto, los principios en que la misma se basa, a toda clase de relación jurídica entre Admi-

---

105 (*Tol 709581*)

106 *Vid.*, RAMOS HERRERA, A., "La relevancia del principio de confianza legítima en el ámbito tributario", cit., pp. 209 y 210.

107 LUCHENA MOZO, G. M., "Buena Administración, compliance y la arquitectura del comportamiento como soporte de las buenas prácticas tributarias", *Quincena Fiscal*, núm. 9/2023, p. 11.

108 CASTILLO BLANCO, F. A., "Garantías del derecho ciudadano al buen gobierno y a la buena administración", *Revista Española de Derecho Administrativo*, núm. 172/2015, p. 6.

nistración tributaria y contribuyente desde la perspectiva de que, en todo caso, la finalidad última del procedimiento de aplicación de los tributos, sobre la que se articula la misma, no es otra sino la realización del interés a un justo sostenimiento de los gastos públicos bajo la aplicación de los principios mencionados.

Contexto en que la *permeabilización* de buena administración del procedimiento de intercambio de información entre Estados en el seno de la Unión Europea, en los términos que se expondrán en el Capítulo siguiente, favorecería la realización del interés público a que el mismo se orienta "en concomitancia con la defensa y participación del obligado tributario"[109]. En otros términos, y como se viene apuntando, se trata de que dicho principio actúe también, y como parece lógico, como *incentivo* en orden al logro de una mayor cooperación de los obligados tributarios en este ámbito.

Motivación o incentivo que, en conexión con las ideas expuestas hasta el momento, y bajo la perspectiva de la buena administración, se *traduce* en algo más que no vulnerar las reglas y principios preexistentes de tipo procedimental que justifiquen la decisión adoptada, sino que introduce "una nueva obligación jurídica, inexistente hasta el momento o al menos no explicitada con claridad consistente en la debida diligencia o el debido cuidado en la ponderación de todos los hechos, intereses y derechos relevantes para la toma de la decisión y en la motivación de esta, con fundamento en el expediente, manteniendo una congruencia racional entre aquellos dos y este último"[110], que se manifiesta "ad extra en el reforzamiento de la posición del ciudadano fortaleciendo el principio de contradicción que inspira el procedimiento administrativo, junto al principio de buena fe y confianza legítima", que pasa por la transparencia de las Administraciones públicas, como trasunto de la objetividad que debe presidir la actuación de estas[111].

Como resultado de estos esfuerzos, y siguiendo a LUCHENA MOZO, sería posible hablar de la *proyección* de la buena administración también sobre el

---

109 LUCHENA MOZO, G. M., "Los Códigos de Buenas Prácticas como manifestación de la Buena Administración y del compliance: su relación con la ciencia del comportamiento", cit., p. 94.

110 PONCE SOLÉ, J., *La lucha por el buen gobierno y el derecho a una buena administración mediante el estándar jurídico de diligencia debida*, cit., p. 92.

111 LUCHENA MOZO, G. M., "Los Códigos de Buenas Prácticas como manifestación de la Buena Administración y del compliance: su relación con la ciencia del comportamiento", cit., p. 111.

comportamiento de los obligados tributarios. Principio que actuaría "como base aglutinadora para reajustar las posiciones de las dos partes implicadas en todas las fases de aplicación de los tributos". En otras palabras, la buena administración se configura como "un valor compartido manifestado en una acción colaborativa en la que actores públicos y privados adaptan progresivamente sus comportamientos a cambios que incentivan el cumplimiento desde la más estricta justicia tributaria en un marco de lealtad y confianza mutua"[112]; principio este último que, a partir de la jurisprudencia del Tribunal Supremo, generó tanto en los operadores jurídicos como en los contribuyentes "una expectativa en forma de nuevo instrumento válido para garantizar la seguridad jurídica, en aras del principio (...) de legalidad al servicio del interés público"[113].

Buena administración, por tanto, que en el contexto expuesto tiene un contenido en sintonía evidente con el derecho a un procedimiento justo siendo núcleo imprescindible del mismo la participación en la acción administrativa por parte de sus destinatarios[114] sobre la base de los principios mencionados.

En este ámbito cabe subrayar, por consiguiente, que las *mayores exigencias* que se derivan de la aplicación de la buena administración sobre el procedimiento y, en particular, sobre el que regula el intercambio de información tributaria entre Estados miembros, no solamente deben conducir a un procedimiento más justo y más efectivo en relación con los objetivos perseguidos sino que también podrá traducirse en "un nuevo paradigma de gestión pública en el que ambas partes asumen compromisos recíprocos" sobre la base de la transparencia y la confianza mutua. Se trataría, en definitiva, de "un proceso interactivo que requiere una retroalimentación constante cuyo marco de referencia debe ser una buena administración"[115].

---

112 Op. cit., p. 95.

113 RAMOS HERRERA, A., "La relevancia del principio de confianza legítima en el ámbito tributario", cit., p. 220.

114 *Vid.*, en relación con estas ideas, SCHIAVOLIN, R.: "Il diritto ad una buona amministrazione e il giusto procedimiento tributario", cit., p. 34.

115 LUCHENA MOZO, G. M., "Los Códigos de Buenas Prácticas como manifestación de la Buena Administración y del compliance: su relación con la ciencia del comportamiento", cit., pp. 100 y 101.

Si bien las consideraciones expuestas no son novedosas[116], parece cierto también que, no siendo de aplicación sencilla en el seno de los ordenamientos domésticos, donde solo tímidamente se advierte un cierto cambio en este sentido, creemos complicado llevar a los procedimientos que regulan el intercambio de datos fiscales en el ámbito europeo en que, como se ha señalado *supra,* cabe detectar un importante desnivel entre las posiciones ocupadas por la Administración tributaria y el contribuyente en lo que se refiere a la protección de la esfera jurídica de este último y, en particular, sus derechos de defensa, seguridad jurídica y vida privada.

Desequilibrio a cuya reducción puede ayudar no solamente la actuación de los poderes públicos sino instrumentos de *soft law,* como el Código Europeo de Buena Conducta Administrativa, aprobado por el Parlamento Europeo en septiembre de 2001, dirigido a incentivar el cambio de conducta de ambas partes de la relación jurídico-tributaria sobre la base de la transparencia, la seguridad jurídica y la confianza mutua así como la interdicción de la discrecionalidad. Código que, siendo un acto comunitario atípico y a pesar de su carácter no vinculante, tiene por finalidad la fijación de principios generales y programáticos de la Administración Comunitaria que bien pueden derivar en actos posteriores de naturaleza jurídica[117].

2.3 LA PROYECCIÓN DEL PRINCIPIO DE BUENA ADMINISTRACIÓN SOBRE EL PROCEDIMIENTO DE INTERCAMBIO DE INFORMACIÓN TRIBUTARIA ENTRE ESTADOS

El estudio del procedimiento aplicable al intercambio de información entre Administraciones tributarias en el seno de la Unión Europea, tanto en su moda-

[116] *Vid.,* en este sentido, LUCHENA MOZO, G. M., "Buena Administración, compliance y la arquitectura del comportamiento como soporte de las buenas prácticas tributarias", cit., pp. 1 y ss., quien se refiere al cambio en el modelo de relación entre Administración y contribuyente impulsado desde hace años tanto por la OCDE, la Unión Europea, el Foro de Administraciones Tributarias y nuestra propia AEAT.

[117] ÁVILA RODRÍGUEZ. C. M., "El derecho a una buena administración en el nuevo Estatuto de Autonomía para Andalucía: alcance y significado", *Revista Andaluza de Administración Pública,* núm. 75/2009, p. 299.

lidad rogada o previa petición de un Estado a otro[118], como automático[119], bajo la perspectiva de las exigencias del principio de buena administración, requiere la realización de un breve apunte en lo que respecta, en concreto, a la regulación del intercambio previa solicitud, objeto del presente trabajo. Breve estudio que encuentra buena parte de su significado en la circunstancia fundamental, indicada con acierto por NAVARRO EGEA, de que el escenario tecnológico en que se desarrolla la aplicación de los tributos ha variado el punto de referencia, centrado no solo en el contribuyente sino, sobre todo, en sus datos[120].

Análisis que se realiza, además, desde la consideración de la indiscutible relevancia del intercambio de información tributaria, tanto en el seno de la Unión Europea como de la OCDE en relación tanto con la lucha y prevención del fraude fiscal como en lo que respecta a la adecuada aplicación de los sistema tributarios de los distintos Estados. Ámbito en que si bien cabe señalar como uno de los logros de las modernas Administraciones tributarias el flujo imparable de datos que acrece de modo continuo a sus bases de datos (a través, fundamentalmente, del intercambio automático de información)[121] encontrándose entre las notas que definen una Administración avanzada el deber de impulsar la cooperación internacional en todos sus aspectos, deben subrayarse, asimismo, algunas de las carencias más importantes de dicho mecanismo, siguiendo el Informe Especial del Tribunal de Cuentas Europeo 3/2021, "Intercambio de información fiscal en la UE: bases sólidas con deficiencias en la ejecución"[122], tras la auditoría llevada

---

118 Definido en el art. 3.8) de la Directiva 2011/16 como "el intercambio de información basado en una solicitud efectuada por el Estado miembro requirente al Estado miembro requerido en un caso específico".

119 Mecanismo descrito en el art. 3.9) de la Directiva 2011/16 como "la comunicación sistemática a otro Estado miembro de información preestablecida, sin solicitud previa, a intervalos regulares fijados con anterioridad".

120 *Vid.* NAVARRO EGEA, M., "Límites jurídicos a la Administración tributaria electrónica", en *La inteligencia artificial en la relación entre los obligados y la Administración tributaria*, OLIVARES OLIVARES, B. (Dir.), La Ley, Madrid, 2022, p. 318.

121 *Vid.* FERNÁNDEZ LÓPEZ, R. I., "El intercambio automático de información tributaria en la Unión Europea: de la irrelevancia inicial a un crecimiento con riesgo de hipertrofia", *en La digitalización en los procedimientos tributarios y el intercambio automático de información*, PITA GRANDAL, A. M., MALVÁREZ PASCUAL, L. A. y RUIZ HIDALGO, C. (Dirs.), Aranzadi, Pamplona, 2023, p. 339.

122 *Vid.* Informe del Tribunal de Cuentas Europeo, "Intercambio de información fiscal en la UE: bases sólidas con deficiencias en la ejecución", (https://www.eca.europa.eu/Lists/

a cabo en cinco países de la Unión Europea (en concreto, Chipre, España, Italia, Países Bajos y Polonia). Carencias que si bien aluden, fundamentalmente, al intercambio automático de información cabe referir, en cierta medida, al intercambio rogado de datos tributarios.

De esta manera, a modo de síntesis, y en lo que en este estudio interesa, cabe aludir a las deficiencias que presenta actualmente el intercambio automático de información en lo que respecta a la precisión, exhaustividad y actualidad de los datos objeto de intercambio; consideración unida a los problemas que representa para algunos países la remisión de la información debido, entre otras razones, a la dificultad de acceder a la misma. Dificultad que, unida al hecho de no realizarse en muchas ocasiones el correspondiente control por parte de las autoridades requeridas, también cabe extender a los intercambios rogados, repercutiendo en ambos mecanismos en la calidad y certeza de los datos objeto de transmisión.

Ideas junto a las que también cabe resaltar la *infrautilización* de la información intercambiada. Situación que, como es obvio, acontece de modo especial en el caso del intercambio automático de información siendo cierto, en este sentido, que si no existe motivación o fundamento suficiente para la solicitud de los datos, no solamente es posible hablar de infrautilización de la misma sino, además, de la vulneración de la vida privada de los sujetos titulares de dichos datos, según se expondrá *in extenso* más adelante.

2.3.1 Consideraciones generales sobre la cooperación administrativa. El intercambio de datos previa petición

Tal como puso de relieve hace años la Exposición de Motivos de la Directiva 2011/16/UE, relativa a la cooperación administrativa en el ámbito de la fiscalidad y por la que se deroga la Directiva 77/799/CEE, "En la era de la mundialización, la necesidad de los estados miembros de asistencia mutua en el ámbito de la fiscalidad se hace cada vez más imperiosa", debido, entre otras razones, a que el incremento de la movilidad de los sujetos pasivos, el número de transacciones transfronterizas y la internacionalización de los instrumentos financieros dificul-

ECADocuments/SR21_03/SR_Exchange_tax_inform_ES.pdf). Fecha de consulta: 2 de octubre de 2022.

ta enormemente la estimación adecuada por parte de los Estados miembros de los impuestos adeudados (Considerando 1º).

Prácticas frente a las que son conocidas las medidas adoptadas en el seno de la OCDE, a través de las quince acciones que componen el Plan BEPS, habiendo ganado terreno y protagonismo la cooperación administrativa tanto a nivel comunitario como internacional y, en concreto, el intercambio de información tributaria tanto previa petición como automático, objeto esta última de especial protagonismo en la Unión Europea a través de las distintas Directivas que desarrollan la Directiva 2011/16/UE que, hasta el momento, cuenta con siete modificaciones.

Pues bien, en el ámbito de la OCDE, cabe destacar, en primer lugar, el Modelo de Acuerdo sobre intercambio de información en materia tributaria de 2002, en que se basan los acuerdos bilaterales de intercambio de información. Modelo que fue objeto de modificación en el año 2015, fecha en que se aprobó un Protocolo para incluir tanto el intercambio automático como el intercambio espontáneo de información, debido a que en la versión de 2002 únicamente se preveía la modalidad de intercambio de datos previo requerimiento; fecha hasta la que debe hablarse de un indudable protagonismo del intercambio de información con carácter rogado. De este modo, y de conformidad con los dispuesto en el apartado 1 de su art. 5, "la autoridad competente de la Parte requerida proporcionará, previo requerimiento, información para los fines previstos en el apartado 1". Precepto este último a cuyo tenor "las autoridades competentes se prestarán asistencia mediante el intercambio de la información que previsiblemente pueda resultar de interés para la Administración y la aplicación de su Derecho interno relativa a los impuestos a que se refiere el presente Acuerdo".

En segundo lugar, el art. 26 del Modelo de Convenio Tributario sobre la Renta y sobre el Patrimonio de la OCDE (MC OCDE), establece que "Las autoridades competentes de los Estados miembros intercambiarán las informaciones necesarias para aplicar lo dispuesto en el presente Convenio o en el Derecho interno de los Estados contratantes relativo a los impuestos comprendidos en el convenio, en la medida en que la imposición exigida por aquél no sea contraria al convenio", aclarándose en el párrafo 9 de los comentarios a dichos preceptos, en la última versión de 2017, que existen las tres modalidades conocidas de intercambio de información: previa petición, automático y espontáneo. Finalmente, y en el ámbito de los acuerdos multilaterales, cabe aludir a la Convención sobre Asistencia Administrativa Mutua en Materia Fiscal, firmada el 1 de enero de 1988 por el Consejo de Europa y la OCDE[123]. Instrumento que contempla también todas las modalidades de intercambio de información, refiriéndose el art. 5 al que tiene lugar previa solicitud.

De otra parte, y en el seno de la Unión Europea, el intercambio de datos previa solicitud se reguló en un primer momento en la Directiva 77/799/CEE, del Consejo, de 19 de diciembre de 1977[124], aunque de manera muy escueta. Directiva derogada por la ya mencionada 2011/16/UE que, si bien se centró en la regulación del intercambio automático de información[125], reguló de manera mucho más adecuada y detallada el intercambio de datos previa petición. Así, se señala en su art. 5, que "A petición de la autoridad requirente, la autoridad requerida comunicará a la autoridad requirente toda información de la mencionada en el artículo 1, apartado 1, que obre en su poder o que obtenga a raíz de investigaciones administrativas". Directiva, además, que a diferencia de su predecesora, estableció un plazo concreto para el intercambio de información en su artículo 7, siendo este de un "máximo de seis meses a partir de la fecha de la recepción", dirigido a garantizar la eficacia de dicho mecanismo. Petición de datos que se encuentra condicionada, además, por el denominado principio de subsidiariedad, regulado en el art. 17 de la Directiva 2011/16/UE, en virtud del cual "La autoridad requerida de un Estado miembro deberá facilitar a la autoridad requirente de otro Estado miembro la información a que se refiere el artículo 5 siempre que la autoridad requirente haya agotado las fuentes habituales de información que podría utilizar en esas circunstancias para obtener la información solicitada sin arriesgarse a que ello afecte negativamente a sus fines".

---

123 (*Tol 1974115*)

124 (*Tol 133851*)

125 De hecho, la modalidad de intercambio automático de información se erigió en una de las claves que guiaron la realización de las enmiendas a la Propuesta de Directiva por parte de la Comisión (que han sido objeto de aprobación por parte del Parlamento Europeo) y que se plasmaron en la Directiva 2011/16/UE. Concretamente, en la enmienda 1ª se señaló que "Para la correcta aplicación y la comprobación de los distintos regímenes impositivos de los Estados miembros, es necesario contar con la adecuada información sobre las operaciones imponibles realizadas en otros Estados miembros", añadiendo significativamente que, "entre las distintas modalidades, el intercambio automático se configura como el medio más eficaz de comunicar la información de uso corriente necesaria para una correcta aplicación de los impuestos, especialmente en situaciones transfronterizas...".

Señalado lo anterior, y sin perjuicio de las cuestiones de carácter procedimental, que se irán analizando a lo largo del presente estudio, nos interesa resaltar en estos momentos dos ideas, en particular. La primera, responde a la delimitación de la clase de datos objeto de intercambio, que se presenta coincidente tanto en el ámbito internacional como en el de la Unión Europea refiriéndose en ambos casos a la información *previsiblemente pertinente* o *relevante*. Terminología que adoptó el MC OCDE para adecuarse al contenido del art. 1 del Modelo de Acuerdo sobre intercambio de información en materia tributaria de 2002[126] y que, a su vez, también adoptó la Directiva 2011/16 con la finalidad de alinearse al estándar de la OCDE, debiendo indicar que tanto el MC OCDE, antes de la modificación de 2015, como la Directiva 77/799/CEE incorporaban la expresión "necesaria", mucho más precisa.

Concepto, pues, que entrando dentro de la categoría de los conceptos jurídicos indeterminados, se delimita hasta cierto punto por parte de la Directiva 2011/16 cuando señala en su Exposición de Motivos que "Con la norma de la «pertinencia previsible» se pretende prever en la mayor medida posible el intercambio de información en materia fiscal y, al mismo tiempo, aclarar que los Estados miembros no están en condiciones de emprender investigaciones aleatorias o solicitar información que probablemente no sea pertinente para los asuntos fiscales de un contribuyente dado"[127], haciendo referencia, por tanto, prácticamente como único límite al intercambio de información a las conocidas expediciones de pesca o *fishing expeditions.*

Ámbito en que resulta significativo que los comentarios al art. 26 del MC OCDE (2014) aclarasen en referencia al requisito de la "pertinencia previsible" exigido por dicho Organismo en los requerimientos e intercambios de datos entre Estados, que debe existir "una posibilidad razonable de que la información solicitada se revele pertinente", añadiendo que "el concepto de «pertinencia previsible» tiene por objeto impedir que un Estado solicite información de la

---

126 Precepto a cuyo tenor: "Las autoridades competentes de las Partes contratantes se prestarán asistencia mediante el intercambio de información que previsiblemente pueda resultar de interés para la Administración y la aplicación de su Derecho interno relativa a los impuestos a que se refiere el presente Acuerdo. Dicha información comprenderá aquélla que previsiblemente pueda resultar de interés para la determinación, liquidación y recaudación de dichos impuestos, el cobro y ejecución de reclamaciones tributarias o la investigación y enjuiciamiento de casos en materia tributaria...".

127 Considerando 9º.

que sea poco probable que tenga relación con una investigación o inspección en curso". Aclaración cuya aplicación práctica sería ciertamente positiva tanto desde la perspectiva de la protección del contribuyente como, en último término, de la realización del principio de buena administración teniendo en cuenta la indefinición del concepto de la "pertinencia previsible".

La segunda idea que nos proponíamos destacar se refiere a la "información de retorno" (*feedback*), que puede solicitar la autoridad requerida a la requirente, cuando lo estime oportuno, según los términos del art. 14 de la Directiva 2011/16/UE, con la finalidad de comprobar cuál ha sido la utilidad de la información suministrada, lo que, sin duda, posibilitaría una mejora de la calidad de los futuros intercambios de información, así como la motivación de los funcionarios pudiendo ser útil a las autoridades competentes para obtener los recursos que necesiten[128]. Más aun, y a nuestro juicio, dicha información podrá ser de enorme relevancia para comprobar la eficacia del intercambio de información e incluso la posible incidencia de dicho mecanismo en la esfera jurídica de los sujetos implicados, encontrándose el problema en el carácter voluntario que se deriva de la previsión de dicha solicitud en virtud de los términos del art. 14 cuando señala que el órgano competente "podrá solicitar" a la autoridad competente correspondiente de la que haya recibido la información que envíe información de retorno sobre la misma.

2.3.2 Justificación de la aplicación de la buena administración sobre el procedimiento de intercambio de información tributaria entre Estados

La justificación y, por tanto, el fundamento de la aplicación del principio de buena administración en el seno del procedimiento de intercambio de información tributaria se enmarca en dos ideas, que nos servirán de guía en el presente trabajo. La primera, la vigencia en este ámbito del *principio de autonomía procedimental,* reconocido expresamente en el art. 6.3 de Directiva 2011/16/UE, a cuyo tenor "A fin de obtener la información o llevar a cabo la investigación administrativa solicitadas, la autoridad requerida aplicará los mismos procedimientos que si actuase por propia iniciativa o a instancias de otra autoridad de su

128 CÁMARA BARROSO, M. C., "Cooperación administrativa: intercambio de información previa petición", en *La digitalización en los procedimientos tributarios y el intercambio automático de información*, PITA GRANDAL, A. M., MALVÁREZ PASCUAL, L. A. y RUIZ HIDALGO, C. (Dirs.), Aranzadi, Cizur Menor, Navarra, 2023, p. 291.

propio Estado miembro"; y, la segunda, la *interacción* entre los sistemas jurídicos (estatales y supranacionales) como consecuencia de la implementación de dicho instrumento debiendo tener en cuenta, en este ámbito, la eficacia y *repercusión* de las actuaciones realizadas en un Estado miembro en relación con otro u otros Estados y, en particular, en lo que atañe a la incidencia de las mismas en la esfera jurídica de los sujetos afectados[129].

Consideraciones, por tanto, que, desde la constatación del *impacto* de dicho mecanismo "sobre los derechos y garantías de los obligados tributarios tanto en el Estado requirente como en el requerido"[130], conducen a subrayar la necesidad de fijar unos mínimos *estándares procedimentales comunes* a las tradiciones jurídicas de los distintos Estados, orientados tanto a la garantía de la esfera jurídica de los sujetos afectados por dichas actuaciones como a la eficacia del intercambio de información, y a cuya consecución puede ayudar, en buena medida, y a nuestro juicio, el principio de buena administración, consagrado en el art. 41 de la Carta de los Derechos Fundamentales de la Unión Europea, actuando de "gozne", o de *elemento unificador*, entre los sistemas internos de los Estados miembros y el ordenamiento comunitario[131] así como de *punto de equilibrio* entre el interés público, dirigido tanto a la lucha frente al fraude fiscal como a la correcta gestión de las obligaciones tributarias[132] (en un contexto de gran complejidad y más allá

---

129 Idea a la que se ha referido MARTÍN DELGADO, I., "El procedimiento administrativo en el Derecho de la Unión Europea", cit., p. 129, afirmado que "la constante interconexión de ordenamientos y de actuaciones, las influencias recíprocas entre sistemas nacionales y sistema europeo, la expansión de ámbitos de actuación conjunta y el avance imparable hacia la mayor integración son elementos que muestran claramente la existencia de una única administración europea, que tiene su vértice en la Comisión Europea y se articula en Administraciones nacionales y permiten augurar, también en relación con la cuestión de derechos fundamentales y Administración Pública, un Derecho Administrativo Común Europeo".

130 *Vid.* CALDERÓN CARRERO, J. M., "Intercambio de información tributaria y derechos de defensa del contribuyente: la jurisprudencia del TJUE en el asunto Sabou", *Carta Tributaria*, núm. 2/2014, p. 2.

131 Sentido en que ha señalado MARTÍN DELGADO, I., "El procedimiento administrativo en el Derecho de la Unión Europea", cit., p. 128, que "el derecho de buena administración, a pesar del tenor literal del art. 41 de la Carta, surte efectos en la práctica frente a las Administraciones nacionales y está suponiendo la *estandarización* de las garantías que integra" (El subrayado es nuestro).

132 ZAPATERO GASCO, C., *El intercambio internacional de información tributaria y su injerencia en los derechos de los obligados tributarios*, (tesis doctoral), Madrid, 2019, p. 31,

de las fronteras de los EEMM) y los derechos de los particulares, *aliviando*, desde esta perspectiva, la tensión derivada, de manera particular, de la vigencia del principio de autonomía procedimental.

Principio este último, en efecto, que sin perjuicio de su estudio en profundidad más adelante, y como consecuencia del principio de ejecución indirecta del Derecho comunitario, supone la libertad de los Estados miembros a la hora de determinar, en el cumplimiento de la obligación de información, tanto la institución como el procedimiento que sirve de instrumento que encauza el cumplimiento interno de las mismas (autonomía procesal), lo que implica "el sometimiento al régimen jurídico interno en la organización y funcionamiento de la Administración nacional"[133], y cuya aplicación en la realización de los intercambios de información a nivel comunitario parece estar conduciendo tanto a una merma de las garantías esenciales de los sujetos afectados como, incluso, a la ineficacia en muchos casos de dicho mecanismo. Autonomía institucional y procedimental que, como se analizará, encuentra sus *límites* en los principios de efecto directo, de primacía y de aplicación uniforme del Derecho comunitario[134].

En relación con esta problemática nos parece significativa la perspectiva aportada por la Exposición de Motivos del Reglamento 2016/679, del Parlamento y del Consejo, de 27 de abril de 2016, relativo a la protección de las personas físicas en lo que respecta al tratamiento de datos personales y a la libre circulación de estos datos y por el que se deroga la Directiva 95/46/CE[135], al afirmar que "aunque los objetivos y principios de la Directiva 95/46/CE siguen siendo válidos, ello no ha impedido que la protección de los datos en el territorio de la Unión se aplique de manera fragmentada"; esto es, "las diferencias en el ni-

autor que, tras la aprobación del conjunto de Directivas sobre intercambio automático de información, se ha referido con razón a la *evolución de la funcionalidad* del intercambio de datos tributarios (El intercambio internacional de información tributaria y su injerencia en los derechos de los obligados tributarios - CORE Reader). Ultimo acceso: 9 de julio de 2022.

133 FUENTETAJA PASTOR, J. A., "Hacia una gobernanza administrativa europea", *Revista de Derecho de la Unión Europea*, núm. 16/2009, p. 93.

134 *Vid.*, en este sentido, MORENO MOLINA, J. A., "La Administración Pública comunitaria y el proceso hacia la formación de un derecho administrativo europeo común", *Revista de Administración Pública,* núm. 148/1999, p. 351.

135 (*Tol 5703078*)

vel de protección de los derechos y libertades de las personas físicas, en particular del derecho a la protección de los datos de carácter personal, en lo que respecta al tratamiento de dichos datos en los Estados miembros pueden impedir la libre circulación de los datos de carácter personal en la Unión"[136], siendo deseable que el nivel de protección de los derechos y libertades de las personas físicas por lo que se refiere al tratamiento de dicha información, así como el conjunto de los derechos y garantías en el seno del procedimiento sea *equivalente* en todos los Estados miembros (Considerando 10).

En efecto, y a pesar de que las palabras citadas se refieran en concreto a la protección de los datos de carácter personal, cabe afirmar con carácter general que la adecuada salvaguarda de los derechos y garantías de los sujetos afectados por las actuaciones de intercambio de datos, así como la eficacia de dicho instrumento, tanto si el intercambio se realiza con carácter rogado como automático, exige un *alto nivel de uniformización*, siempre en clave garantista, de los procedimientos y criterios para la adopción de las resoluciones administrativas nacionales dirigidas al cumplimiento de dicho deber.

Objetivo cuya consecución, como se verá, se encuentra en buena medida, en manos del Derecho comunitario y, en nuestro caso, de las Directivas sobre intercambio de información tributaria, que se configuran como "un formidable vehículo de homogeneización de las diferentes normativas nacionales, a través de un proceso constante de carácter recíproco, de asunción por parte del Derecho comunitario de principios e institutos jurídicos ya existentes en algunos Estados miembros", así como de influencia del Derecho administrativo europeo en los ordenamientos de los distintos países de la Unión ejerciendo una "*vis atractiva*", que hace converger hacia sí a derechos divergentes, produciendo un efecto de homogeneización[137]. Idea junto a la que debe destacarse, además, cómo la ju-

---

136 Considerando (9)

137 MORENO MOLINA, J. A., "La Administración Pública comunitaria y el proceso hacia la formación de un derecho administrativo europeo común", cit., pp. 355 y 356. Idea en relación con la que indica este autor en otro lugar que es doctrina reiterada del TJUE que "en el ejercicio de los poderes que les confieren las directivas comunitarias los Estados miembros deben respetar los principios generales del Derecho que forman parte del ordenamiento jurídico comunitario", pronunciándose, en este sentido, entre otras, las Sentencias de 8 de junio de 2000, *Schosstrase,* C-396/98 y de 26 de abril de 2005, *Goed Wonen*, C-376/02, (*Vid*., "Los principios generales del Derecho", *en Derecho Comunitario Europeo*, ORTEGA ÁLVAREZ, L. (Dir.) y MORENO MOLINA, J. A. (Coord.), Lex Nova, Valladolid, 2007, p. 23).

risprudencia del Tribunal de Justicia de la Unión Europea está realizando una importante labor de *soft law* sobre los ordenamientos de los Estados miembros a través de la doctrina contenida en los pronunciamientos emitidos hasta el momento sobre el intercambio de información tributaria en el seno de la Unión Europea, tal como se analizará más adelante.

En consecuencia, y teniendo en cuenta que el principio de buena administración encuentra su proyección en el ámbito procedimental[138], siendo "el más «administrativo» esto es, el más significativo en la relación entre Administración y ciudadano y el más procedimental de los derechos"[139], y constituyendo, además, el reforzamiento de las garantías de los ciudadanos "la columna vertebral" del mismo, en palabras de MELLADO RUIZ[140], pensamos que, sin perjuicio del debate acerca de su naturaleza jurídica, cabe asignarle consecuencias específicas en el seno del procedimiento administrativo y, en particular, sobre el orientado al intercambio de datos entre Estados en el seno de la Unión Europea, dotando, por tanto, de *eficacia jurídica concreta* a la buena administración en este ámbito (a lo que se dedicará el Capítulo siguiente).

Principio, pues, que en su proyección sobre los ordenamientos de los Estados miembros debe servir para uniformizar o, al menos, coordinar los elementos esenciales del procedimiento de intercambio de información tributaria y, por ende, de guía adecuada en el desarrollo de dicho procedimiento con el objetivo de lograr una "construcción equilibrada entre las potestades y derechos de la Administración y las garantías y derechos de los ciudadanos en sus relaciones con las distintas manifestaciones del poder público"[141], dependiendo de ello que "no

---

138 *Vid.* BARNÉS, J., "Buena administración, principio democrático y procedimiento administrativo", *Revista Digital de Derecho Administrativo,* núm. 21/2019, p. 79. Sentido en que el Tribunal Supremo declara, en su Sentencia de 30 de marzo de 2016, que "*los principios de eficiencia y buena administración deben presidir el actuar de la Administración en general*".

139 MARTÍN DELGADO, I., "El procedimiento administrativo en el Derecho de la Unión Europea", cit., p. 118.

140 MELLADO RUIZ, L., "Principio de buena administración y aplicación indirecta del Derecho Comunitario: instrumentos de garantía frente a la «comunitarización» de los procedimientos", cit., p. 323.

141 MELLADO RUIZ, L., op. cit., p. 287.

sea un concepto simplemente de *moda* y pueda cumplir sus funciones de mejora del Derecho y del comportamiento administrativo"[142].

Es preciso, por tanto, otorgar un contenido propio a la buena administración, si queremos evitar que se quede en un concepto *vacío* o dotado de excesiva flexibilidad. Sentido en que nos parece que merece la pena reproducir las palabras del Tribunal Supremo, en su Sentencia de 18 de diciembre de 2019[143], en la que se afirma que "*Del derecho a una buena Administración pública derivan una serie de derechos de los ciudadanos con plasmación efectiva. No se trata, por tanto, de una mera fórmula vacía de contenido, sino que se impone a las Administraciones públicas, de suerte que a estos derechos siguen un correlativo elenco de deberes a éstas exigibles (...)*". Órgano, sin embargo, que no ha adoptado una jurisprudencia del todo "lineal" en relación con la interpretación de dicho principio. Efectivamente, y siendo la posición mantenida por nuestro Alto Tribunal en la mayor parte de sus pronunciamientos la que entiende el principio de buena administración con un contenido propio o más allá de los derechos que aglutina, en alguna sentencia es posible entrever el entendimiento de dicho principio como la reformulación de otros derechos. Jurisprudencia esta última que, como es obvio, resta toda relevancia al principio de buena administración desde el momento en que al administrado-contribuyente le basta con la invocación del principio en cuestión[144].

Estas posiciones, por otra parte, derivan probablemente a nuestro modo de ver, de los propios términos utilizados para definir o delimitar la buena administración, como cuando se afirma su carácter "instrumental" en relación con "la defensa de otros derechos"[145]. Situación que, en el estado actual de construcción de la buena administración, debería someterse a reflexión.

---

142 *Vid.* PONCE SOLÉ, J., *La lucha por el buen gobierno y el derecho a una buena administración mediante el estándar jurídico de diligencia debida*, cit., p. 38.

143 Núm. rec. 4442/2018 (*Tol 7658718*)

144 Muestra de ello es el voto particular contenido en la STS 4117/2021, de 4 de noviembre de 2021; núm. Rec.: 8325/2019 (*Tol 8644770*)

145 *Vid.* ORENA DOMÍNGUEZ, A., "El principio de buena administración como derecho y garantía de los obligados tributarios", cit., p. 48, autor que, a pesar de utilizar dichos términos da a entender, seguidamente, el carácter autónomo de que, a su juicio, goza la buena administración.

En suma, el mandato de intercambio de información entre Estados miembros, consagrado en las diversas Directivas europeas (cuyo radio de acción se hace cada vez más intenso y extenso, según se deduce de las continuas modificaciones de la Directiva 2011/16, en relación con el intercambio automático de información) y que, inevitablemente, incide cada vez con mayor profundidad en la esfera jurídica de los sujetos afectados por el mismo, debe conciliarse con la previsión de garantías que compensen en su justa medida la posible vulneración o intromisión en los derechos de los obligados tributarios afectados por las mismas. Ámbito en que el principio de buena administración presenta un "enorme potencial" en lo que respecta a la defensa de los derechos y garantías procedimentales de los obligados tributarios[146] y, como consecuencia, en una más que deseable disminución de la conflictividad derivada de dichas actuaciones.

3. BUEN GOBIERNO Y BUENA ADMINISTRACIÓN

Tras el análisis del concepto y contenido del principio de buena administración, nos parece oportuno dedicar unas breves líneas a la *delimitación* del mismo respecto de conceptos que cabría considerar próximos, como la "buena gobernanza" o el "buen gobierno" (y ello, sin perjuicio de que, en ocasiones, se confundan dependiendo de la traducción y el idioma).

Diferenciación que no siempre se presenta sencilla, teniendo en cuenta la *imbricación* existente entre dichos conceptos, según se deduce de algunos pronunciamientos jurisprudenciales, declarándose, entre otras, en la STS de 27 de marzo de 2013[147], que los "*principios informadores de la gobernanza*" se encuentran "*inscritos en el deber de buena administración* (...)", así como de la opinión de una parte de la doctrina, habiendo señalado en esta línea HERRERA MOLINA que "la idea de «buen gobierno» se refleja en la exigencia de transparencia y otras buenas prácticas, llegándose a hablar de un *derecho a la buena administración*; ello, sin perjuicio de indicar que, en el momento actual, si bien "no hay

---

146 *Vid.*, en relación con esta última idea, MARTÍNEZ MUÑOZ, Y., "El principio de buena administración y los procedimientos de gestión tributaria: cuestiones pendientes", cit., p. 128.

147 Núm. rec.: 224/2011 (*Tol 3412282*).

un concepto claro y distinto de gobernanza fiscal", sí hay "una cierta noción"[148]. Contexto en el que se enmarca la idea de incluir la buena administración dentro del concepto de buena gobernanza o buen gobierno[149] habiéndose afirmado, en este sentido, que el derecho a una buena administración es fundamental para lograr el objetivo de una adecuada gobernanza fiscal[150].

Integración que quizá responda a la idea, a nuestro juicio, de que todos ellos forman parte de un "tronco común", que no es otro sino la preocupación de la sociedad por la calidad de la actividad administrativa que, en cuanto aspecto de la función administrativa, indica cómo ha de ejercerse la misma[151] mostrándose,

---

148 *Vid.*, HERRERA MOLINA, P. M., "Gobernanza fiscal: de las empresas a la Administración", en *Gobernanza fiscal: una aproximación equilibrada,* Fundación Impuestos y Competitividad, Madrid, 2020, p. 30, autor que añade más adelante que "en la actualidad el término «gobierno fiscal» se aproxima a un mero *concepto paraguas* que puede utilizarse a conveniencia para referirse a realidades muy heterogéneas".

149 PONCE SOLÉ, J., *La lucha por el buen gobierno y el derecho a una buena administración mediante el estándar jurídico de la diligencia debida*, cit., p. 64. Imbricación a la que se refieren también, entre otros autores, SANZ LARRUGA, "El ordenamiento europeo, el Derecho Administrativo español y el derecho a una buena administración", cit., p. 733, MARTÍN DELGADO, I., "El procedimiento administrativo en el Derecho de la Unión Europea", cit., p. 117, SPANO TARDIVO, P., "El principio de transparencia de la gestión pública en el marco de la teoría del buen gobierno y la buena administración", *V Congreso Internacional da Rede Docente Eurolatinoamericana de Dereito Administrativo,* Santa Cruz do Sul, Brasil, 2015, p. 127, para quien "la idea de buen gobierno y buena administración se fundamenta en el derecho del ciudadano a que sus asuntos comunes y colectivos estén ordenados de manera que reine el bienestar general para el pueblo" y MARINICA, C. E., "Digitalization - the key for adapting Good administration La buena administración genera buena gobernanza to a better governance", *Academic Journal of Law and Governance*, 8(2)/2020, p. 112, quien afirma que la buena administración genera buen gobierno.

150 CHECA GONZÁLEZ, C., "Acerca de la «Gobernanza Fiscal» y de la «Buena Administración» en el ámbito tributario", *Anuario de la Facultad de Derecho. Universidad de Extremadura*, núm. 38/2022, p. 351.

151 MARTÍNEZ ÁLVAREZ, J. M., "El principio de buena administración como nuevo paradigma jurídico y su aplicación en el ámbito tributario: régimen normativo, naturaleza jurídica y contenido cit., p. 26. Sentido en que afirma PONCE SOLÉ, J., *La lucha por el buen gobierno y el derecho a una buena administración mediante el estándar jurídico de diligencia debida,* cit., p. 56, que, en la práctica, el Tribunal Europeo de Derechos Humanos alude al principio de buena gobernanza, derivado del CEDH (si bien no indica de qué preceptos concretos lo extrae) "y lo aplica a la actividad administrativa". Por su parte,

en este sentido, además, la buena administración como un "concepto asociativo" o "concepto puente" que permite la interdisciplinariedad "entre Derecho y otras aproximaciones como la Gestión Pública" uniendo "las nociones de política pública y Derecho administrativo"[152].

Ahora bien, sin perjuicio de lo expuesto, entendemos que nos encontramos ante conceptos distintos, a pesar de su cercanía; de este modo, mientras el *buen gobierno* y la *buena gobernanza* se refieren "al modo cómo una parte del poder ejecutivo, el gobierno, desarrolla sus funciones", la *buena administración* hace referencia a la forma en que el poder ejecutivo lleva a cabo sus tareas administrativas, siendo los conceptos de mala administración (negligente) y corrupción (mala administración dolosa) sus opuestos[153], pudiendo afirmar, en este sentido, que el buen gobierno dirige a la buena administración "en el servicio objetivo a los intereses generales"[154]. Ámbito en que es posible señalar que, tanto la doctrina científica como la legalidad, más que a una separación orgánica entre Gobierno y Administración, han ido dando paso a una distinción funcional entre ambos. Idea en referencia a la que afirma con rotundidad MEILÁN GIL que la Constitución Española ofrece base para dicha distinción implicando la buena

el Tribunal Europeo de Derechos Humanos mantiene una consistente jurisprudencia aludiendo al principio de buena gobernanza como instrumento jurídico para orientar y limitar la discrecionalidad de las autoridades de los países miembros del Convenio de 1950".

152 PONCE SOLÉ, J., op. cit., p. 35. Así se pone de relieve, por ejemplo, en la Resolución de la ONU, nº 60/34, de 17 de marzo de 2006, en la que se declara que la Administración pública, eficiente, responsable, efectiva y transparente (tanto a nivel nacional como internacional) así como la buena gobernanza (*good governance*) juega un papel fundamental en la implementación de los acuerdos internacionales derivados de los objetivos del Milenio.

153 PONCE SOLÉ, J., Documento presentado en el VII Congreso Internacional en Gobierno, Administración y Políticas Públicas GIGAPP. (Madrid, España) del 3 al 5 de octubre de 2016. (PDF) Buen gobierno urbano, transparencia y participación ciudadana: la prevención de la corrupción en el urbanismo (researchgate.net). Fecha de consulta: 28 de octubre de 2022.

154 PONCE SOLÉ, J., *La lucha por el buen gobierno y el derecho a una buena administración mediante el estándar jurídico de la diligencia debida,* cit., p. 64. Autor que indica más adelante cómo en la Constitución Española "existen principios de buen gobierno como el principio de interdicción de la arbitrariedad, art. 9.3 CE, que exige racionalidad y justificación en las decisiones (...) el principio de no discriminación, art. 14 CE, y de persecución de la igualdad material, 9.2 CE..." (p. 67).

administración que "la Administración realice su cometido de modo adecuado a la política diseñada"[155].

En este escenario, y al margen de que ambos conceptos hayan ido ganando importancia tanto en el seno de la Unión Europea como de los Estados que la conforman, como demuestra la aprobación del Libro Blanco sobre la Gobernanza Europea de 2001 (COM (2001) 428 final)[156] habiéndose elaborado también en el continente americano el Código Iberoamericano de Buen Gobierno por parte del Centro Latinoamericano de Administración para el Desarrollo (CLAD)[157], parece existir cierta unanimidad doctrinal al señalar que lo que separa a ambos es la ubicación de la "buena gobernanza" o el "buen gobierno" en el ámbito de las reflexiones teóricas de carácter económico[158] o de la Ciencia Política[159], lo que le otorga demasiada amplitud y evanescencia conceptual, tratándose, en el fondo, de opciones de carácter político[160] frente a la mayor delimitación de la buena administración, que "es posible concretar en técnicas jurídicas precisas"[161]. En otros términos, la buena administración tiene un ámbito acotado por las políticas públicas, con sometimiento pleno a la ley y al Derecho[162], sin perjuicio de la perspectiva interdisciplinar que se deriva de las ideas expuestas en referencia a su compleja delimitación respecto del buen gobierno.

Consideración que también cabe deducir de la definición de buen gobierno en el Código Iberoamericano anteriormente mencionado que lo delimita como "aquél que busca y promueve el interés general, la participación ciudadana, la

---

155 *Vid.*, en relación con estas ideas, MEILÁN GIL, J. L., "La buena administración como institución jurídica", cit., pp. 21 y 26.

156 (*Tol 218096*)

157 Adoptado por la XVI Cumbre Iberoamericana de Jefes de Estado y de Gobierno, Resolución Nº 15 "Declaración de Montevideo", celebrada en Uruguay, entre el 3 y el 5 de noviembre de 2006.

158 MARINICA, C. E., "Digitalization - the key for adapting Good administration to a better governance", cit., p. 114.

159 PONCE SOLÉ, J., *La lucha por el buen gobierno y el derecho a una buena administración mediante el estándar jurídico de la diligencia debida*, cit., p. 64.

160 MEILÁN GIL, J. L., "La buena administración como institución jurídica", cit., p. 26.

161 SANZ LARRUGA, "El ordenamiento europeo, el Derecho Administrativo español y el derecho a una buena administración", cit., p. 733.

162 *Vid.* MEILÁN GIL, J. L., "La buena administración como institución jurídica", cit., p. 21.

equidad, la inclusión social y la lucha contra la pobreza, respetando todos los derechos humanos, los valores y procedimientos de la democracia y el Estado de derecho"; documento que, como se ha señalado, contiene una serie de disposiciones muy vinculadas con la gestión administrativa y referidas a la actuación del Poder Ejecutivo[163], y junto al que cabe aludir a la Carta Iberoamericana de los Derechos y Deberes del Ciudadano en relación con la Administración Pública[164]. Documento este último que, en su Preámbulo, enfoca la función del Estado al servicio de la persona (en cuanto protagonista y depositaria del interés general), estando teñida la relación entre ambos por el estatus de ciudadanía. Estatus que es concebido en el Preámbulo de la Carta como "un conjunto de derechos y deberes que definen su posición jurídica dentro del ordenamiento jurídico"[165].

Por consiguiente, podría afirmarse que el buen gobierno es el que mejor responde a las aspiraciones de la sociedad, siendo inapropiado el juicio jurídico en este ámbito. Sin embargo, y si bien tanto el buen gobierno como la buena administración sirven al interés general de los ciudadanos, esta última se ha erigido en los últimos tiempos (...) "en un poderoso instrumento para la resolución de conflictos en determinadas situaciones", constituyéndose en "un nuevo paradigma jurídico" y, por tanto, en un permanente recordatorio a las Administraciones públicas de que su actuación ha de realizarse de conformidad a unos determinados cánones o estándares[166], habiendo encontrado

---

163 MASBERNAT, P., "Algunas perspectivas acerca de la buena Administración y tributación en América Latina", cit., p. 523.

164 Aprobada por el Consejo Directivo del CLAD en reunión presencial-virtual celebrada desde Caracas el 10 de octubre de 2013 y adoptada por la XXIII Cumbre Iberoamericana de Jefes de Estado y de Gobierno Ciudad de Panamá, Panamá 18 y 19 de octubre de 2013.

165 MASBERNAT, P., "Algunas perspectivas acerca de la buena Administración y tributación en América Latina", cit., p. 524. En concreto, indica este autor que la Carta señala en su Preámbulo que en todas las Constituciones Iberoamericanas, así como en las leyes administrativas de los distintos países, se hace referencia, de modo general, tanto a los derechos y deberes contenidos en ella como al estatus que corresponde al Estado y a los ciudadanos en sus funciones y relaciones mutuas "incluido ello en materia de procedimiento administrativo" (p. 519).

166 MARTÍNEZ ÁLVAREZ, J. M., "El principio de buena administración como nuevo paradigma jurídico y su aplicación en el ámbito tributario: régimen normativo, naturaleza jurídica y contenido cit., p. 61.

plasmación en textos normativos concretándose, por tanto, a través de técnicas jurídicas precisas[167].

De este modo, y siguiendo a MEILÁN GIL, la buena administración se basa "en hacer efectivos los intereses generales que le vienen predeterminados a la Administración, por iniciativa del Gobierno y el aval del Parlamento", no tratándose de un estándar uniforme y fijo. Perspectiva desde la que "la «buena administración» no responde a bienintencionados principios de Ciencia de la Administración, sino a postulados con fuerza jurídica en un Derecho administrativo acorde con el progreso tecnológico y los requerimientos de la profundización democrática"[168].

En consecuencia, desde la concepción del Derecho Administrativo y, por tanto, desde la referencia al servicio de los intereses generales, en los que se incluyen los derechos fundamentales de la persona, podría comprenderse mejor la buena administración. Ahora bien, y como indicó hace años GARCÍA DE ENTERRÍA "no es exacto que una buena administración pueda sustituir una ausencia de política, o que todo el problema del Estado puede ser reconducido a un problema de justicia administrativa", aunque sin ésta el Estado de Derecho tampoco sería nada[169].

Ideas recogidas e interpretadas por REY VARELA en la línea de que la norma debe ir al encuentro de cómo aplicarla con la finalidad de hacer efectivo el derecho y el interés que protege, donde "el punto de encuentro serán las políticas públicas y la buena administración", en cuanto garantía de una gestión pública adecuada, eficiente, eficaz, de calidad, participativa y transparente, "que se haga realidad en la concreción del derecho subjetivo de cada persona"[170].

---

167 SANZ LARRUGA, "El ordenamiento europeo, el Derecho Administrativo español y el derecho a una buena administración", cit., p. 733.

168 *Vid.* MEILÁN GIL, J. L., "La buena administración como institución jurídica", cit., p. 18.

169 GARCÍA DE ENTERRÍA, E., "La lucha contra las inmunidades en el Derecho Administrativo (Poderes discrecionales, poderes de gobierno, poderes normativos)", *Revista de Administración Pública*, núm. 38/1962, pp. 159 y ss.

170 REY VARELA, J. M., "Perspectiva dinámica de los derechos sociales y retos para una buena administración", *Lex Social,* núm. 1/2023, p. 11.

Capítulo Segundo

EL PAPEL DE LA JURISPRUDENCIA DEL TRIBUNAL DE JUSTICIA DE LA UNIÓN EUROPEA EN LA FORMULACIÓN DE UN NUEVO DERECHO ADMINISTRATIVO EUROPEO. REPERCUSIÓN SOBRE LA BUENA ADMINISTRACIÓN Y EL INTERCAMBIO DE INFORMACIÓN TRIBUTARIA

1. INTRODUCCIÓN

Como es conocido, el Tribunal de Justicia de la Unión Europea formula con frecuencia categorías generales que, unas veces, suponen el desarrollo de categorías ya contempladas normativamente, y otras, las más de las veces, "implican una solución *ex novo* ante el silencio normativo al respecto". Labor creativa, para cuyo desarrollo dicho Tribunal acude con normalidad a los Derechos de los diversos Estados miembros conformando un sólido Derecho Administrativo comunitario, como defienden un buen número de autores, siendo indiscutible, en todo caso, su "impacto" sobre el ordenamiento administrativo de los Estados miembros[171].

Así pues, e independientemente del debate acerca de los perfiles que delimitan el denominado Derecho Administrativo europeo, cabe identificarlo, a efectos de nuestro estudio, en un *sentido amplio*, con el "proceso de desarrollo" del mismo, siendo indiscutible "su integración por normas tanto de Derecho originario como derivado común a todos los Estados miembros de la Unión Europea", así como por la jurisprudencia del TJUE, que "ha construido unos principios generales del Derecho que dotan de unidad a todo el sistema administrativo"[172], entre los que se encuentran el principio de buena administración[173] así como otros de los que daremos cuenta más adelante, que se proyectan sobre el proce-

---

171 *Vid.*, en este sentido, por todos, MORENO MOLINA, J. A., "Los principios generales del Derecho", cit., pp. 23 y 24.

172 *Vid.* MORENO MOLINA, J. A., op. cit., p. 24, autor que, en relación con las ideas expresadas en el texto, afirma que "la noción de Derecho administrativo europeo puede ser entendida de dos maneras diferentes. En sentido estricto, el Derecho Administrativo europeo comprendería las normas y principios que disciplinan la acción administrativa de las instituciones propias de la Unión Europea y de las Administraciones nacionales en tanto que ejecutoras de las decisiones comunitarias, gracias, sobre todo, a la jurisprudencia del Tribunal de Justicia, la comunidad dispone de un conjunto de reglas de derecho que merecen tal denominación. Ahora bien, en un sentido más amplio, la noción de Derecho Administrativo europeo puede describir el proceso de desarrollo de un Derecho administrativo común a todos los Estados miembros de la Unión Europea".

173 Línea en que el Tribunal de Primera Instancia, en Sentencia de 30 enero 2002 (Asunto T 54/99), *max.mobil Telekommunikation Service GMBH contra Comisión de las Comunidades Europeas* (*Tol 120615*), recordó que la tramitación diligente e imparcial de una denuncia se refleja en el derecho a la buena administración, que forma parte de los principios generales del Estado de Derecho comunes a las tradiciones constitucionales de los Estados miembros.

dimiento de aplicación de los tributos, y que, a nuestro juicio, cabría entender, en una u otra medida, como *derivación* o *ramificación* del principio mencionado.

Puede afirmarse, de este modo, que los pilares del Derecho europeo se han ido edificando sobre los principios generales del Derecho administrativo, aceptados y configurados por la jurisprudencia del Tribunal de Justicia[174], que se han ido incorporando, en su caso, a los ordenamientos de los Estados miembros y que han servido tanto para interpretar el Derecho europeo como para colmar las lagunas en él existentes[175]; principios generales, por tanto, que constituyen la base misma del sistema institucional de la Unión Europea articulando el sistema de relaciones entre ésta y los Estados miembros y configurándose, asimismo, como "garantías insoslayables de uniformidad y cohesión" en el seno del conjunto de previsiones materiales de los ordenamientos internos[176]. Idea que, siguiendo a CASSESE, cabe conectar con la buena administración desde la afirmación de que dicho principio constituye el núcleo principal del derecho administrativo global[177] a cuya construcción se dirige la interrelación entre los ordenamientos de los Estados miembros y el de la Unión Europea.

De hecho, como se ha señalado por la doctrina, "los «subderechos» o facultades" comprendidos en el derecho a la buena administración estaban ya en parte consagrados en el Derecho comunitario (originario y derivado) así como en la jurisprudencia comunitaria; ahora bien, la circunstancia de que se haya reconocido este derecho con autonomía en la Carta de Derechos Fundamentales de la Unión Europea tiene "el interés de dotar de unidad" al conjunto de derechos de que goza el ciudadano, como administrado, tanto ante las instituciones y órganos nacionales como cuando actúen incorporando o cumpliendo las exigencias comunitarias[178], siendo esta una dimensión trascendental de la buena adminis-

---

174 MUÑOZ MACHADO, S., *La Unión Europea y las mutaciones del Estado*, Alianza Universidad, Madrid, 1993, pp. 121 y ss.

175 *Vid.* MORENO MOLINA, J. A., "La Administración Pública comunitaria y el proceso hacia la formación de un derecho administrativo europeo común", cit., pp. 342 y 343.

176 *Vid.* MELLADO RUIZ, "Los principios comunitarios de eficacia directa y primacía frente a la funcionalidad del principio de autonomía procedimental", cit., p. 26.

177 CASSESE, A., "Il diritto alla buona amministrazione", *European Review of Public Law*, vol 21(3), 1999, pp. 1037 y ss.

178 *Vid.*, en este sentido, HERMIDA DEL LLANO, C., "La configuración del derecho a una buena administración como nuevo derecho frente al poder", cit., p. 162. Autora que basa sus afirmaciones en las opiniones vertidas por TOMÁS MALLÉN.

tración que, en cuanto delimitadora de su contenido, ayuda a entender que su significado se sitúa *más allá* de los derechos que aglutina actuando dicho principio, además, como *coordinador* de las garantías que deben encontrarse presentes en los ordenamientos de los Estados miembros.

2. PAPEL DEL TRIBUNAL DE JUSTICIA DE LA UNIÓN EUROPEA EN LA FORMULACIÓN DE UN NUEVO DERECHO ADMINISTRATIVO EUROPEO. INFLUENCIA SOBRE EL INTERCAMBIO DE INFORMACIÓN TRIBUTARIA

Según se viene exponiendo, el TJUE viene jugando desde hace tiempo un papel trascendental en la construcción y desarrollo del Derecho administrativo común europeo, habiendo sido el órgano que ha formulado los grandes principios administrativos del Derecho comunitario[179], *influyendo* de este modo, en una u otra medida, en el Derecho Administrativo de los Estados miembros.

Esto es, ante la ausencia de una norma de procedimiento administrativo a nivel de la Unión Europea, reclamada por parte de la doctrina para hacer frente a la *dispersión normativa* en este ámbito[180], ha sido el Tribunal de Justicia "el encargado de elaborar una regulación *de facto* del procedimiento administrativo a través de la configuración de una serie de principios generales del Derecho"[181]. Es más, dicho Tribunal, entre otros principios, ha venido exigiendo la implementación de la buena administración cuando se aplica Derecho de la Unión, siendo cuestión distinta la determinación de cuándo nos encontramos ante dicha situa-

179 *Vid.*, entre otros, MORENO MOLINA, J. A., "La Administración Pública comunitaria y el proceso hacia la formación de un derecho administrativo europeo común", cit., p. 243 y FERNÁNDEZ MARÍN, F., "De los principios del Derecho Comunitario a la tutela del contribuyente", en *Derecho comunitario y procedimiento tributario*, Atelier, Barcelona, 2010, p. 17, para quien "El Derecho comunitario constituye un ordenamiento jurídico *sui generis* cuyo desarrollo se ha debido, principalmente, a la labor jurisprudencial del Tribunal de Justicia de las Comunidades Europeas, el que, a partir de los Tratados Constitutivos, ha establecido un sistema de principios de marcada tendencia finalista que permiten la integración normativa y, sobre todo, la solución ante conflictos entre normas nacionales y normas comunitarias".

180 MARTÍN DELGADO, I., "El procedimiento administrativo en el Derecho de la Unión Europea", cit., pp. 137 y ss.

181 MARTÍN DELGADO, I., op. cit., p. 106.

ción[182]; problema que si bien no parece existir en relación con el intercambio de información tributaria, según se ha avanzado más arriba, exige, sin embargo, la necesidad de analizar la existencia, de "un código no escrito de principios de procedimiento administrativo aplicables a las instituciones, órganos y organismos de la Unión y a los Estados miembros cuando actúan en el ámbito de la aplicación del Derecho de la Unión"[183] y que, como es obvio, resulta aplicable al procedimiento de intercambio de información tributaria.

El escenario indicado es el que determinó, en sus orígenes, que las lagunas existentes en materia de procedimiento administrativo acentuaran, en el contexto de la ejecución administrativa, "la función integradora que el Tribunal de Justicia lleva a cabo en su papel de intérprete supremo del ordenamiento jurídico de la Unión Europea". Órgano que, a partir de su jurisprudencia, fue desarrollando "las «grandes líneas maestras» del procedimiento administrativo de la Unión Europea a través de la formulación de auténticos principios de naturaleza procedimental", siendo posible afirmar, por tanto, que "el Derecho procedimental de la Unión Europea ha sido en sus orígenes de creación eminentemente jurisprudencial"[184], si bien es cierto que algunos principios generales ya se encontraban positivizados en los Tratados constitutivos o se han ido incorporando a los mismos a través de las sucesivas reformas de dichos Tratados, siendo este el caso, precisamente de la buena administración que, en el marco europeo, ya se venía concretando en diversos instrumentos jurídicos, con anterioridad a su previsión en la Carta de Derechos Fundamentales de la Unión Europea[185]. Todo ello, sin perjuicio de la consagración expresa o implícita de dicho principio en los ordenamientos de algunos Estados miembros[186].

---

182 SARRIÓN ESTEVE, J., "La buena administración en el laberinto de la efectividad del Derecho de la Unión", Jornada *El principio de buena administración en la jurisprudencia tributaria del Tribunal Supremo*, Organizada por la Facultad de Derecho de la UNED, Madrid, 19 de mayo de 2023.

183 MARTÍN DELGADO, I., "El procedimiento administrativo en el Derecho de la Unión Europea", cit., p. 107.

184 *Vid.*, en relación con estas ideas, VIÑUALES FERREIRO, S., *El procedimiento Administrativo de la Administración Europea,* cit., pp. 55 y 57.

185 MATIA PORTILLA, A., La buena administración como noción jurídico-administrativa, cit., p. 150, señala, en este sentido, que "desde 1998 se va moviendo en el espacio común europeo la pretensión de hacer un Código de Buena Conducta Administrativa".

186 Este es el caso del art. 97 de la Constitución Italiana de 1947 o de la Constitución Española, cuyo anclaje constitucional puede encontrarse en los arts. 9.3, 31.3, 106 y 103.1.

En el marco de estas consideraciones, y en lo que respecta al ámbito del intercambio de información tributaria en el seno de la Unión Europea, debe aludirse, asimismo, a la vigencia del principio de autonomía procedimental, en virtud del cual, y según se ha señalado, los Estados miembros tienen libertad para determinar, en el cumplimiento de la obligación de intercambio de información, tanto la institución como el instrumento que encauza el cumplimiento de la misma, implicando el sometimiento al régimen jurídico interno de la organización y funcionamiento de la Administración nacional, teniendo en cuenta que la Comisión Europea optó por valerse de las Administraciones nacionales para hacer efectivos gran parte de sus objetivos, debiendo advertir, sin embargo, que este principio, según se profundizará más adelante, no deja a los Estados miembros una *libertad absoluta* en la elección de la autoridad y los instrumentos que lleven a cabo el desarrollo del Derecho comunitario.

Efectivamente, y en relación con la idea expuesta, cabe advertir que el art. 4.3 del Tratado de la Unión Europea, firmado en Lisboa en diciembre de 2007 (TUE)[187], impone que, "Conforme al principio de cooperación leal, la Unión y los Estados miembros se respetarán y asistirán mutuamente en el cumplimiento de las misiones derivadas de los Tratados", añadiendo que "los Estados miembros adoptarán todas las medidas generales o particulares apropiadas para asegurar el cumplimiento de las obligaciones derivadas de los Tratados o resultantes de los actos de las instituciones de la Unión", ayudando a la Unión en el cumplimiento de su misión y absteniéndose "de toda medida que pueda poner en peligro la consecución de los objetivos de la Unión". Precepto que, siguiendo a MORENO MOLINA, se situaría en la "fase descendente de la normativa comunitaria", esto es, en la influencia de las normas de Derecho europeo sobre los ordenamientos de los países miembros de la Unión Europea constituyendo, en este sentido, un formidable vehículo de homogeneización de las diferentes normativas nacionales[188].

Proceso junto al que cabe aludir, siguiendo al autor mencionado, a la denominada "fase ascendente" de la normativa comunitaria, en cuya virtud el Tri-

---

Ello, al margen de señalar que en otros países también se han realizado referencias a la buena o mala administración, como en el caso del Reino Unido en que en la *Parlamentary Comissioner Act* de 1967, ya aparecía la noción de *maladministration*.

187 En su versión consolidada de 3-10-2010, C-83/15 (*Tol 1347864*).

188 MORENO MOLINA, J. A., "La Administración Pública comunitaria y el proceso hacia la formación de un derecho administrativo europeo común", cit., pp. 355 y 356.

bunal, en su misión de garante del "respeto del Derecho en la interpretación y aplicación del Tratado" (art. 164 del TCE), formula constantemente categorías generales apoyándose en los principios de Derecho público normalmente presentes en los ordenamientos de los distintos Estados miembros, por lo que los principios generales de Derecho administrativo han sido elaborados por el TJUE sobre la base de los Derechos administrativos de los distintos Estados que componen la Unión Europea[189], resultando de ambas fases un importante proceso de "integración" de carácter recíproco.

Pues bien, en el marco esbozado, debe tenerse en cuenta que no será posible la consecución de la finalidad asignada al intercambio de información tributaria entre EEMM que, como se ha indicado más arriba, no se reduce a la lucha frente a la evasión fiscal o a la correcta aplicación del sistema tributario sino a la consecución, en último término, de las libertades comunitarias[190], (objetivo indiscutible de la Unión Europea en cuya realización se encuentran obligados la totalidad de los Estados miembros —art. 4.3 TUE—), en un escenario de *esquizofrenia procedimental*; ámbito en que, ante la ausencia de un Código administrativo europeo, el *necesario acercamiento* entre las legislaciones de los Estados miembros en este ámbito puede venir, en buena medida (aunque no solo), de la mano de la jurisprudencia del TJUE.

A esta dispersión normativa se refirió hace años el Informe Especial del Tribunal de Cuentas núm. 9/1998, sobre Protección de los intereses financieros de la Unión Europea en materia de IVA aplicable a los intereses intracomunitarios acompañado de las respuestas de la Comisión, en el cual se declara que "la lucha contra el fraude denota por lo general una ausencia de estrategia integrada, a riesgo de ofrecer una visión limitada al marco nacional, que puede traducirse en una dispersión de esfuerzos y en el empleo ineficaz de los recursos disponibles..."[191].

---

189 MORENO MOLINA, J. A., op. cit., p. 354.

190 Sentido en que ha indicado HINOJOSA TORRALVO, la necesidad de "empezar a considerar las normas sobre asistencia tributaria como normas del nivel de las normas tributarias materiales, es decir, normas que condicionan la real y efectiva consecución de los objetivos comunitarios" (*Vid.* HINOJOSA TORRALVO, J. J., Prólogo al libro de FERNÁNDEZ MARÍN, F., *El intercambio de información como asistencia tributaria externa del Estado de la Unión Europea,* cit., p. 24).

191 Línea en la que se incardinaba, asimismo, la Propuesta de Directiva del Consejo por la que se modifica la Directiva 2006/112/CE, relativa al sistema común del Impuesto sobre el Valor Añadido en lo que respecta a la evasión fiscal vinculada a la importación

Ámbito, pues, en que no cabe ignorar, en palabras de LASARTE ÁLVAREZ, que "la realidad de las cosas se viene ocupando reiteradamente de demostrar que las *carencias de la armonización y de la coordinación fiscal* son fuentes de conflicto y obstáculos en el correcto funcionamiento del mercado interior"; y ello, sin perjuicio de constatar que la conversión de un amplio territorio estatal en un *mercado único*, con la correspondiente supresión de las fronteras económicas "manteniéndose al mismo tiempo la *identidad nacional* de los Estados Miembros", es algo ciertamente muy complicado[192].

En este contexto debe aludirse de manera particular a la necesidad de una cierta armonización o, al menos, coordinación de los procedimientos de los Estados miembros en materia de intercambio de información tributaria, entendida en el sentido de que "puedan operar juntos" en orden a la realización del mercado único[193] teniendo en cuenta la finalidad última de dicho instrumento, dirigida a la realización de las libertades comunitarias. Ahora bien, sentada esta idea, y siendo la "desarmonización entre ordenamientos jurídicos nacionales" la causa prin-

---

y otras operaciones transfronterizas, la cual se refería al obstáculo que representa "la actitud de los estados miembros que se dedican por entero a buscar sus propias soluciones a sus propios problemas". Idea, por lo demás, en la que ha vuelto a incidir, entre otros documentos, el Reglamento UE 904/2010, relativo a la cooperación administrativa y la lucha contra el fraude en el ámbito del IVA, indicando, en su apartado 3º, que "la práctica de la evasión y de la elusión fiscal a través de las fronteras de los Estados Miembros no sólo ocasiona perdidas presupuestarias, sino que además es contraria al principio de justicia fiscal".

192 Autor que añade a lo expuesto en el texto que "a medida que se fortalece el espacio económico europeo y crecen las relaciones económicas interestatales de los socios comunitarios van quedando de manifiesto las carencias de la armonización fiscal y de la colaboración se sus Administraciones nacionales" (*Vid.* LASARTE ÁLVAREZ, J., "Limitaciones de las normas de los Tratados sobre armonización y coordinación fiscal y exigencias de la situación actual de la Unión Europea", cit., pp. 31-35 http://www.upo.es/export/portal/com/bin/portal/upo/profesores/jrampri/profesor/1324329611453_ponencias.pdf. (Fecha de consulta: 29 de noviembre de 2022).

193 Sin pretender entrar en el examen de las diferencias entre armonización y coordinación, nos parece oportuno apuntar, siguiendo a LASARTE ÁLVAREZ, que "el ejercicio de la coordinación, a diferencia de la armonización (que implica sistemas fiscales idénticos en los EEMM), supone, partiendo de los sistemas de tributación establecidos unilateralmente por los EEMM, hacerlos compatibles con el mercado único. El objetivo de la coordinación no es, por tanto, reemplazar los actuales sistemas de los EEMM, sino hacer que estos puedan operar juntos" (*Vid.* "La coordinación de la fiscalidad directa en la Unión Europea", *Crónica Tributaria*, núm. 137/2010, p. 209).

cipal de los mecanismos de evasión y fraude fiscal así como de la planificación fiscal agresiva[194], no creemos que dicha circunstancia y los obstáculos que plantea la armonización fiscal deba convertirse en la *razón última* del acercamiento procedimental indicado en lo que respecta al intercambio de información en el seno de la Unión Europea.

En efecto, y siendo cierto que la "soberanía interesada" de algunos de los Estados miembros de la Unión Europea "no va a permitir nunca una armonización «tabla rasa» porque siempre habrá intereses particulares o nacionales que proteger y/o derechos históricos que respetar"[195], puede afirmarse que la lucha efectiva contra el fraude y la planificación fiscal no debe ser afrontada *únicamente* a través del mecanismo del intercambio de información (tanto rogado como automático) que, en el fondo, podría considerarse como la vía más sencilla en dicho ámbito[196], a pesar de los efectos limitadores que, a la postre, tiene dicho instrumento sobre la soberanía fiscal, sino que, *sin dejar aquel mecanismo*, cuya aplicación entendemos necesaria (intentando, por tanto, "no redimensionar" el mismo), debe situarse *también* el foco en el objetivo de llevar a cabo la armonización fiscal de las legislaciones de los Estados miembros. Cooperación y armonización, por tanto, que, actuando conjuntamente, entendemos precisas para una adecuada lucha frente al fraude fiscal.

---

194 LAMOCA PÉREZ, C., "Mecanismos transfronterizos de planificación fiscal vs. Armonización fiscal", 2020, p. 6. (https://www.fiscal-impuestos.com/sites/fiscal-impuestos.com/file...). Fecha de consulta: 29 de noviembre de 2022.

195 Op. cit., p. 28.

196 Son significativas, en este sentido, las palabras de SANZ GÓMEZ cuando señala que debe dejarse constancia del creciente interés mostrado por los Estados por la vía de la coordinación relacionándose la misma con diversos instrumentos de *soft law,* en el ámbito concreto de la Unión Europea, "los cuales permiten identificar aspectos clave en los que pueden focalizarse los trabajos tendentes a la colaboración entre Estados y que, en un momento posterior, puedan resultar en modificaciones normativas". Perspectiva desde la cual "la cooperación sería una alternativa (provisional) ante las dificultades de armonización, sin renunciar a ésta en el futuro". En definitiva, los Estados están más dispuestos a hacer uso de instrumentos de este tipo, probablemente porque su *soberanía* se compromete en menor medida (*Vid*. SANZ GÓMEZ, R. J., "Las cláusulas antielusión entre coordinación y armonización fiscal. Influencia de la armonización positiva en el margen de acción de los Estados miembros", en *Armonización, coordinación fiscal y lucha contra el fraude,* LASARTE ÁLVAREZ, J. y ADAME MARTÍNEZ, F. (Coords.), Aranzadi, Pamplona, 2012, p. 236).

Propuesta que realizamos siendo conscientes de las dificultades que conlleva la armonización a nivel europeo, entre las que podrían citarse la amplia cesión de soberanía que la misma supone, así como el problema de encontrar un sujeto u organización que pueda asumir el papel de dictar normas comunes con el consentimiento de la comunidad en su conjunto[197]. De aquí que, sin pretender entrar en la compleja cuestión de la armonización entre ordenamientos en el seno de la Unión Europea, que excede el objeto del presente estudio, aboguemos por un acercamiento entre los mismos que se traduzca, en particular, en la coordinación de los procedimientos dirigidos al intercambio de información tributaria entre los diversos Estados miembros. Coordinación procedimental a cuya eficacia, por lo demás, coadyuvaría la mencionada armonización de las legislaciones de los distintos Estados siendo ambas cuestiones caras de una misma moneda tanto en lo que respecta a la lucha contra la evasión fiscal como en referencia a la realización de las libertades comunitarias, así como lo que concierne a la protección de los sujetos afectados por dichas actuaciones.

Afirmación, de otro lado, que no impide destacar las *consecuencias* que se derivan de que las actuaciones de intercambio de información se encuentren reguladas en Directivas y Reglamentos, cuya *eficacia* afecta a todos los Estados miembros superando, de este modo, "los límites tradicionalmente bilaterales que acompañan en el ámbito internacional al intercambio de información" y cumpliendo una función *instrumental* para la realización de los objetivos comunitarios y *no de los intereses recíprocos* de los Estados contratantes. Eficacia que se basa en la primacía del Derecho comunitario sin estar condicionada por la reciprocidad, de la que depende, como sabemos, la aplicación de las normas convencionales en el ámbito internacional[198]. Idea que cabe ilustrar con la aportada por SARMIENTO, y que es posible deducir del Asunto *Marleasing*[199], en la que el TJCE declara "la obligación de los Estados miembros, dimanante de una di-

---

197 ZAPATERO GASCO, A., *El Intercambio internacional de información tributaria y su injerencia en los derechos de los obligados tributarios*, cit., p. 47 (El intercambio internacional de información tributaria y su injerencia en los derechos de los obligados tributarios - CORE Reader). Ultimo acceso: 10 de noviembre de 2022.

198 *Vid.*, en relación con esta idea, DI PIETRO. A., Prólogo al libro de FERNÁNDEZ MARÍN, F., *El intercambio de información como asistencia externa del Estado de la Unión Europea*, cit., p. 18.

199 STJUE, de 13 de noviembre de 1990, (C-106/89), confirmada por el Asunto *Bernhard Pfeiffer*, de 5 de octubre de 2004 (C-397/01) (*Tol 492334*).

rectiva, de alcanzar el resultado que la misma prevé, así como su deber, conforme al artículo 5 del Tratado, de adoptar todas las medidas generales o particulares, apropiadas para asegurar el cumplimiento de dicha obligación"[200], y que, a juicio del autor citado, *roza* "el efecto directo de la Directiva".

Es preciso, por tanto, configurar un *marco jurídico reforzado y único* en materia de intercambio de datos con relevancia tributaria que, a nuestro juicio, se va forjando lentamente en el seno de la Unión Europea, especialmente a través de las Directivas reguladoras de dicho mecanismo que, junto a la jurisprudencia del TJUE, van asentando los principios fundamentales o reglas básicas sobre los que debe reposar (contando como antecedente, en muchas ocasiones, con los estándares fijados por la OCDE) y que los Estados miembros van incorporando a través de su trasposición a los diversos ordenamientos propiciando, de este modo, una lenta aunque efectiva armonización de los procedimientos dirigidos al intercambio de información tributaria.

Ámbito en que es posible afirmar, por un lado, que el Derecho comunitario establece cada vez más obligaciones directas y positivas, que condicionan a los Estados miembros "a asumir procedimientos administrativos concretos y específicos", mientras, por otra parte, y a partir de la jurisprudencia del Tribunal de Justicia de la Unión Europea, va realizando una función de "armonización negativa" o de *soft law* elaborando, a través de su jurisprudencia, un "cuerpo de doctrina legal" que obligue a los Estados a acomodarse a ella en el futuro[201] sentando, de este modo, las bases para la *armonización* del denominado Derecho tributario formal (o procedimental), al menos en lo que respecta al ámbito concreto del intercambio de datos con relevancia tributaria. Objetivo que conlleva, a su vez, la consideración de las Administraciones tributarias nacionales como auténticas Administraciones "europeas" *incidiendo*, por tanto, de un modo directo sobre las relaciones existentes entre las Administraciones tributarias de los Estados miembros[202].

---

200 SARMIENTO, D., *El soft law administrativo*, Civitas, Madrid, 2008, pp. 172 y 173.

201 *Vid.* HINOJOSA TORRALVO, J. J., Prólogo al libro de FERNÁNDEZ MARÍN, F., *El intercambio de información como asistencia tributaria externa del Estado de la Unión Europea,* cit., p. 27.

202 DI PIETRO, A., Prólogo al libro de FERNÁNDEZ MARÍN, F., *El intercambio de información como asistencia tributaria externa del Estado de la Unión Europea,* cit., p. 17.

En relación con estas ideas, son expresivas las palabras de CALDERÓN CARRERO al señalar que "parece difícil negar que las disposiciones comunitarias reguladoras de la asistencia mutua e intercambio de información" (y, más aún, añadimos nosotros, la jurisprudencia emanada del TJUE, en calidad de *soft law*), no constituyan *normas de armonización fiscal*, por más que no sean normas de armonización *material* de los impuestos sobre los que se proyectan". Consideración en la que profundiza también DI PIETRO destacando el papel cada vez más importante desempeñado por las normas sobre intercambio de información, "nacidas para ofrecer un apoyo a la armonización fiscal o a la aplicación del derecho derivado", representando, a día de hoy, "la más importante, si no incluso la única, garantía jurídica del equilibrio entre la plena eficacia de las normas nacionales y el respeto de los objetivos del Tratado de la Unión Europea"[203].

En consecuencia, y teniendo en cuenta la *retroalimentación* existente entre la que se ha denominado "fase descendente de la normativa comunitaria", esto es, la influencia de las normas de Derecho europeo y, en particular de la jurisprudencia del TJUE, sobre los ordenamientos de los países miembros de la Unión Europea y la mencionada "fase ascendente", en cuya virtud el Tribunal de Luxemburgo formula constantemente categorías generales apoyándose en los principios de Derecho público generalmente presentes en los ordenamientos de los distintos Estados miembros, vamos a referirnos seguidamente a algunos pronunciamientos que, a nuestro juicio, van sentando las bases de la aproximación de los procedimientos de intercambio de información entre Estados en el seno de la Unión Europea, esperando que lleguen a condicionar la labor de los legisladores estatales[204], apoyados en la existencia de unos principios comunes que contribuyan

---

203 DI PIETRO, A., op. cit., p. 16.

204 Sentido en que son significativas las palabras de VILLAR EZCURRA en referencia a la labor llevada a cabo en la aplicación del intercambio de información al servicio de las libertades comunitaria por parte del TJUE, cuya jurisprudencia, efectivamente, y a su juicio, "tiene un efecto limitador de la soberanía fiscal, debido fundamentalmente a la ausencia de armonización fiscal normativa y a la expansión creciente de las libertades comunitarias, que ha permitido un acercamiento de la fiscalidad de los Estados desde la afirmación de la comparabilidad entre residentes y no residentes" (*Vid.* VILLAR EZCURRA, M., "El impacto de la jurisprudencia comunitaria en la armonización y coordinación fiscal", en *Unión Europea, armonización y coordinación fiscal tras el Tratado de Lisboa,* LASARTE ÁLVAREZ, J. (Dir.), ADAME MARTÍNEZ, F. y RAMOS PRIETO, J. (Coords.), Universidad Pablo Olavide (Sevilla) y Scuola Europea di Alti Studi Tributari (Bolonia), p. 100, (http://www.upo.es/export/portal/com/bin/portal/upo/

a "mejorar la calidad de la Administración Pública, a reforzar la primacía del Derecho y a reducir el riesgo de que las facultades discrecionales se utilicen de manera arbitraria" (tal como indica en su introducción el Código Europeo de Buena Conducta Administrativa).

Jurisprudencia, además que, desde esta perspectiva, debe suponer la elaboración de los mimbres o líneas esenciales que deben ir conformando tanto el contenido como las consecuencias jurídicas del principio de buena administración, en cuanto categoría con sustantividad propia, en el seno del procedimiento de intercambio de información tributaria en el ámbito de la Unión Europea, según se expondrá en las páginas que siguen.

Estas ideas deben completarse, por otra parte, subrayando el carácter de *soft law* de la jurisprudencia europea; de este modo, siendo conscientes del debate existente, en particular, en referencia a sus efectos y grado de vinculación[205], y excediendo su estudio del presente trabajo, cabe indicar, junto a SARMIENTO que, a pesar de no encontrarnos ante una fuente del Derecho, en sentido formal, sí puede afirmarse que el *soft law* es una "herramienta que coadyuva a la fabricación de nuevas formas de actuación", siendo, en definitiva, "*nuevas* fuentes para *nuevos* métodos para implementar *nuevas* políticas"[206].

Esta consideración no obsta, sin embargo, para realizar una breve alusión, en consonancia con las voces que se han levantado en este sentido en el seno de la doctrina, a las posibles "desventajas" o inconvenientes de esta clase de armonización, habiéndose incidido, especialmente, en dos cuestiones.

La primera, relativa al hecho de que el TJUE lleva a cabo una armonización fiscal "asistemática", por efecto del "caso por caso"[207] respecto de la que cabe ad-

---

profesores/jrampri/sprofesor/1324329611453_ponencias.pdf). Fecha de consulta: 30 de noviembre de 2022.

205 *Vid.*, en relación con esta idea, SARMIENTO, D., *El soft law administrativo*, cit., pp. 85 y 105 y 106, autor que señala en este último lugar, que "el *soft law* es un segmento del ordenamiento jurídico cuya finalidad es la creación de normas cuyo cumplimiento se exige en grado y no de forma taxativa. Por tanto, el *soft law* es un mandato de optimización, cuyo incumplimiento no entraña una respuesta jurídica concreta".

206 SARMIENTO, D., op. cit., p. 218.

207 *Vid.*, en este sentido, entre otros, VILLAR EZCURRA, M., "El impacto de la jurisprudencia comunitaria en la armonización y coordinación fiscal", cit., p. 100, (http://www.upo.es/export/portal/ com/bin/portal/upo/profesores/jrampri/profesor/1324329611453_ponencias.pdf. Fecha de consulta: 5 de diciembre de 2022) y

vertir que si bien es cierto que dicha clase de armonización puede ser origen de fragmentación en algunos ámbitos, entendemos que, en otros, como el relativo a la aplicación de los instrumentos de intercambio de información entre Estados, cabe detectar la elaboración por parte del Tribunal de Justicia de una doctrina que se va consolidando lentamente *unificándose* fundamentalmente, como se analizará, en torno al papel asignado al principio de proporcionalidad.

En segundo lugar, se ha indicado que el TJUE "no puede reemplazar las decisiones políticas necesariamente inherentes a la configuración de todo sistema tributario" y, si lo hiciera, estaría violando el reparto de competencias entre los Tratados[208] y que, a nuestro juicio, no encuentra excesiva repercusión en el ámbito que nos ocupa debido en esencia a que, si bien no cabe ignorar que la gestión de los tributos puede "orientar la política fiscal en una determinada dirección", según ha señalado con razón RAMALLO MASSANET[209], no creemos que la incidencia en los procedimientos de intercambio de información de la jurisprudencia del TJUE *condicione* dicho procedimiento en el sentido de orientarlo en un determinado sentido político. Afirmación, no obstante, que debe ser matizada y correctamente entendida en el sentido de que la obtención de una determinada clase de datos (y no otros) por parte de las Administraciones tributarias, condicionada por las normas reguladoras del intercambio de información, determinará la dirección de los procedimientos tributarios y, por ende, los de comprobación e investigación.

Por consiguiente, y en el escenario indicado, van a ser examinados, en concreto, el Asunto *Berlioz Investment Fund* (C-682/15)[210], los Asuntos acumulados C-245/19 (Estado Luxemburgués/B) y C-246/19 (Estado Luxemburgués/B y otros) de 6 de octubre de 2020[211] así como el Asunto *État luxemburgeois*, de 25 de noviembre 2021 (C-437/19)[212].

SANZ GÓMEZ, R. J., "Las cláusulas antielusión entre coordinación y armonización fiscal. Influencia de la armonización positiva en el margen de acción de los Estados Miembros", cit., p. 234.

208 SANZ GÓMEZ, R. J., op. cit., p. 234.

209 *Vid.* RAMALLO MASSANET, J., Prólogo al libro de A. GARCÍA MARTÍNEZ, *La gestión de los tributos autonómicos,* Civitas, Madrid, 2000, p. 25.

210 (*Tol 6090864*)

211 (*Tol 8103179*)

212 (*Tol 8649450*)

Análisis que se enmarca en la perspectiva indicada por SARMIENTO en el sentido de que "el ordenamiento comunitario ha creado una obligación intensa de interpretación del Derecho nacional a la luz del Derecho europeo" pudiendo afirmarse incluso que "estamos ante una obligación de máximos, que recaerá sobre el juez a la hora de resolver un conflicto, pero también sobre las Administraciones en el ejercicio de sus potestades"[213]. Consideración que, interpretada junto a las ideas expuestas anteriormente, debe conducir a un acercamiento de los instrumentos de intercambio de información teniendo en cuenta que la finalidad perseguida por dicho mecanismo no se conseguirá sin un auténtico *espíritu de colaboración* por parte de los Estados miembros necesario para la armonización o unificación de los aspectos básicos que configuran dicho procedimiento impidiendo, desde este punto de vista, el entendimiento de los ordenamientos de los diversos Estados miembros como compartimentos estancos.

Fragmentación, finalmente, que carece cada vez más de fundamento en un momento de "superación del «cantonalismo normativo»" así como de interconexión y entrecruzamiento entre los diferentes sistemas jurídicos, en el sentido expuesto más arriba y, en definitiva, de sustitución de la estructura ordinamental clásica (y de su incuestionado fundamento en la soberanía estatal y en el principio de territorialidad) por nuevos esquemas de interacción y colaboración reticular, dirigidos a la consecución de un derecho hábil, difuso y en constante transformación. Ámbito en que "la exigencia, en términos de eficacia inmediata y primacía sustancial, de un conjunto de garantías y derechos de los ciudadanos, como núcleo del estatuto jurídico-público", compartida por el conjunto de ordenamientos de los distintos Estados que conforman la Unión Europea parece una exigencia incuestionable[214], siendo el conjunto de consideraciones expuestas las que nos conducen a afirmar la necesidad de un *procedimiento administrativo común* en materia de intercambio de información en el seno de la Unión Europea.

---

213 SARMIENTO, D., *El soft law administrativo*, cit., p. 177.

214 MELLADO RUIZ, L., "Los principios comunitarios de eficacia directa y de primacía frente a la funcionalidad del principio de autonomía procedimental: proceso de convergencia y estatuto de ciudadanía", cit., p. 27.

3. LA PROYECCIÓN DE LA BUENA ADMINISTRACIÓN SOBRE EL PROCEDIMIENTO DE INTERCAMBIO DE INFORMACIÓN TRIBUTARIA ENTRE ESTADOS A PARTIR DE LA JURISPRUDENCIA DEL TRIBUNAL DE JUSTICIA DE LA UNIÓN EUROPEA

El estudio de la proyección y, por tanto, de las consecuencias jurídicas de la buena administración sobre las actuaciones de intercambio de información entre Estados miembros debe realizarse, a nuestro juicio, en el marco de dos ideas que ya han sido puestas de manifiesto.

Esto es, y en primer lugar, la importante potenciación a que en los últimos años se está viendo sometido dicho mecanismo, debido, entre otras razones, a las dificultades de armonización fiscal en el ámbito comunitario y al "atractivo" que presenta dicho instrumento en el sentido de respetar, en línea de principio, la soberanía de los Estados en base a la aplicación del principio de autonomía procedimental[215]; y, en segundo término, la perspectiva estatalista[216], que ha dominado la regulación del intercambio de información tributaria a nivel comunitario, conduciendo a la práctica ignorancia de los derechos de los sujetos afectados por dichas actuaciones siendo los grandes olvidados en dicho ámbito[217]. Perspectiva

---

215 Sentido en que señala MATA SIERRA que la cooperación o colaboración entre Estados "no implica modificación alguna del contenido de las normas internas, sino, únicamente «un mecanismo de organización de actuación conjunta»", (*Vid.* MATA SIERRRA, M. T., *La armonización fiscal en la Comunidad Económica Europea,* Lex Nova, Madrid, 1996, p. 61).

216 Perspectiva a la que se refiere FERNÁNDEZ MARÍN, F., "El derecho de defensa y el intercambio de información tributaria en el Derecho de la UE", (https://ste.unibo.it/article/download/9732/9743 —Fecha de consulta: 15 de diciembre de 2022—), cuando señala que el TJUE "ha establecido categóricamente que las normas que rigen el intercambio de información tributaria solo regulan el intercambio de información entre administraciones fiscales y solo a éstas les confieren derechos y obligaciones"; situación que "confirma el tradicional déficit de esta normativa en la regulación de los derechos y garantías de los particulares afectados por el intercambio de información".

217 *Vid.* MARTÍNEZ GINER, L. A., quien pone de relieve la "incoherencia que supone el interés existente por profundizar en la colaboración administrativa entre Estados y la indiferencia en la tutela de los derechos de los contribuyentes en el plano internacional" (*Vid. La protección jurídica del contribuyente en el intercambio de información entre Estados,* Iustel, Madrid, 2008, pp. 22 y 25) e HINOJOSA TORRALVO, J. J., Prólogo a la obra *Derecho Comunitario y Procedimiento Tributario,* FERNÁNDEZ

que obedece, en último término, a la consideración de la intervención del contribuyente en el procedimiento de intercambio de información como un obstáculo frente al objetivo de lucha frente al fraude y la evasión fiscal a que se dirige dicho mecanismo[218].

En este contexto la *interacción procedimental* entre el Derecho europeo y el Derecho interno de los Estados implicados en los intercambios de información tributaria, entendemos que puede convertirse en un campo propicio para la aplicación del principio de buena administración "aliviando" la *diversidad* derivada del principio de autonomía procedimental a través de la aspiración a la *unidad sustantiva* o, al menos, coordinación, de las actuaciones esenciales que conforman el procedimiento de intercambio de información tributaria entre los distintos Estados miembros de la Unión Europea y que se derivaría de la proyección sobre el mismo de dicho principio.

Coordinación que, de manera particular, debería afectar a aquellas actuaciones especialmente orientadas a la defensa de los ciudadanos en sus relaciones con las Administraciones tributarias articulándose la buena administración, por tanto, como una importante herramienta de interpretación y de garantía procedimental. Sentido en que se ha afirmado con acierto que en materia de derechos fundamentales no cabe hablar de "dualidad ordinamental, estatal y comunitaria"; más aún, el art. 6 del Tratado de la Unión Europea "ratifica el carácter nor-

---

MARÍN, F., (Dir.), Atelier, Barcelona, 2010. Línea en que son significativas las palabras de SACCHETTO al afirmar hace años que, "con toda probabilidad, la protección del contribuyente constituye el aspecto más débil del intercambio de información" (*Vid.* SACCHETTO, C., *Tutela all'estero dei crediti tributari dello Stato,* Cedam, Padova, 1978).

218 En relación con ello, señala CALDERÓN CARRERO, J. M., "El intercambio de información entre Administraciones tributarias en un contexto de globalización económica y competencia fiscal perniciosa", en *Las medidas anti-abuso en la normativa interna española y los Convenios para Evitar la Doble Imposición Internacional y su compatibilidad con el derecho comunitario,* SOLER ROCH, M. T. y SERRANO ANTON, F. (Dirs.), Instituto de Estudios Fiscales, Madrid, 2002, p. 311, que la adecuada protección de los derechos y garantías del obligado tributario ayudarían a dotar de una mayor eficacia al intercambio de información, en base a que el nivel de protección puede ayudar al nivel de colaboración con las Administraciones tributarias, indicando, en esta línea, MARTÍNEZ GINER, L. A., op. cit., pp. 22 y 25, que la protección del obligado tributario afectado debe entenderse "no como un obstáculo al intercambio de información entre Estados, sino como un aspecto beneficioso y una oportunidad de mejorar la colaboración con las Administraciones tributarias".

mativo y fundamental de los derechos, libertades y principios enunciados en la CDFUE", en cuanto conjunto de derechos y principios que "prevalecen" sobre los sistemas internos[219].

En efecto, en el marco de las ideas expuestas, y si algo destaca junto a la consagración del principio de autonomía procedimental a partir del análisis de la Directiva 2011/16/UE así como del procedimiento previsto en nuestro ordenamiento interno (resultado en buena medida de la trasposición de la Directiva anterior), es la mencionada falta de previsiones relativas a la protección del contribuyente afectado por el intercambio de información tributaria entre Estados miembros, "paliada", hasta cierto punto, y a nuestro juicio, por la jurisprudencia del TJUE, en lo que respecta, de modo particular, a la motivación y a la salvaguarda del derecho de defensa que, junto a la participación en dicho procedimiento serán objeto de estudio particularizado a continuación, examinándose asimismo los principios de proporcionalidad y seguridad jurídica. Garantías que, siguiendo a MEILÁN GIL, cabe considerar como "huellas" de los diferentes elementos asociados a la buena administración[220], analizados en este caso, en particular, por el Tribunal de Justicia de la Unión Europea.

Contexto en que debe advertirse, además, que los principios y garantías que van a ser objeto de análisis forman parte, en una medida u otra, del derecho a la tutela judicial efectiva, en el que convergen las garantías contenidas en el art. 41 de la CDFUE, debiendo aclarar que la tutela efectiva de los derechos no debe implicar tener que acudir a la vía judicial cuando, de hecho, cabe obtener la "tutela administrativa efectiva"[221].

En definitiva, para poder calificar un procedimiento administrativo como "justo", debe atenderse al respeto en las diversas fases del mismo tanto de "la forma en que la Administración ejerce sus potestades" como al grado de salvaguar-

---

219 MELLADO RUIZ, L., "Principio de buena administración y aplicación indirecta del derecho comunitario: instrumentos de garantía frente a la «comunitarización» de los procedimientos", cit., pp. 297 y 299.

220 MEILÁN GIL, J. L., "La buena administración como institución jurídica", cit., p. 13.

221 *Vid.* ANEIROS PEREIRA, J., "El derecho de defensa en la Administración: derecho de toda persona a ser oída y derecho de acceso al expediente", en *La protección de los derechos fundamentales en el ámbito tributario,* MERINO JARA, I. (Dir.), VÁZQUEZ DEL REY VILLANUEVA, A. y SUBERBIOLA GARBIZU, I. (Coords.), Wolters Kluwer, Madrid, 2021, p. 333.

da y cumplimiento de los derechos y garantías de los particulares implicados en dicho procedimiento[222].

A partir de lo expuesto, y sin perjuicio de la discutida naturaleza de la buena administración, creemos importante resaltar de nuevo, a efectos de nuestro estudio, su innegable relación con el art. 103 de la CE, teniendo en cuenta el papel de la Administración en cuanto servidora objetiva del interés general; línea en que cabe señalar que la buena administración, además de otorgar *legitimidad* a la actuación administrativa, encuentra fundamento en el servicio a los intereses generales, la eficacia y la equidad. Más aún, se trata de "una nota propia de la función administrativa ya que (...) la misma debe cumplirse de la forma más oportuna y más adecuada para la consecución de los fines objeto de la función pública"[223], pudiendo entender incluso que, más que coincidir objetividad y buena administración, la segunda se configura como elemento intrínseco para llegar a la prime-

---

222 SANZ GÓMEZ, R., "Buena Administración y Procedimiento tributario justo", cit., p. 226. Sentido en que SANZ LARRUGA, F. J., "El ordenamiento europeo, el Derecho Administrativo español y el Derecho a una Buena Administración", cit., pp. 736 y 737, ha indicado que "desde finales del siglo XX, tanto el TEDH como el TJCE han venido invocando el derecho a una buena administracion como "el derecho a una buena administración de la justicia".

223 *Vid.,* en este sentido, entre otros, TORNOS MAS, "El derecho a una buena administración", cit., pp. 9 y 10 (https://www.sindicadegreugesbcn.cat/pdf/monografics/administracio_es.pdf —Fecha de consulta: 7 de julio de 2023—), quien señala que "la Constitución de 1978, aunque no alude directamente a este principio, se refiere a él de forma implícita cuando determina la manera de actuar de las administraciones públicas en los artículos 9.3, 31.2 y 103" y ROUCCO, G., "La «buena administración» y el «interés general»", cit., pp. 28 y 29. Punto en relación con el que indica, además, MEILÁN GIL, J. L., "El paradigma de la buena administración", *Anuario da Facultade de Dereito da Universidade da Coruña,* núm. 17/2013, p. 236, que la inserción de la buena administración en el derecho es una "garantía para que sea efectiva, más allá de proclamas y buenos deseos". Ideas a la que añade MARTÍNEZ ÁLVAREZ, J., "El principio de buena administración como nuevo paradigma jurídico y su aplicación en el ámbito tributario: régimen normativo, naturaleza jurídica y contenido", cit., pp. 61 y 62, que "nuestro legislador constituyente no dudó en configurar los principios de objetividad y eficacia -plasmados en el artículo 103.1 de nuestra Carta Magna-como las claves con que la Administración ha de tratar los asuntos de los ciudadanos"; principios que, siendo de rigurosa observancia, "aparecen configurados como depositarios de la justicia y como fundamento del ordenamiento jurídico, no admitiendo la imperatividad de los mismos ningún tipo de duda".

ra[224]; en palabras de NIETO, dicho precepto expresaría el "*modelo ideal* de una administración democrática"[225]. Idea que cabe conectar con el hecho de que la mayor parte de los Estatutos de Autonomía identifiquen la buena administración con la actuación "objetiva e imparcial" de las Administraciones Públicas en relación con los asuntos que afectan a los ciudadanos, cuyo anclaje se encuentra en el art. 103.1 de la CE.

En definitiva, y si la *esencia* de la buena administración radica en hacer efectivos los intereses generales, que se predeterminan para la Administración por parte del Gobierno, no existiendo, como se ha avanzado, un modelo único de buena administración, es precisamente, la referencia al servicio de dichos intereses generales, *entre los que se incluyen la realización de las garantías y los derechos fundamentales de la persona*, desde donde se comprende mejor la buena administración[226] y, en particular en este estudio, la determinación de las consecuencias jurídicas de este principio en su proyección sobre el procedimiento de intercambio de información entre los distintos Estados en el seno de la Unión Europea.

De este modo, y a partir del entendimiento del procedimiento como un cauce para hacer realidad la buena administración, en cuanto deber que enlaza con "el derecho a un procedimiento debido"[227], cabe afirmar que de ello deriva la necesidad de que la Administración, en el ejercicio de sus funciones, lleve a cabo una *justa ponderación* de los intereses en juego. Interpretación, por tanto, que debe conducir a que dicho principio no se quede en una mera formulación retórica sino que, otorgando al mismo un contenido concreto, debe encontrar adecuada realización a partir de su aplicación en cada caso.

El análisis descrito debe realizarse, por tanto, desde la premisa de que la protección de los sujetos afectados por las actuaciones de intercambio de información tributaria en el seno del procedimiento sea entendida esencial para la *eficacia* de dicho mecanismo[228]; instrumento jurídico que debe tender a la rea-

---

224 MATIA PORTILLA, A., *La buena administración como noción jurídico-administrativa*, cit., p. 261.

225 NIETO GARCÍA, A., *El desgobierno de lo público*, Ariel, Barcelona, 2008, p. 2226.

226 *Vid.* MEILÁN GIL, J. L., "La buena administración como institución jurídica", cit., pp. 18 y ss.

227 MEILÁN GIL, J. L., "El paradigma de la buena administración", cit., p. 250.

228 Idea a la que, entre otros autores, se ha referido CALDERÓN CARRERO, al afirmar que la adecuada protección de los derechos y garantías del obligado tributario ayudarían

lización del *equilibrio* de los intereses en juego, radicando en ello la legitimidad del intercambio de datos entre EEMM, así como la "esencia misma del Derecho administrativo"[229], exigiendo, por tanto, una configuración adecuada del procedimiento de intercambio de información, necesaria para no dañar la finalidad garantista que debe presidir la actuación administrativa[230], la cual debe pasar por el control a la Administración otorgando, de este modo, fuerza jurídica a los principios que conforman la buena administración a fin de evitar que se quede en algo más que una simple aspiración.

Razón, en efecto, por la que a continuación van a ser objeto de examen en particular, la motivación, el principio de proporcionalidad, la seguridad jurídica y la transparencia en cuanto huellas de la buena administración en el seno del procedimiento de intercambio de información tributaria cuya presencia entendemos necesaria en un procedimiento armonizado o, siquiera coordinado, de intercambio de datos fiscales en el seno de la Unión Europea, dada la ausencia de sintonía existente en la actualidad en este ámbito entre los ordenamientos jurídicos de los Estados miembros. Y ello, desde la premisa, expuesta más arriba, de la elaboración de dichas garantías llevada a cabo por parte de la jurisprudencia del TJUE tanto a partir de los principios vigentes en los ordenamientos domésticos de los diversos países que conforman la Unión Europea[231] como a través de la interpretación de las normas de Derecho europeo.

---

a dotar de una mayor eficacia al intercambio de información, en base a que el nivel de protección puede afectar al nivel de colaboración con las Administraciones tributarias (*Vid.* "El intercambio de información entre Administraciones tributarias en un contexto de globalización económica y competencia fiscal perniciosa", cit., p. 311).

229 *Vid.*, en este sentido, MENÉNDEZ SEBASTIÁN, E. M., *De la función consultiva clásica a la buena administración. Evolución en el Estado social y democrático de Derecho,* cit., p. 27.

230 *Vid.*, en relación con esta idea, MEILÁN GIL, J. L., "La buena administración como institución jurídica", cit., p. 40, quien añade a lo expuesto en el texto que "la finalidad del procedimiento no se limita a procurar la seguridad jurídica o evitar la arbitrariedad de la Administración, que no es poco. Los ciudadanos aspiran a que el ejercicio de sus derechos y actividades no se entorpezca por la observancia de un procedimiento inadecuadamente formulado. No debe constituir una carrera de obstáculos a salvar; es un medio para hacer realidad la «buena administración», como un deber que enlaza con el derecho al procedimiento debido".

231 Ideas en relación con las que señala HERMIDA DEL LLANO, C., "La configuración del derecho a una buena administración como nuevo derecho frente al poder", cit., p.

4. GARANTÍAS PROCEDIMENTALES DERIVADAS DEL PRINCIPIO DE BUENA ADMINISTRACIÓN

La parquedad con que se ha previsto el procedimiento de intercambio de información en la Directiva 2011/16/UE, unida al principio de autonomía procedimental, han conducido, en este ámbito, no solamente a lo que podría denominarse "esquizofrenia procedimental", sino, sobre todo, a un procedimiento escasamente garantista en relación con los sujetos afectados por el mismo, como cabe constatar, en particular, en referencia al ordenamiento español, según se indicará más adelante.

Situación ante la que cabe plantear las consecuencias jurídicas de la *proyección* de la buena administración sobre dicho procedimiento, en cuanto derecho de la ciudadanía europea así como su cumplimiento por parte la Administración tributaria (con base en la legitimación contenida en la Constitución); principio que reclama un *estándar más elevado de garantías,* como resultado, entre otros, de la aplicación "reforzada" de los principios de transparencia, seguridad jurídica y proporcionalidad y, en definitiva, de la interpretación de la buena administración en cuanto "canon uniforme de razonabilidad de las medidas de articulación del interés general objetivo"[232] y que, a nuestro juicio, exigiría *modular* o flexibilizar el principio de autonomía procedimental, tal como ha mantenido, entre otros autores, FERNÁNDEZ MARÍN[233], desde el entendimiento de que no cabe considerar dicho principio como "regla absoluta" dentro de las normas sustantivas comunitarias[234].

161, que tanto el art. 41 como el 42 de la CDFUE "han trazado, sin lugar a dudas, un canon europeo destinado a impulsar la maquinaria administrativa española".

232 MELLADO RUIZ, L., "Principio de buena administración y aplicación indirecta del Derecho Comunitario: instrumentos de garantía frente a la «comunitarización» de los procedimientos", cit., p. 302.

233 Autor que, citando a MARTÍN JIMÉNEZ, ha indicado que "el TJUE está dispuesto a romper el tradicional «*principio de autonomía procesal*» en favor de los derechos fundamentales y de los principios reconocidos como valores jurídicos comunes en los Estados miembros" (*Vid.* FERNÁNDEZ MARÍN, F., "El Derecho de defensa y el intercambio de información tributaria en el Derecho de la UE" (https://ste.unibo.it/article/download/9732/9744/32601-; Último acceso: 9 de enero de 2023).

234 *Vid.,* en este sentido, MELLADO RUIZ, L., "Principio de buena administración y aplicación indirecta del Derecho Comunitario: instrumentos de garantía frente a la «comunitarización» de los procedimientos", cit., p. 289 y FERNÁNDEZ MARÍN, F., "El

Cuestión esta última, en efecto, en la que se profundizará más adelante dedicándose las páginas que siguen al estudio e interpretación de los principales elementos del procedimiento de intercambio de información tributaria a la luz del principio de buena administración con la finalidad de intentar dotar a este principio de contenido y sustantividad en el seno de dicho procedimiento.

Se trata, en definitiva, de que la Carta y los derechos en ella consagrados se conviertan en "referencia obligada" que ayude a determinar en qué se *traducen* a nivel nacional los derechos en ella reconocidos y que han sido elevados en la Carta a la categoría de derechos o principios generales, lo que implica que la aplicación de la buena administración suponga la consideración de parámetros objetivos en relación con los fines pretendidos de cuyo cumplimiento depende, por tanto, la efectividad del principio mencionado[235]. Perspectiva desde la que es preciso insistir, junto a MARTÍN DELGADO, en la idea de que la buena administración "surte efectos en la práctica frente a las Administraciones nacionales suponiendo la *estandarización* de las garantías que integra"[236].

4.1 MOTIVACIÓN

El deber de motivación forma parte expresamente del principio de buena administración (según prevé el art. 41.2.c) de la CDFUE), derivando, asimismo, del art. 296 del Tratado de Funcionamiento de la Unión Europea. Motivación a que también alude el Código Europeo de Buena Conducta Administrativa al indicar en su introducción que "Los funcionarios deben estar dispuestos a explicar sus actividades y a motivar sus acciones", señalándose, en concreto, en el art. 18.1,

---

Derecho de defensa y el intercambio de información tributaria en el Derecho de la UE" (https://ste.unibo.it/article/download/9732/9744/32601-; Último acceso: 9 de enero de 2023).

235 Sentido en que señala MATIA PORTILLA, A., *La buena administración como noción jurídico-administrativa*, cit., p. 237, que "ha de darse la buena administración cuando se han empleado bien los medios de actuación administrativa y se ha llegado, por esa vía, al correcto cumplimiento de los fines a los que esos medios han de servir, todo ello dentro del marco jurídico existente, que ha de estar inspirado en valores y principios que garanticen y conduzcan a la plena realización del hombre social e individualmente considerado".

236 MARTÍN DELGADO, I., "El procedimiento administrativo en el Derecho de la Unión Europea", cit., p. 127. El subrayado es nuestro.

dedicado al "Deber de indicar los motivos de las decisiones", que "Toda decisión de la institución que pueda afectar adversamente a los derechos o intereses de una persona deberá indicar los motivos en los que está basada, exponiendo claramente los hechos pertinentes y el fundamento jurídico de la decisión", debiendo buscar, por tanto, la mayor adecuación posible a los principios que rigen el Estado de Derecho así como la mayor objetividad[237]. Ideas que adquieren todo su significado a partir de la consideración del procedimiento administrativo como "uno de los instrumentos jurídicos posibilitadores del cumplimiento del deber de buena administración", configurándose como un factor de "potenciación de decisiones administrativas de calidad y, en definitiva, como elemento de legitimación de las Administraciones Públicas"[238].

La obligación de motivación por parte de la Administración, como se ha indicado ya, y nos recuerda la jurisprudencia del Tribunal Supremo, entre otras, en la Sentencia de 22 de febrero de 2005[239], "se engarza en el derecho de los ciudadanos a una buena administración", consustancial a las tradiciones constitucionales comunes de los Estados miembros de la Unión Europea[240], cuya proclamación en la Carta de Derechos Fundamentales vendría a *reforzar* las previsiones derivadas de la normativa nacional[241].

Motivación del acto administrativo, por consiguiente, que aportando transparencia a las actuaciones de la Administración, y partiendo de su finalidad de "exteriorizar el *íter* lógico y argumentativo que llevó al funcionario, a partir de

---

237 *Vid.* GIL CRUZ, E. M., *La Motivación de los Actos Tributarios, Cuadernos de Jurisprudencia Tributaria*, Thomson-Aranzadi, Cizur Menor, Navarra, 2003, p. 17.

238 PONCE SOLÉ, J., *Deber de buena administración y derecho al procedimiento administrativo debido,* Lex Nova, Valladolid, 2001, p. 127.

239 Núm. rec.: 3055/2001 (*Tol 615189*)

240 Núm. rec.: 3055/2001 (*Tol 615189*).

241 MARTÍN DELGADO, I., "El procedimiento administrativo en el Derecho de la Unión Europea", cit., p. 127. Autor que fundamenta la idea expuesta en el texto, entre otras, en la STS de 29 de marzo de 2005 (rec. núm. 8697/1999), que se refiere a la motivación como "consecuencia de los principios de seguridad jurídica y de interdicción de la arbitrariedad, enunciados por el apartado 3 del artículo 9 de la constitución y que, también, desde otra perspectiva, puede considerarse una exigencia constitucional impuesta por el artículo 103 (principio de legalidad en la actuación administrativa), que se refuerza en la Carta de los Derechos Fundamentales de la Unión Europea (...) que incluye dentro de su artículo 41, dedicado al «Derecho a una buena Administración» la obligación que incumbe a la Administración de motivar sus decisiones" (F. J. 4º).

una dirección normativa finalista, a tomar una decisión", pretende que la Administración justifique sus decisiones razonable y suficientemente[242], lográndose, de este modo, una *motivación material*, "imprescindible en todos los actos administrativos", que no puede confundirse con la motivación meramente formal[243].

Esta consideración, como se expondrá a continuación, *pone en conexión* la obligación de motivar con el derecho de defensa habiendo indicado, en este sentido, MEILÁN GIL que la motivación del acto "deja de ser un mero elemento de éste" para constituirse en un derecho conectado con el derecho fundamental a la tutela judicial efectiva. Más aun, en muchas ocasiones, la buena administración se descubre bajo el manto del derecho la tutela judicial efectiva[244].

Requisito de la motivación que, en las líneas que siguen, nos proponemos examinar en relación concreta con el procedimiento de intercambio de información tributaria, tanto con carácter rogado como automático.

4.1.1 Intercambios rogados de información

Siguiendo la jurisprudencia comunitaria, se hace referencia a la especial relevancia de la buena administración así como del deber de diligencia que conlleva su aplicación, en cuanto garantías que otorga el ordenamiento jurídico comunitario en el procedimiento administrativo "cuando las Instituciones dispongan de

242 IRIT MILKES, S., "Buena administración y la motivación de los actos administrativos expedidos en ejercicio de facultades discrecionales", *Revista Digital de Derecho Administrativo*, núm. 21/2019, pp. 168 y 174.

243 *Vid.*, en esta línea, entre otros, GIL CRUZ, E. M., *La Motivación de los Actos Tributarios*, cit., p. 68, quien concibe "la falta de motivación como un defecto de fondo del acto (no como un defecto de forma), es decir, como un elemento sustancial de la decisión adoptada" y MALHERBE, J., RENDERS, D. y TRAVERSA E., "La Administración tributaria frente a los Principios de Buena Administración en Derecho belga", *Estudios Tributarios Europeos*, núm. 1/2011, p. 124, quienes han afirmado, en referencia a la motivación, que "el Consejo de Estado belga ha calificado en algunas ocasiones este requisito como «principio de buena administración», si bien es verdad que no se encuentra explícitamente consagrado en ningún texto normativo en el ordenamiento jurídico belga".

244 MEILÁN GIL, J. L., "La buena administración como institución jurídica", cit., pp. 33 y 35.

amplias facultades de apreciación"[245] (Sentencia del Tribunal General, de 18 de septiembre de 1995, Asunto *Nolle*, T-167/94)[246]; margen de apreciación que, en el ámbito del intercambio de información entre Estados miembros cabe conectar, fundamentalmente, y a nuestro juicio, con el *carácter indeterminado* del presupuesto sobre el que se asienta dicho instrumento, según lo dispuesto en el art. 1.1 de la Directiva 2011/16/UE, esto es, la "relevancia previsible" de los datos susceptibles de intercambio, a que ya se ha hecho referencia, y cuya necesidad de *justificación o motivación* únicamente se encuentra prevista normativamente y como, en principio pudiera parecer lógico, en referencia a los supuestos de intercambio de información llevados a cabo mediante requerimiento individualizado.

Es decir, es el carácter indeterminado del presupuesto sobre el que pivota el intercambio de información tributaria lo que fundamenta, precisamente, la exigencia de un especial *refuerzo* de la motivación de la petición de información en aras a la realización de la seguridad jurídica, la igualdad, la tutela judicial efectiva, así como, y en último término, la interdicción de la discrecionalidad. Ámbito este último, precisamente, en que la buena administración está suponiendo un verdadero avance a la hora de garantizar que la solución finalmente adoptada por parte de la Administración "es la (única) justa, pues no hay indiferentes jurídicos"[247]. Dicho de otro modo, y siguiendo a PONCE SOLÉ, la buena administración se caracteriza "por la imposición de una obligación positiva de ponderación diligente o con debido cuidado de todos los elementos relevantes de la toma de decisión" suponiendo incluso "un «mandato de optimización», en el sentido de que a lo que obliga es a adoptar el medio considerado óptimo por el decisor a la luz de las circunstancias del caso para dar lugar o maximizar el fin previsto", lo que conduce a un juicio valorativo que debe plasmarse en la decisión

245 NEGRUT, V., "The europeanization o Public Administration through the General Principles of Good Administration", *European and International Law*, 2/2011, p. 10.

246 (*Tol 4624676*)

247 CUDERO BLAS, J., "El principio de buena administración en la jurisprudencia de la Sala Tercera del Tribunal Supremo", cit., p. 108. Sentido en que ha afirmado NEGRUT, V., op. cit., p. 10, que la motivación tiene como finalidad la reducción de la discrecionalidad de las decisiones administrativas que afectan a los derechos de los ciudadanos, dependiendo su alcance de las circunstancias del caso así como de la naturaleza del acto adoptado.

final. Escenario en que no puede ser indiferente al Derecho el intento de lograr "la mejor decisión posible para los intereses generales"[248].

En este ámbito, y en lo que respecta a esta modalidad concreta de intercambio de información, el requerimiento debe justificarse de modo razonable en la motivación que, a partir de la modificación realizada en la Directiva 2011/16/UE por parte de la Directiva (UE) 2021/514, del Consejo, de 22 de marzo de 2021, por la que se modifica la Directiva 2011/16/UE relativa a la cooperación administrativa en el ámbito de la fiscalidad y otras normas tributarias, debe acompañar a dichos intercambios y a la que, con anterioridad a a dicha modificación, únicamente se hacía referencia expresa en el supuesto de solicitud al Estado requerido de "una investigación administrativa concreta" (art. 6.2 de la Directiva 2011/16), lo que viene a poner de manifiesto la relevancia de la reforma mencionada, sin perjuicio de que dicho requisito ya viniera siendo exigido tanto por el TJUE como parte de la doctrina.

Sentido, pues, en que el nuevo art. 5.2.bis) dispone que "Con el fin de demostrar la pertinencia previsible de la información solicitada, la autoridad requirente facilitará a la autoridad requerida, al menos, la información siguiente: a) los fines fiscales para los que se pide la información, y; b) una especificación de la información solicitada para la administración o el control del cumplimiento de su legislación nacional". Requisitos que, correctamente interpretados, y a nuestro juicio, deben actuar como auténticos "diques de contención" a la discrecionalidad que rodea la realización de dichos requerimientos de información lo que requiere una interpretación estricta y, por tanto, una correcta aplicación de los requisitos mencionados en este precepto con la finalidad, en último término, de llevar a cabo una ponderación correcta de los intereses implicados.

Motivación, por tanto, que configurándose como "punto neurálgico" de cualquier acto administrativo[249], y radicando su esencia en la relación entre la declaración de voluntad del órgano que la emite y los *efectos* que produce en el

---

248 *Vid.* PONCE SOLÉ, J., *La lucha por el buen gobierno y el derecho a un buen gobierno y el derecho a una buena administración,* cit., pp. 25, 29 y 40. Autor que añade más adelante que el derecho a una buena administración "supone la necesidad del análisis y la toma en consideración diligente y con el debido cuidado de los hechos e intereses relevantes en cada toma de decisión" (p. 33).

249 Según las expresivas palabras de GARÍN BALLESTEROS, B., "Estándar de buena administración en los actos tributarios", cit., p. 89.

sujeto destinatario de la misma[250], cabe considerar fundamental para el ejercicio del derecho de defensa, habiendo declarado en este sentido el TJUE que "en esta motivación debe constar de modo claro e inequívoco el razonamiento de la autoridad comunitaria de quien procede el acto impugnado, de modo que, por una parte, permita a los interesados conocer las justificaciones de la medida adoptada para que puedan defender sus derechos y, por otra, permita al Tribunal de Justicia ejercer su control" (entre otras, STJUE de 21 de noviembre de 1991, *Technische Universität München*, C-269/90).

Asimismo, y en esta misma línea, también nuestro Tribunal Supremo se ha referido tanto al alcance y fundamento de la motivación como a su refrendo normativo en el art. 41 de la CDFUE indicándose, entre otras, en la Sentencia de 15 de octubre de 2010, que tal operación jurídica "se traduce en la exigencia de que los actos administrativos contengan una referencia específica y concreta de los hechos y los fundamentos de derecho que para el órgano administrativo que dicta la resolución han sido relevantes, que permita reconocer al administrado la razón fáctica y jurídica de la decisión administrativa, posibilitando el control judicial por los tribunales de lo contencioso administrativo". Además, tal obligación de la Administración "se engarza en el derecho de los ciudadanos a una buena administración, que es consustancial a las tradiciones constitucionales comunes de los Estados miembros de la Unión Europea, que ha logrado refrendo normativo como derecho fundamental en el artículo 41 de la Carta de los Derechos Fundamentales de la Unión Europea, proclamada por el Consejo de Niza de diciembre de 2000, al enunciar que este derecho incluye en particular la obligación que incumbe a la Administración de motivar sus decisiones".

A este deber de motivación, en lo que respecta en particular al intercambio de información tributaria entre Estados miembros ha aludido expresamente el Tribunal de Luxemburgo, en las Sentencias de 16 de mayo de 2017, Asunto *Berlioz Investment Fund* (C-682/15), 6 de octubre de 2020, Asunto *État luxembourgeois* (Asuntos Acumulados C-245/19 y C-246/19) y 25 de noviembre 2021, Asunto *État luxembourgeois* (C-347/19), observándose un continuo progreso en relación con la concreción y profundización en dicho requisito procedimental que, desde luego, y como se ha señalado, debe reforzarse en estos supuestos en que la Administración goza de un margen, de apreciación, más o menos amplio,

---

[250] *Vid.* GIL CRUZ, E. M., *La Motivación de los Actos Tributarios*, cit., p. 17.

así como desde la premisa de que nos encontramos ante la transmisión de datos pertenecientes a la esfera privada de los sujetos afectados[251].

Jurisprudencia comunitaria que, en este ámbito, tiene como valor añadido su influencia en la jurisprudencia y doctrina españolas (además de la del resto de Estados miembros), a través de una importante función de *soft law*, que debe conducir al reconocimiento del derecho de los particulares a que sus asuntos sean tratados imparcial y equitativamente a partir de la conciliación entre los intereses generales y particulares; ello, teniendo en cuenta que, como se ha apuntado *supra*, los Tribunales de la Unión Europea no han llegado todavía a "reconocer un derecho subjetivo a una buena administración, en el sentido de estándar de comportamiento objetivo mensurable de la Administración comunitaria que pueda traducirse en facultades definidas y exigibles por los ciudadanos"[252] y que, a nuestro juicio, puede depender en buena medida de los pasos que en los distintos Estados miembros vayan dando en este sentido tanto el legislador como la jurisprudencia.

La finalidad indicada se enmarca en una nueva concepción del Derecho Administrativo que busca superar la idea de la Administración como una estructura neutra que aplica las normas de forma automática; en definitiva, con la buena administración se busca señalar que se requiere de la Administración algo más que el cumplimiento estricto de la norma[253]. Sentido en que debe aludirse, asi-

---

[251] Línea en que el TJCE, afirma en la Sentencia de 20 de mayo de 2003, asuntos acumulados C-465/00, C-138/01 y C-139/01, *Österreichischer Rundfunk (Tol 268298)* que la recogida de datos sobre ingresos profesionales de una persona, para comunicárselos a terceros, está comprendida en el ámbito de aplicación del art. 8 CEDH, con base en la jurisprudencia del TEDH que ha declarado que "ninguna razón de principio permite excluir las actividades profesionales (...) del concepto de vida privada" [en relación con esta idea, el TJCE se refiere a las SSTEDH, de 16 de febrero de 2000, *Amann c. Suiza (Tol 315368)* y de 4 de mayo de 2000, *Rotaru c. Rumanía (Tol 304495)*]. Sentido en que el TJUE ha señalado en la Sentencia de 6 de octubre de 2020, Asuntos acumulados C-245/19 y C-246/19, *État luxemburgeois*, que toda transmisión de información "constituye una intromisión, sin perjuicio de que pueda existir una justificación, en el derecho de esa persona al respeto de su vida privada...".

[252] *Vid.* VIÑUALES FERREIRO, "La constitucionalización del derecho a una buena administración en la Unión Europea: ¿nuevas garantías para la protección de los derechos en el procedimiento administrativo?", cit., p. 237.

[253] *Vid.*, en este sentido, entre otros, CASAS AGUDO, D., "Derecho a una buena administración y ordenamiento tributario", cit., p. 69, a cuyo juicio "todas las manifestaciones

mismo, a que en el ordenamiento jurídico español la obligación de motivación se encuentra prevista en el art. 35.i) de la Ley 9/2015, de 1 de octubre, del Procedimiento Administrativo Común de las Administraciones Públicas, que hace referencia concreta a "los actos que se dicten en el ejercicio de potestades discrecionales"; previsión que, bajo el foco de la buena administración, nos permite hablar de una motivación "reforzada" en este ámbito, según se acaba de exponer.

Idea destacada con acierto, de otra parte, por GARCÍA NOVOA al señalar que la buena administración "otorga rango sustantivo al deber de las autoridades administrativas de motivar sus decisiones" y acreditar que se adoptan con objetividad así como de forma congruente con los fines de interés público, según se desprende, entre otras, de la STJUE *United Parcel Service c/Comisión* de 16 de enero de 2019 (C-265/17 P)[254], que, sobre la base de dicho principio, mantiene que "para declarar la nulidad de un acto por vicios en el procedimiento es suficiente acreditar que la irregularidad cometida ha disminuido las posibilidades de defensa del interesado, aunque posteriormente se vaya a dictar una nueva decisión de similar contenido". Consideración que "supone hacer prevalecer la observancia de una actuación acorde con las exigencias de racionalidad y no arbitrariedad que fundamentan la buena administración, frente a razones de economía procesal", que conducían a entender la motivación insuficiente como un vicio de carácter formal concediendo a la Administración, en consecuencia,

del derecho a la buena administración, plasmadas en la CDFUE "ponen de relieve la idea de superar el principio de legalidad como punto de partida y fin de la legitimación de las Administraciones públicas". Línea en que también se posiciona la jurisprudencia del Tribunal Supremo al afirmar reiteradamente, en relación con el principio de buena administración, que no basta *"la mera observancia estricta de procedimientos y trámites"* [STS de 11 de junio de 2020, núm. rec. 3887/2017 (*Tol 7980053*)].

De otra parte, y en el seno de la doctrina administrativa, se sitúan en esta línea TORNOS MAS, J., "El derecho a una buena administración", cit., p. 28, (https://www.sindicadegreugesbcn.cat/pdf/monografics/administ tracio_es.pdf). —Fecha de consulta: 17 de junio de 2023— y MELLADO RUIZ, L., "Principio de buena administración y aplicación indirecta del Derecho Comunitario: instrumentos de garantía frente a la «comunitarización» de los procedimientos", cit., p. 321, para quien, a través de la buena administración, se trata de potenciar "los deberes materiales de la administración para la conformación de una correcta actuación administrativa, adicionales a las meras exigencias formales del principio de legalidad".

254 (*Tol 6987669*)

la posibilidad de dictar un segundo acto (tal como defendió el TS entre otras, en Sentencias de 29 de junio de 2009 y 24 de mayo de 2010)[255].

Por consiguiente, y siguiendo al autor mencionado anteriormente, la influencia del principio de buena administración "permite cuestionarse la calificación de los vicios de procedimiento como determinantes de la simple anulabilidad (...) permitiendo una nueva línea argumental en defensa del *tiro único*". En definitiva, habrá que superar la interpretación que equipara la indefensión con aquella situación en que, como resultado de la irregularidad cometida, "el contribuyente se queda completamente inerme", exigiendo "*dar la importancia que merece no solo a la indefensión absoluta, sino también a la pérdida apreciable de posibilidades reales de defensa*"[256], encontrándonos, por tanto, ante una nueva forma de entender los vicios estrictamente procedimentales y, en concreto, el de motivación, a partir de la proyección sobre el mismo de las exigencias de la buena administración.

Carácter sustantivo de la motivación que el TJUE ha conectado, esencialmente, en las Sentencias mencionadas sobre intercambio de información tributaria con la necesidad de que en la misma se concrete por parte de la autoridad requirente el objetivo o "fin fiscal" para el que se solicitan los datos[257], así como

---

255 GARCÍA NOVOA, C., "El principio de Buena Administración como regla de control de las actos administrativos en materia tributaria", (El principio de Buena Administración como regla de control de los actos administrativos en materia tributaria (politicafiscal.es). Fecha de consulta: 15 de febrero de 2023.

256 Palabras con las que GARCÍA NOVOA transcribe la posición de TOMÁS RAMÓN FERNÁNDEZ a la hora de acotar el contenido de la STSJ de Asturias, de 30 de marzo de 2012, que excluye la retroacción de actuaciones en la anulación de sanciones por falta de motivación (El principio de Buena Administración como regla de control de las actos administrativos en materia tributaria (politicafiscal.es). Fecha de consulta: 15 de febrero de 2023.

257 Sentido en que se declara en el Asunto *Berlioz* que "la autoridad requirente debe ofrecer una motivación adecuada acerca de la finalidad de la información solicitada en el marco del procedimiento tributario incoado contra el contribuyente identificado en la solicitud de información" (80). En el seno de la doctrina, entre otros autores, señala MACHANCOSES GARCÍA, E., *El intercambio de información entre Administraciones tributarias,* Instituto de Estudios Fiscales, Madrid, 2018, p. 228, que "tiene que existir un nexo entre la información solicitada y las actuaciones de control respecto de uno o varios contribuyentes, que esté llevando a cabo el Estado requirente. Por tanto, la información tiene que estar relacionada con los asuntos fiscales pero con carácter concreto, en relación con una investigación abierta".

en la especificación de la información requerida por la administración o el control del cumplimiento de su legislación nacional (de conformidad con la previsión últimamente introducida en el citado art. 5.bis) de la Directiva 2021/524).

La existencia de un *fin fiscal* requiere necesariamente, a nuestro juicio, con base en el principio de subsidiariedad, vigente en los intercambios rogados de información, el agotamiento por parte del Estado requirente de todos los medios de comprobación (tal como prevé el art. 17.1 de la Directiva 2011/16) así como la existencia de un procedimiento de investigación o comprobación en cuyo *marco* se realice la solicitud y que, por ende, justifique y legitime el requerimiento de unos datos concretos en relación con el sujeto o sujetos sometidos a investigación; circunstancias, precisamente, que son las que deben sustentar la existencia de "una *posibilidad razonable* de que la información solicitada resulta pertinente" para la consecución del fin perseguido, tal como se declara en el Asunto *Berlioz* (67). Línea en que en el Asunto *État luxemburgeois* (C-347/19) se precisa, para el supuesto de que las personas objeto de investigación no se encuentren identificadas nominal e individualmente en el requerimiento, que la autoridad requirente *debe acreditar*, "mediante explicaciones claras y suficientes, que está llevando a cabo una investigación específica sobre un grupo limitado de personas, justificado por sospechas fundadas de incumplimiento de una obligación legal concreta".

Afirmaciones, de otra parte, que interpretadas a la luz de las exigencias de la buena administración, suponen la necesidad de establecer un *juicio de proporcionalidad*[258] entre los datos requeridos y el objeto de la investigación, en cuanto garantía de la relevancia previsible de la información solicitada y de su utilidad

---

258 Principio recogido en el art. 6 del Código Europeo de Buena Conducta, aprobado por el Parlamento Europeo en septiembre de 2001, que lo define en el siguiente sentido: "1. Al adoptar decisiones, el funcionario garantizará que las medidas adoptadas sean proporcionales al objetivo que se persigue. En particular, el funcionario evitará restringir los derechos de los ciudadanos o imponerles cargas cuando estas restricciones o cargas no guarden una relación razonable con el objetivo perseguido por la acción. 2. Al adoptar decisiones, el funcionario respetará el justo equilibrio entre los intereses privados individuales y el interés público general". Principio que en nuestro ordenamiento, y en relación con la buena administración, recoge el art. 31 de la Ley Orgánica 2/2007, de 19 de marzo, de reforma del Estatuto de Autonomía para Andalucía.
En el seno de la doctrina, entre otros, conectan el principio de proporcionalidad con la motivación, NEGRUT V., "The europeanization o Public Administration through the General Principles of Good Administration", cit., p. 11.

en el proceso de comprobación abierto y que, como es obvio, se sitúa *más allá* del posible formalismo o utilización de fórmulas estereotipadas en las solicitudes de información tributaria. Principio, asimismo, que debe actuar como salvaguarda del *equilibrio* necesario entre el interés fiscal perseguido a través de dichas actuaciones y la protección de los derechos de los sujetos afectados por las mismas.

En definitiva, "una buena actuación administrativa no es solo una actividad «legal», sino también congruente y proporcionada, fruto de una racional ponderación, aun en el caso de auténticas potestades administrativas, de los diversos intereses, públicos y privados, en presencia"[259]. Buena administración que, desde esta perspectiva, debería tener un efecto de acentuado "refuerzo" de las garantías de los distintos sujetos en el ámbito del procedimiento de intercambio de información proyectándose, en particular, sobre la salvaguarda de la seguridad jurídica, la transparencia y el derecho de defensa pues, como se ha afirmado en este sentido, "la motivación como contenido del derecho fundamental a la «buena administración» deja de ser un mero elemento del acto", construyéndose como un derecho conectado a la tutela judicial efectiva[260].

En suma, el requerimiento rogado de información tributaria debe dirigirse a la obtención de aquellos datos que *racional* y *proporcionalmente* se entienden conectados con el procedimiento en cuyo seno se inserta dicha petición, y por tanto a la adopción de la decisión más "óptima", a partir de la actuación *diligente* de la Administración tributaria[261] (yendo, como parece obvio, más allá de evitar

---

259 MELLADO RUIZ, L., "Principio de buena administración y aplicación indirecta del Derecho Comunitario: instrumentos de garantía frente a la «comunitarización» de los procedimientos", cit., p. 317. Sentido en que señala también SANZ GÓMEZ, R., "Buena Administración y Procedimiento tributario justo", cit., pp. 231, 232 y 238, que el principio de buena administración se orienta a valorar la actuación administrativa en situaciones en las que es necesario conciliar el interés general y el interés individual, habiéndose utilizado tanto por el TEDH, como por parte del TS, que, en varias Sentencias ha aplicado el principio de buena administración "como canon hermenéutico para garantizar la razonabilidad de una decisión judicial".

260 *Vid.* MEILÁN GIL, "El paradigma de la buena administración", cit., p. 245.

261 Como indica SANZ GÓMEZ, R., "Buena Administración y Procedimiento tributario justo", cit., p. 233, según el principio de buena administración, los ciudadanos solo estarán obligados a soportar restricciones en sus derechos derivadas de actuaciones administrativas "cuando las autoridades hayan actuado de manera diligente".

las conocidas "expediciones de pesca"[262]). Actuación diligente que se presenta necesaria, además, tanto para la salvaguarda del derecho a la vida privada (teniendo en cuenta la pertenencia de los datos económicos a este ámbito), desde la premisa de que únicamente se va a obtener la información *necesaria* para la realización de las actuaciones de comprobación, como de los derechos a la tutela judicial efectiva y la seguridad jurídica, entre otras garantías.

4.1.2 Intercambio automático de información

En lo que respecta, por otro lado, a los intercambios de datos con carácter automático, regulados en el conjunto de Directivas que han modificado la Directiva 2011/16 hasta el día de hoy[263], y teniendo en cuenta la ausencia de una

---

262 Único límite claro que se infiere de la jurisprudencia del TJUE en relación con la interpretación del requisito de la "pertinencia previsible" que, de conformidad con el contenido del art. 26 del MC de la OCDE y de los Comentarios al mismo, persiguen que dicho concepto permita un intercambio lo más amplio posible en materia fiscal. Así se deduce también de la Exposición de Motivos de la Directiva 2011/16, cuando señala que "...con la norma de la «pertinencia previsible» se pretende prever en la mayor medida posible el intercambio de información en materia fiscal y, al mismo tiempo, aclarar que los Estados miembros no están en condiciones de emprender investigaciones aleatorias o solicitar información que probablemente no sea pertinente para los asuntos fiscales de un contribuyente dado" (Considerando 9).

263 Las reformas llevadas a cabo en la Directiva 2011/16 Directiva (DAC 1) son las siguientes: 1) la Directiva 2014/107/UE del Consejo, de 9 de diciembre de 2014, que modifica la Directiva 2011/16/UE por lo que se refiere a la obligatoriedad del intercambio automático de información en el ámbito de la fiscalidad (DAC 2); 2) la Directiva 2015/2376 del Consejo, de 8 de diciembre de 2015, que modifica la Directiva 2011/16/UE en lo que respecta al intercambio automático y obligatorio de información en el ámbito de la fiscalidad (DAC 3); 3) la Directiva 2016/881, del Consejo, de 25 de mayo de 2016, que modifica la Directiva 2011/16/UE en lo que respecta al intercambio automático obligatorio de información en el ámbito de la fiscalidad (DAC 4); 4) la Directiva 2018/822 del Consejo, de 25 de mayo de 2018, que modifica la Directiva 2011/16/UE por lo que se refiere al intercambio automático y obligatorio de información en el ámbito de la fiscalidad en relación con los mecanismos transfronterizos sujetos a comunicación de información (DAC 6); 5) la Directiva del Consejo (UE) 2021/514 por la que se modifica la Directiva 2011/16/UE relativa a la cooperación administrativa en el ámbito de la fiscalidad (DAC 7) que amplía el ámbito de aplicación de las normas de la UE de transparencia fiscal a las plataformas digitales (regulando el deber de información de las mismas); 6) la Directiva 2023/2226 del Consejo, de 17 de octubre de 2023, por la que se modifica la Directiva 2011/16/UE, relativa a la cooperación administrativa en el ámbito de la fiscalidad (DAC 8).

petición *ad hoc* por parte de un Estado a otro, parece evidente la inexistencia de obligación de incluir la motivación correspondiente, siendo cuestión distinta, a nuestro juicio, que la ausencia de la misma deba *suplirse* a través del examen de la proporcionalidad de los datos que deben intercambiarse, según lo previsto en las distintas Directivas en relación con la finalidad perseguida por cada una de ellas.

En otras palabras, la justificación de la información intercambiada con carácter automático se debe *deducir*, esencialmente, y sin que ahora sea posible el examen de cada una de dichas Directivas, de la proporcionalidad de la información que debe intercambiarse (en cuanto principio configurador de la buena administración), teniendo en cuenta el contenido de los datos que cabe requerir en el marco de cada una de las Directivas reguladoras del intercambio automático de información, en relación con la finalidad perseguida y, en definitiva, de la consecución del *equilibrio* entre el objetivo pretendido y la información objeto de intercambio periódico.

De este modo, en el supuesto del intercambio automático de información tributaria, teniendo en cuenta la inexistencia de una motivación *ad hoc*, unida a la imposibilidad de conectar los datos con la situación fiscal concreta de los obligados tributarios a los que se refiere la misma (en el sentido de no existir una investigación en curso), debida a las características de este mecanismo de cooperación, cabría afirmar que quizá el parámetro fundamental de medida de la motivación adecuada de los datos intercambiados cabría situarlo en el principio de proporcionalidad, proyectado sobre la información exigida por las distintas Directivas. Propuesta que, siendo conscientes de la dificultad de su aplicación, entendida a la luz de la buena administración conduce a interpretarla en conexión directa con el derecho de defensa y de protección, por tanto, de los derechos y garantías de los sujetos afectados por dichas actuaciones.

En este ámbito cabe destacar, incidiendo en la idea anterior, que la aplicación de algunas Directivas sobre intercambio automático de información deriva, en más ocasiones que las deseables, en una aportación excesivamente amplia (*overreporting*) de información tributaria por parte de los diversos Estados y, por consiguiente, en la *infrautilización* de la misma[264], con las consecuencias que ello conlleva en lo que respecta a la posible vulneración del derecho a la vida privada, el principio de proporcionalidad o el principio de defensa, entre otras garantías.

---

264 Informe Especial 3/2021, del Tribunal de Cuentas Europeo, sobre "Intercambio de información fiscal en la UE: bases sólidas con deficiencias en la ejecución", pp. 32 y ss.

Situación esta última que se detecta, de modo particular, y a nuestro juicio, en las Directivas que incluyen un elevado número de conceptos jurídicos indeterminados que es preciso interpretar, a fin de concretar la información susceptible de aportación así como en los casos en que la limitación de un derecho (como sucede en el caso de la vida privada) no se presenta proporcionado en relación con la finalidad perseguida por la aportación de información, siendo una muestra significativa de ello el contenido de la DAC 6, transpuesta a nuestro ordenamiento jurídico.

Directiva, asimismo, que recientemente ha sido objeto de enjuiciamiento por parte del TJUE en la Sentencia de 8 de diciembre de 2022 (C-694-20)[265], en relación concretamente a la obligación del abogado, sujeto al secreto profesional, y por tanto, exento de la obligación de información, de notificar sus obligaciones de información a los demás intermediarios señalándose que "la obligación impuesta al abogado de informar a los demás intermediarios implicados no es necesaria y vulnera el derecho al respeto de las comunicaciones con su cliente", afirmando, asimismo, dicho Tribunal que "todos los demás intermediarios implicados en esa planificación y el propio contribuyente están sometidos a la obligación de comunicación de información, lo que permite garantizar que la Administración tributaria sea informada". Hechos que, brevemente expuestos, y valorados por parte del Tribunal de Justicia a la luz del principio de proporcionalidad conducen a dicho Órgano a anular parte de la DAC 6, a partir de la consideración de que "el artículo 8 bis ter, apartado 5, de la Directiva 2011/16 modificada vulnera el derecho al respeto de las comunicaciones entre el abogado y su cliente garantizado en el artículo 7 de la Carta de los Derechos Fundamentales de la Unión Europea" (59)[266].

Son, por tanto, las ideas expuestas las que nos permiten conectar con el apartado siguiente en el sentido de subrayar no solamente el carácter sustancial de la motivación, en cuanto requisito de fondo, y no de forma, sino su intrínseca

265 (*Tol 9306779*)

266 Cabe indicar, en relación con este punto, que a través de la Ley 13/2023, de 24 de mayo, por la que se modifican la Ley 58/2003, de 17 de diciembre, General Tributaria, en transposición de la Directiva (UE) 2021/514 del Consejo de 22 de marzo de 2021, por la que se modifica la Directiva 2011/16/UE relativa a la cooperación administrativa en el ámbito de la fiscalidad, y otras normas tributarias se ha procedido a la adaptación a la LGT de la sentencia del TJUE de 8 de diciembre de 2022 sobre los intermediarios amparados por el secreto profesional.

relación con el ejercicio del derecho a la tutela judicial efectiva, según ha sido destacado tanto por la jurisprudencia como por la doctrina, habiendo declarado, entre otras, la STS de 19 de octubre de 2015[267], "la estrecha conexión entre el requisito de la motivación y el derecho de defensa del obligado tributario", añadiendo significativamente nuestro Alto Tribunal que la exigencia de motivación no se reduce a esa conexión; es decir, "la obligación de motivar no está prevista solo como garantía del derecho a la defensa de los contribuyentes, sino que tiende también a asegurar la imparcialidad de la actuación de la Administración tributaria así como de la observancia de las reglas que disciplinan el ejercicio de las potestades que le han sido atribuidas".

4.2 EL DERECHO A LA TUTELA JUDICIAL EFECTIVA Y LA INTERVENCIÓN EN EL PROCEDIMIENTO DE INTERCAMBIO DE INFORMACIÓN TRIBUTARIA

Según se viene exponiendo, la doctrina, tanto administrativa como tributaria, así como la jurisprudencia es unánime a la hora de proyectar la buena administración sobre la realización del derecho a la tutela judicial efectiva en el seno del procedimiento[268], y, por ende, sobre el dirigido a la aplicación de los tributos; todo ello, desde la base de la *conexión* existente entre ambos principios, teniendo en cuenta la consagración del derecho de defensa en el art. 48.2 de la CDFUE, tras el reconocimiento en el art. 47 de dicho Texto del derecho a la tutela judicial efectiva. Ámbito en que cabe destacar, no obstante, la tradicional "resistencia"

---

267 Núm. rec.: 168/2014 (*Tol 5534882*)

268 En este sentido, entre otros, TOMÁS MALLÉN. B., *El derecho fundamental a la buena administración*, cit., p. 29, señala que "la Carta de Niza atisbó un "cierto paralelismo entre el derecho a la buena administración (...) y el derecho a la tutela judicial efectiva", como "derecho a una buena justicia". Línea en que indica PATÓN GARCÍA, G., "Cumplimiento cooperativo y buenas prácticas en los procedimientos de aplicación de los tributos: la conflictividad evitable y el principio de buena administración", en *Cumplimiento cooperativo y reducción de la conflictividad: hacia un nuevo modelo de relación entre la Administración y los contribuyentes*, Thomson Reuters, Aranzadi, Cizur Menor, Navarra, 2021, p. 431, que "la invocación del principio de buena administración goza de un claro engarce con la exigencia de principios plenamente construidos en la doctrina jurisprudencial de corte tradicional y plasmados constitucionalmente como es la seguridad jurídica y la tutela judicial efectiva".

manifestada por el Tribunal Constitucional a predicar dicha garantía en relación con la actuación administrativa[269].

También en el ámbito del Convenio Europeo de Derechos Humanos cabe apreciar una importante conexión entre el derecho de defensa y la buena administración pues, como se ha afirmado, los términos en que se encuentra redactado el art. 6 de dicho Convenio (referido al derecho de defensa) y su interpretación por el Tribunal de Estrasburgo conducen "a que los aspectos formales de un procedimiento tributario se analicen, preferentemente, a través de la invocación del principio de «buena gobernanza» (buena administración) junto con algún derecho del TEDH que sí se aplique claramente en materia tributaria (como el de propiedad)"[270].

Derecho previsto, además, en El Código Europeo de Buena Conducta Administrativa, cuyo art. 16, bajo la rúbrica "Derecho a ser oído y a hacer observaciones", establece que "1. En aquellos casos que incumban a los derechos e intereses de ciudadanos, el funcionario garantizará que en todas las fases del proceso de toma de decisiones se respeten los derechos de defensa", añadiendo en el apartado 2, que "Todo miembro del público tendrá derecho, en aquellos casos en los que deba adoptarse una decisión que afecte a sus derechos o intereses, a presentar observaciones por escrito y, en caso necesario, a presentar observaciones orales, con anterioridad a la adopción de la decisión". Precepto a cuya importancia, no solo como parámetro de control en relación con una probable buena o mala administración, sino como "embrión" de una posible codificación del procedimiento administrativo europeo se ha referido MORENO GONZÁLEZ[271].

Pues bien, en lo que respecta a los requerimientos de información tributaria entre Estados en el seno de la Unión Europea, la salvaguarda del derecho a la tutela judicial efectiva, en el que en último término confluyen todos los derechos recogidos en el art. 41 de la CDFUE[272], según se viene avanzando reiteradamen-

---

269 *Vid.* LITAGO LLEDÓ, R., "El derecho» a la buena administración y la inactividad de la administración tributaria", en *La protección de los derechos fundamentales en el ámbito tributario,* MERINO JARA, I. (Dir.), VÁZQUEZ DEL REY VILLANUEVA, A. y SUBERBIOLA GARBIZU, I. (Coords.), Wolters Kluwer, Madrid, 2021, p. 262.

270 *Vid.* MORENO GONZÁLEZ, S., "La buena administración en el ejercicio de la potestad sancionadora tributaria", cit., p. 274, quien hace suyas las palabras de SANZ GÓMEZ, incluidas en el texto.

271 Op. cit., p. 257.

272 Línea en que señala BARNÉS, "Buena administración, principio democrático y procedimiento administrativo", cit., p. 77, que "el derecho a una buena administración en

te, requiere, a nuestro juicio, poner el foco en tres aspectos: en primer lugar, la motivación (ya analizada); en segundo término, la intervención o participación del sujeto titular de la información en el procedimiento mencionado y, en último lugar, la posibilidad de impugnación de la solicitud de información por parte de los sujetos afectados por la implementación de dicho mecanismo[273]. Garantías predicables fundamentalmente de los requerimientos rogados de información siendo únicamente la que se refiere a la posibilidad de impugnación la que cabría aplicar también a los intercambios de datos con carácter automático, según se analizará a continuación.

Aspectos, asimismo, que conectan con lo que se ha denominado "tutela administrativa efectiva", que no supone únicamente el estricto cumplimiento del procedimiento establecido, sino que implica ir *más allá* incluso de los derechos contemplados en el art. 41 de la CDFUE[274]. En definitiva, si no se alcanza una decisión equitativa e imparcial, sin menoscabo de los derechos e intereses de los sujetos afectados por el intercambio de información y *orientado*, por tanto, por la búsqueda del equilibrio y la debida ponderación entre éstos y el interés general a que se dirige dicho mecanismo[275] (incluso más allá de lo legalmente previsto), no es posible hablar del respeto a la buena administración en este ámbito. Idea que se ve reforzada, a nuestro juicio, desde la consideración de que el hecho de que el Tratado de Lisboa haya incorporado el derecho a una buena administración genera una mayor garantía frente a la actuación administrativa y una extensión judicial de los fines a que está sometida, en concreto, la Administración española, a tenor de lo dispuesto en el art. 106 de la CE.

---

realidad integra un conjunto de derechos procedimentales, que en última instancia se traducen en su mayor parte en derechos de defensa", incidiendo en este sentido HERMIDA DEL LLANO, C., "La configuración del derecho a una buena administración como nuevo derecho frente al poder", cit., p. 161, al afirmar la existencia de "cierto paralelismo entre el derecho a la buena administración y el derecho a la tutela judicial efectiva".

273 Sentido en que ha señalado FUENTETAJA PASTOR, J. A., "El derecho a la buena administración en la Carta de los Derechos Fundamentales de la Unión Europea", cit., p. 139, que "parece que la buena administración se ha construido a la «sombra», fundamentalmente, de los derechos de defensa y motivación".

274 MENÉNDEZ SEBASTIÁN, E. M., *De la función consultiva clásica a la buena administración. Evolución en el Estado social y democrático de Derecho,* cit., p. 59.

275 Equilibrio, calificado como verdadero "eje" de la buena administración por MENÉNDEZ SEBASTIÁN, E. M., op. cit., p. 62.

Cuestión que, encontrando su epicentro en la posibilidad de *impugnación* de los requerimientos de información, va a ser analizada separadamente distinguiendo las peticiones rogadas de datos tributariamente relevantes respecto de los intercambios realizados con carácter automático entre los distintos Estados miembros.

4.2.1 El derecho de defensa en referencia al intercambio rogado de información tributaria

El estudio del derecho a la tutela judicial efectiva en relación con los intercambios de información previa petición de un Estado a otro se va a llevar a cabo a partir de los pronunciamientos vertidos por el TJUE, más arriba mencionados, y en particular, desde la base de que, como se ha afirmado en el citado Asunto *Berlioz*, el art. 47 de la CDFUE impone a los Estados miembros la obligación de establecer "las vías de recurso necesarias para garantizar la tutela judicial efectiva en los ámbitos cubiertos por el Derecho de la Unión" (44).

Pues bien, desde la premisa de la práctica coincidencia de los hechos que motivaron los Asuntos *Berlioz* (C-682/15), *État luxemburgeois* (C-245/19 y C-246/19) y *État luxemburgeois* (C-437/19), cabe indicar en línea de principio cómo el TJUE afronta su análisis de manera similar. Hechos que, sucintamente expuestos, encuentran su origen en el art. 6.1 de la Ley de 25 de noviembre de 2014, vigente en Luxemburgo en el momento de producirse los mismos, cuyo art. 6.1 preveía que a la persona en cuyo poder obrase la información solo le asistía el derecho a recurrir contra la decisión sancionadora por no dar cumplimiento al requerimiento (precepto reformado por la Ley de 1 de marzo de 2019). Esto es, la interposición del recurso correspondiente se veía *condicionada* por el incumplimiento previo por parte del poseedor de los datos tributarios siendo recurrible únicamente la decisión sancionadora y no el acto de requerimiento de información constituyendo, por tanto, un *acto lesivo* causante de un perjuicio a dicho sujeto.

De este modo, en el Asunto *Berlioz,* el TJUE admite la posibilidad del contribuyente poseedor de la información requerida de acudir al juez ante la falta de relevancia pertinente de la solicitud de intercambio de información, al tratarse de un requisito de legalidad que debe cumplir dicho requerimiento[276].

---

276 Asunto en que se indica que al administrado "se le debe reconocer el derecho a invocar ante un juez la falta de conformidad de la solicitud con el artículo 5 de la Directiva 2011/16 y la ilegalidad de la decisión de requerimiento resultante de ello" (73).

Junto a ello, y en referencia al recurso interpuesto por el administrado contra la medida sancionadora impuesta por la autoridad requerida a raíz del incumplimiento de la solicitud de información por parte del sujeto obligado, se afirma que el juez nacional dispone de competencia jurisdiccional plena para controlar la legalidad de dicha decisión de requerimiento debiendo interpretarse los arts. 1.1 y 5 de la Directiva 2011/16 y 47 de la CDFUE "en el sentido de que se oponen a que el examen por la autoridad requerida de la validez de la solicitud de información de la autoridad requirente se limite a la regularidad formal de tal solicitud", imponiendo al juez nacional verificar la concurrencia de la necesaria pertinencia previsible (77). Consideración que se realiza como *correlato* a la afirmación del *derecho* que asiste al administrado, que se encuentra expuesto a la imposición de una sanción en caso de incumplimiento, de impugnar la solicitud de información. Declaración esta última, no obstante, que, si bien no se realiza expresamente, cabe deducirla, a nuestro juicio, tanto del *iter* argumentativo del TJUE a lo largo de dicha Sentencia como de la "aparente oposición" del Tribunal a la consideración como acto de trámite de la solicitud de información, tal como mantenía la Comisión" (57).

En esta línea, en el Asunto *État luxemburgeois* (C-437/19), el TJUE declara que vulnera el derecho a la tutela judicial efectiva una normativa nacional que impide el acceso a un tribunal frente a una decisión *arbitraria* o *desproporcionada*, cuando el contribuyente se niega a atender el requerimiento efectuado, exponiéndose a la sanción prevista para su incumplimiento[277]. En consecuencia, y siendo esta declaración particularmente relevante, el Tribunal de Justicia entiende que el derecho mencionado "incluye, en concreto, el derecho de su titular a acceder a un tribunal que tenga competencia para garantizar el respeto de los derechos" que le reconoce el Derecho de la Unión y, por ende, "para examinar todas las cuestiones de hecho y de Derecho relevantes para pronunciarse sobre el litigio de que conoce, sin verse obligado a infringir una norma o una obligación jurídica y a exponerse a la sanción por la infracción cometida" (94).

También en la Sentencia de 6 de octubre de 2020, Asuntos Acumulados C-245/19 y C-246/19, se planteó la conformidad al Derecho de la Unión de la cuestión de la privación de recurso frente a un requerimiento de información,

---

[277] Asunto *État luxemburgeois* (96). Sentido en que la Abogada General Kokott señala en sus Conclusiones, refiriéndose a la jurisprudencia del Tribunal de Justicia, que "una persona no puede verse obligada a infligir una obligación jurídica y a exponerse a la sanción por la infracción cometida, solamente para acceder a un tribunal" (93).

en el marco de la asistencia entre Estados miembros, al poseedor de la misma, al contribuyente objeto de investigación así como a los terceros afectados a quienes se refieren los datos solicitados[278]; y ello, desde la perspectiva de que la privación del derecho a la tutela judicial efectiva repercute directamente en el control de la vulneración de los derechos a la vida privada y protección de datos así como del principio de proporcionalidad[279], configurándose esta, a nuestro juicio, como una aportación de gran trascendencia en este Asunto, *omitida* prácticamente en el resto de Sentencias examinadas, siendo la que *define* el fundamento y alcance del derecho a la tutela judicial efectiva en el seno de los requerimientos de información tributaria, si bien es cierto que el Tribunal de Justicia no extrae de dicho planteamiento todas las consecuencias deseables en lo que se refiere a la protección del derecho mencionado.

De esta manera, y siendo más amplio el examen llevado a cabo en este Asunto, particularmente desde un punto de vista subjetivo, como consecuencia del contenido de las cuestiones prejudiciales planteadas, el Tribunal de Justicia únicamente reconoce la vulneración del derecho de la Unión por parte de la normativa luxemburguesa, contenida en la Ley de 25 de noviembre de 2014, en relación con el *sujeto destinatario* del requerimiento de información, y *poseedor* de la misma, debido a que, como se ha visto, la normativa entonces vigente condicionaba la interposición del recurso al incumplimiento previo así como a la correspondiente sanción, constituyendo, por tanto, un acto "lesivo" que causaba *únicamente* perjuicio a su destinatario.

En consecuencia, y en referencia al *contribuyente investigado,* así como las *terceras personas afectadas* por la solicitud de información (con las que el contribuyente que ha dado origen al requerimiento de información mantiene o puede mantener relaciones jurídicas, financieras o económicas), el Tribunal entiende que, para la protección de los derechos de estos últimos sujetos afectados por el requerimiento no es preciso un *recurso directo* contra dicha decisión, bastando la existencia de una o varias vías de recurso ante las jurisdicciones competentes siendo *diferente* su situación respecto del sujeto que posee la información, debido, esencialmente, a que, en dichos casos, no existe el mencionado riesgo de sanción. En definitiva, en el supuesto del contribuyente investigado, este posee la facultad de interponer recurso "en una fase ulterior de la investigación" y, en

---

278 Apartado 42

279 Apartado 51

concreto, frente a la propuesta de regularización, que "tiene carácter contradictorio y permite por ello al contribuyente ejercer su derecho a ser oído" (81)[280].

Pronunciamientos, en efecto, en los que el Tribunal de Justicia de la Unión Europea va *más allá* de la aplicación de las garantías *formales* contempladas en el procedimiento interno de intercambio de información previsto en la normativa luxemburguesa (teniendo en cuenta que en la Directiva 2011/16 no se dispone nada al respecto), aportando soluciones que suponen una auténtica salvaguarda del derecho a la tutela judicial efectiva en relación al sujeto poseedor de la información y que cabría interpretar, aunque el TJUE no lo afirme expresamente, como una "cierta" proyección sobre dicho procedimiento del principio de buena administración, según la perspectiva expuesta más arriba. Derecho de defensa que, como ha señalado FERNÁNDEZ MARÍN, "debe garantizarse no solo en los procesos ante un tribunal, sino también en los procedimientos administrativos llevados a cabo por las instituciones y organismos de la Unión Europea o por organismos de los Estados miembros que aplican el Derecho de la UE", debiendo considerarse como "la máxima expresión de una Unión de Derecho", que *vincula* a los Estados miembros "en la medida en que actúen dentro del ámbito del Derecho de la UE o cuando apliquen el Derecho de la UE (DOUE C 303/17, de 14 de diciembre de 2017)"[281].

En consecuencia, y sin perjuicio del avance que supone la doctrina expuesta y su consiguiente incorporación a algunos de los procedimientos previstos en los Estados miembros, como sucedió con la Ley de 1 de marzo de 2019 aprobada en Luxemburgo a raíz de la jurisprudencia analizada, no podemos dejar de señalar que la posición del TJUE en relación con los sujetos afectados por el intercambio de información (generalmente sujetos a un procedimiento de investigación ya iniciado o que se va a iniciar), pero *no poseedores* de la misma, condicionando la impugnación del requerimiento (e incluso su conocimiento) a "una fase posterior", normalmente coincidente con la emisión del acto de liquidación, puede suponer la vulneración en muchos casos, y entre otros, del derecho a la vida privada y, por ende, de la garantía del derecho defensa de dichos sujetos.

---

280 *Vid.*, en relación con dicha Sentencia, SÁNCHEZ LÓPEZ, M. E., "El derecho a la tutela judicial efectiva en el ámbito del intercambio de información. La STJUE de 6 de junio de 2020, Asuntos acumulados C-245/19 y C-246/19", *Quincena Fiscal*, núm. 14/2021.

281 FERNÁNDEZ MARÍN, F., "El derecho de defensa y el intercambio de información tributaria en el Derecho de la UE", (https://ste.unibo.it/article/download/9732/9743 —Último acceso: 23 de febrero de 2023—).

Ámbito en que, con carácter general, la impugnación *a posteriori* de la solicitud de información, una vez realizada la transmisión de los datos, puede ser demasiado tarde para que éste pueda invocar sus derechos[282] en la medida en que dicho intercambio de información es susceptible de provocar un *daño real* sobre los derechos del contribuyente a la protección de sus datos y a la salvaguarda de la vida privada (entre otras garantías), encontrándonos, en definitiva, ante un *acto lesivo* susceptible de provocar un *perjuicio inmediato.*

Razones que justificarían permitir su tutela "en el momento procedimental previo a la injerencia", lo que requiere, como premisa necesaria, la puesta en conocimiento del interesado y titular de los datos del procedimiento de intercambio de información tributaria[283]. En definitiva, una vez que se ha producido la transmisión de la información puede afirmarse, con carácter general, que puede ser demasiado tarde para que el contribuyente pueda invocar sus derechos[284]; situación que, a nuestro juicio, no respeta el equilibrio, esencia de la buena ad-

282 *Vid.*, entre otros autores, CALDERÓN CARRERO, J. M., "Intercambio de información tributaria y derechos de defensa del contribuyente: la jurisprudencia del TJUE en el asunto Sabou", cit., p. 13.

283 *Vid.*, en este sentido, entre otros, SÁNCHEZ PINO, A. J., "El intercambio de información tributaria en la imposición directa en la Unión Europea y su propuesta de reforma", *Quincena Fiscal,* núm. 19/2010, p. 76, quien entiende "necesario" que la solicitud de información se ponga "en conocimiento formal del obligado tributario", CALDERÓN CARRERO, J. M., *El derecho de los contribuyentes al secreto tributario,* Netbiblo, La Coruña, 2009, p. 105, para quien "no resulta admisible que puedan llevarse a cabo intercambios internacionales de datos tan sensibles como los fiscales sin que el (contribuyente) afectado conozca tal transmisión o pueda controlar su legalidad o el uso que pueden hacerse de ellos", situación que no resulta "compatible con los derechos fundamentales y bienes constitucionalmente protegidos que pueden estar afectados por tales intercambios" y GARCÍA CARACUEL, M., "La protección de los derechos de los obligados tributarios en los procedimientos de intercambio de información previa solicitud", *Nueva Fiscalidad,* núm. 4/2020, p. 219.

284 Idea que parece defender FERNÁNDEZ MARÍN, F., "El derecho de defensa y el intercambio de información tributaria en el Derecho de la UE", al afirmar que "en mi opinión, el plazo máximo para informar a la parte interesada, que exigiría el principio de proporcionalidad sería el momento de la comunicación de la información a otro Estado. De este modo, no se obstaculizarán las actividades de investigación en curso ni el intercambio de información con otro Estado miembro" (*Vid.* https://ste.unibo.it/article/download/9732/9743 —último acceso: 2 de marzo de 2023—).

ministración, entre los intereses particulares y el interés general perseguido por dicho mecanismo.

La cuestión de la notificación del requerimiento de información al titular de los datos encuentra regulación en el art. 13 de la Directiva 2011/16/UE (el cual prácticamente transcribe el contenido del art. 8.bis) de la Directiva 2004/56/CE[285] incluyendo alguna *leve* modificación, a la que aludiremos seguidamente). Precepto, en efecto, que contempla la solicitud de notificación del intercambio de información al "destinatario" (según la terminología de dicha norma) por parte de la autoridad competente de un Estado miembro a la del otro Estado, si bien es cierto que con determinadas *condiciones* o *límites* acerca de cuya interpretación es difícil pronunciarse en estos momentos pero que, en todo caso, y a nuestro modo de ver, parece dejar en manos de la normativa interna de cada Estado la *protección* prevista para el contribuyente.

Así, en primer lugar, se condiciona la notificación al destinatario a la existencia de una "petición previa" por parte de la autoridad competente del Estado miembro requirente, a lo que debe añadirse que la notificación se llevará a cabo, en su caso, "conforme a la normativa vigente para la notificación de «actos similares» en el Estado miembro requerido". En segundo término, y como novedad en relación con lo previsto en el art. 8.bis) de la Directiva 2004/56/CE, el apartado 4 del art. 13 de la Directiva 2011/16/UE, parece incorporar un cierto "principio de subsidiariedad", según se desprende de la previsión atinente a que "la autoridad requirente sólo podrá realizar una solicitud de notificación cuando no sea capaz de notificar conforme a la normativa que rige la notificación de los instrumentos de que se trate en el Estado requirente, o cuando dicha notificación pueda engendrar dificultades desproporcionadas".

De este modo, y como se desprende de lo expuesto, la Directiva 2011/16/UE, si bien da un paso adelante (de manera "continuista" respecto a lo previsto en la Directiva 2004/56/CE) en materia de notificación al contribuyente cuando nos encontramos ante un supuesto de intercambio rogado de información tributaria, podríamos decir que dicho avance no termina de *consolidarse* debido fundamentalmente al hecho de dejar en manos de los Estados miembros la ga-

---

285 Directiva 2004/56/CE, del Consejo, de 21 de abril de 2004, por la que se modifica la Directiva 77/799/CEE relativa a la asistencia mutua entre las autoridades competentes de los Estados miembros en el ámbito de los impuestos directos, de determinados impuestos sobre consumos específicos y de los impuestos sobre las primas de seguros.

rantía de la notificación del acto de intercambio de información siendo preciso indicar, en este sentido, que en la mayor parte de los ordenamientos internos, como sucede con el español, no se contempla dicha garantía, lo que conectaría con su participación en el procedimiento, a la que se aludirá a continuación.

Cuestión que, analizada bajo el foco de la buena administración, cabría concluir reflexionando acerca de la posibilidad de interposición del recurso correspondiente, no solamente por parte del poseedor de los datos requeridos sino también del sujeto titular de la información, aunque no se trate del poseedor de la misma teniendo en cuenta que es su derecho a la vida privada y a la protección de datos los que se podrían ver vulnerados por dicha transmisión de información. Situación que necesariamente requiere, como se acaba de indicar, el conocimiento por parte de este último de la petición de información realizada por las autoridades competentes, a la que se refiere el mencionado art. 13 de la Directiva 2011/16 si bien no de forma totalmente garantista desde el momento en que deja en manos del Estado requirente la posibilidad de solicitar a las autoridades del Estado requerido la realización de dicha notificación, que se regirá por el Derecho nacional tal como se indicará a continuación.

En el escenario expuesto cabe señalar, por tanto, que si la buena administración reclama una adecuada ponderación de los intereses en juego y, sobre todo, una actuación administrativa servicial que tenga en cuenta los intereses del administrado, más allá de la legalidad, creemos que debe valorarse, tanto en términos de un equilibrio adecuado de los intereses implicados como de una diligente actuación de la Administración tributaria (amén de la garantía del derecho de defensa), la posibilidad de que el sujeto titular de la información solicitada pueda *oponerse* a su transmisión, lo que necesariamente exige el *previo conocimiento* del requerimiento de información tributaria. Interpretación que, además de suponer una adecuada salvaguarda del contribuyente facilitando, además, su participación y compromiso en la realización del intercambio de información tributaria, contribuiría a dotar de perfiles propios al principio de buena administración en este ámbito concreto aportando parámetros objetivos que permitan valorar su eficacia jurídica en cada supuesto.

4.2.2 La participación en el procedimiento de intercambio de información. El trámite de audiencia

En conexión directa con las ideas expuestas, debe aludirse a la posibilidad de *participación* en el procedimiento de intercambio de información por parte de los sujetos afectados por el mismo concediendo a los interesados el correspondiente *trámite de audiencia*, previsto en nuestro ordenamiento como un derecho de los obligados tributarios (art. 34.1.m) de la LGT). Garantía que ha sido conceptualizada por el Tribunal Supremo como una derivación del "deber de la Administración de servir con objetividad y buena fe a los intereses generales", ajustándose "a la ley y al derecho en su toma de decisiones" (entre otras, STS de 13 de diciembre de 2017[286]), vinculándolo, como no podía ser de otra manera, al derecho a la tutela judicial efectiva que, en palabras de dicho Tribunal, se conecta a la existencia de un procedimiento, "en el que adquiere particular trascendencia el trámite de audiencia" (STS de 29 de septiembre de 2021[287]). Por consiguiente, la tutela judicial efectiva implica "el derecho a ser oído y ejercer la defensa de los derechos e intereses legítimos"[288].

Esta cuestión en lo que respecta al procedimiento de intercambio de información tributaria, fue abordada por el TJUE, en particular, en el Asunto *Sabou*, de 22 de octubre de 2013 (C-276/12)[289], pronunciándose sobre la notificación al contribuyente de una petición de información tributaria, en un procedimiento de intercambio de datos previo requerimiento.

Asunto, en efecto, en que se llevó a cabo el examen de la solicitud de datos realizada por parte de las autoridades checas a las autoridades fiscales de otros Estados miembros con la finalidad de comprobar la veracidad de determinados gastos alegados por el contribuyente, frente al que se había iniciado previamente el correspondiente procedimiento inspector. Requerimiento frente al que el Sr. Sabou alegó la obtención ilegal de la información debido, esencialmente, tanto a que no se habían puesto en su conocimiento la existencia de dichas peticiones como a no haber podido participar en la formulación de las preguntas, dando lugar a la impugnación de la liquidación por parte de dicho contribuyente así como, finalmente, al planteamiento ante el TJUE de las correspondientes cues-

---

286 Núm. rec.: 2848/2016 (*Tol 6462859*)

287 Derecho a ser oído que ha sido destacado por NEGRUT como una de las garantías más importantes dentro del procedimiento administrativo, tal como ha destacado la jurisprudencia del TJUE (*Vid.* NEGRUT, V., "The europeanization o Public Administration through the General Principles of Good Administration", cit., p 10).

288 ANEIROS PEREIRA, J., "El derecho de defensa en la Administración: derecho de toda persona a ser oída y derecho de acceso al expediente", cit., p. 336.

289 (*Tol 3974728*)

tiones prejudiciales, que el Tribunal resolvió al amparo de la Directiva 77/799/CEE, objeto de aplicación en dicho Asunto.

Así las cosas, la primera cuestión se refería a la determinación de si, a la luz del Derecho de la Unión Europea, el contribuyente tiene derecho a ser informado de la decisión de la Administración tributaria de solicitar información a otros Estados miembros, a lo que el TJUE respondió, en esencia, que "la cuestión de si el Estado miembro requirente tiene obligación de informar al contribuyente acerca de la solicitud de asistencia que ha formulado no se rige por el Derecho de la Unión, sino exclusivamente por el Derecho nacional", añadiendo que la Directiva citada no atribuye derechos específicos a los contribuyentes "ni impone a las autoridades competentes de los Estados miembros la obligación de consultar a aquellos" (36).

Afirmación interpretada por algunos Estados, como la República francesa, en el sentido de que "informar previamente al sujeto pasivo sobre la solicitud de información podría relativizar el valor de la información, por ejemplo, por la posibilidad de que se influya sobre los testigos". Alegación que la Abogada General Kokott consideró acertada "habida cuenta de que mediante la solicitud de información se pretende verificar los datos facilitados por el sujeto pasivo", añadiendo, sin embargo, el importante matiz, a nuestro juicio, de que "tendría que examinarse en cada caso si el hecho de informar previamente al sujeto pasivo podría desvirtuar el referido objetivo", abriendo esta declaración la puerta a la previsión del derecho a la tutela judicial efectiva en relación con el sujeto investigado desde la premisa de la ponderación de los intereses en juego en cada supuesto concreto.

Por otro lado, la segunda cuestión planteada se refería a si el contribuyente puede deducir del derecho de defensa un derecho a participar en el procedimiento[290], a la que el TJUE respondió que el derecho mencionado no exige que el contribuyente participe en la solicitud de información, así como tampoco que el mismo sea oído en el momento en que en el Estado miembro requerido se lleven a cabo actuaciones inspectoras que puedan incluir el examen de testigos.

Afirmación objeto de aclaración también por parte de la Abogada General en el sentido de que "el derecho a ser oído forma parte integrante" del derecho de defensa, si bien "no existe un derecho a ser oído en el caso de tales solicitudes de información", añadiendo, sin embargo, que el Estado, al decidir enviar la solicitud de información, de conformidad con la Directiva 77/799/CEE, "ha

---

290 Apartados (20) (37) y (44)

de respetar el principio de proporcionalidad y los demás derechos fundamentales del sujeto pasivo". Declaración que podríamos entender relevante debido a las consecuencias que cabe extraer de la mencionada conexión entre el principio de proporcionalidad y el derecho de defensa y que podría cristalizar en el reconocimiento por parte de los ordenamientos de los Estados miembros de la participación de los obligados tributarios en el procedimiento de intercambio de información.

En suma, el TJUE, en el pronunciamiento examinado, remite la protección del contribuyente a la *normativa interna* de cada Estado si bien en la fase posterior a la obtención de los datos, señalándose, no obstante, que "nada impide que un Estado miembro haga extensivo el derecho a ser oído a otras actuaciones de la fase de inspección, permitiendo que el contribuyente participe en diversos momentos de la recogida de información y, en particular, en el examen de testigos" (que sí se preveía en la normativa checa) y que, a juicio de CALDERÓN CARRERO, posee "gran relevancia al clarificar que el Derecho de la UE, en principio, no se opone a la articulación de derechos de participación de los contribuyentes", en el seno de un procedimiento transfronterizo de asistencia mutua[291].

Afirmaciones, en efecto, que una vez realizadas, deben ser analizadas bajo el prisma de la exigencias de la buena administración sobre el procedimiento de intercambio de información, teniendo en cuenta la previsión en el art. 41 de la CDFUE de los derechos a ser oído y de acceso al expediente[292].

Principio que, entendido como mandato de optimización y actuación diligente de la Administración pública en beneficio de los administrados, en el respeto de los principios de transparencia, seguridad jurídica y proporcionalidad (entre otros), así como *garante* del equilibrio entre los intereses públicos y privados, aporta las coordenadas a partir de las cuales cabe conceder al interesado los derechos a ser oído y de acceso al expediente, habiéndose reconocido en la STJUE, de 13 de septiembre de 2007, *Land Oberösterreich y Austria/Comisión,*

---

291 CALDERÓN CARRERO, J. M., "Intercambio de información tributaria y derechos de defensa del contribuyente: la jurisprudencia del TJUE en el asunto Sabou", cit., p. 5.

292 Según se declara en la STJUE de 22 de noviembre de 2012, el derecho a ser oído "está consagrado hoy no solo en los artículos 47 y 48 de la Carta, que garantizan el respeto del derecho de defensa y del derecho a un proceso equitativo en el marco de cualquier procedimiento jurisdiccional, sino también en el artículo 41 de la misma, que garantiza el derecho a una buena administración".

Asuntos Acumulados C-439/05 P y C-454/05 P[293], que el derecho a ser oído debe garantizarse "no solo en la fase de alegaciones y apelaciones de los procesos, sino también durante la fase administrativa de los procedimientos". Línea en que se destaca, asimismo, en la Sentencia de 25 de junio de 2020 (C-36/20)[294], que este derecho "garantiza a cualquier persona la posibilidad de expresar de manera útil y efectiva su punto de vista durante el procedimiento administrativo y antes de que se adopte cualquier decisión que pueda afectar desfavorablemente a sus intereses", debiendo subrayar que "la protección a la contradicción" no solamente encuentra amparo en el derecho a la buena administración sino también en la protección misma del derecho de defensa, consagrada en el art. 47 de la CDFUE[295].

El derecho de audiencia ha sido recibido por nuestro Tribunal Supremo en aplicación de la Carta de Niza, siendo un ejemplo de ello (aunque situado al margen de nuestro tema de estudio), la doctrina de dicho Tribunal en relación con la recuperación de las ayudas de Estado por las llamadas "vacaciones fiscales vascas", declarando expresamente que es el ordenamiento jurídico de la Unión Europea el que obliga, una vez *anulada la orden de recuperación por la falta de audiencia*, a reembolsar al interesado la suma que reintegró en concepto de devolución de la ayuda recibida en contra del propio Derecho de la Unión[296]. Cuestión en relación con la que ha señalado CUDERO BLAS, que "el derecho a ser oído, y las consecuencias ligadas a su vulneración, se sobreponen a la inmediatez y efectividad" demandada, en este caso, para la recuperación de la ayuda ilegal"[297].

Dicho de otro modo, y siendo conscientes de la dificultad que entraña dar una respuesta a la cuestión relativa a la participación en el procedimiento y, en concreto, la concesión del derecho a ser oído al contribuyente afectado por las actuaciones de intercambio de información tributaria, así como de que en algunos supuestos no será conveniente conceder al interesado el derecho mencionado, creemos que, sin perjuicio de que la notificación del requerimiento de

---

293 (*Tol 4627430*)

294 (*Tol 7979879*)

295 *Vid.*, en relación con estas ideas, GARÍN BALLESTEROS, B., "Estándar de buena administración en los actos tributarios", cit., p. 98.

296 Sentencia del Tribunal Supremo 1361/2018, de 5 de septiembre (*Tol 6794968*).

297 CUDERO BLAS, J., "El principio de buena administración en la jurisprudencia de la Sala Tercera del Tribunal Supremo", cit., pp. 92 y 93.

información a los sujetos afectados tan pronto como sea posible deba ser la *regla general*, según mantiene parte de la doctrina[298]y corrobora la inclusión de dicha previsión en algunas Directivas de intercambio automático de información, según se indicará a continuación, la posible limitación de este derecho debe interpretarse tanto a la luz de los arts. 41 y 47 como de lo previsto en el art. 52.1 de la CDFUE, debiendo incluirse en la motivación que debe acompañar al requerimiento las razones que justificarían, en su caso, la exclusión de dichas garantías. Sentido, precisamente, en que se pronunció la Abogada General Kokott, en el Asunto *Sabou*, al subrayar la necesidad de examinar y motivar en cada caso si la información previa al sujeto pasivo podría "desvirtuar" el objetivo perseguido con la solicitud de información.

En suma, la proyección del principio de buena administración en este ámbito exigiría, como norma general, la *participación* en el procedimiento de intercambio de información de los sujetos afectados por el mismo haciendo posible lo que podría denominarse una "participación informada"[299], que requiere el conocimiento por parte del interesado de los actos y documentos públicos.

Derecho de defensa, por consiguiente, que podría entenderse vulnerado, siguiendo la jurisprudencia reciente del TJUE, siempre que el demandante "acredite suficientemente que, de no haberse producido esta irregularidad procesal (esto es, la falta de contradictorio), la decisión hubiera tenido que ser diferente". Supuesto, en efecto, que, según la doctrina de dicho Tribunal, implicaría *la anulación del procedimiento*, siempre que se demuestre que el destinatario podría haber cambiado la decisión de la Administración, de haberse tenido en cuenta

---

298 Señalan, en este sentido, BAKER P. y PISTONE, P., "BEPS Action 16: The Taxpayers'Right to an Effective Legal Remedy Under European Law in Cross-Border Situation", *Tax Review*, núms. 5-6/2016, p. 340, que el Estado requerido debería informar al contribuyente tan pronto como se recibe el requerimiento de información debiéndole comunicar incluso cuál es la información requerida. Línea en que indica FERNÁNDEZ MARÍN, F., "El derecho de defensa y el intercambio de información tributaria en el Derecho de la UE", que "el derecho a ser informado puede restringirse en virtud del artículo 23 del Reglamento, pero este derecho no puede suprimirse ni vaciarse de contenido" (*Vid.* https://ste.unibo.it/article/download/9732/9743 —último acceso: 21 de febrero de 2023—).

299 PIERRO, M., "I doveri di informazione dell'amministrazione finanziaria e la «nuova» trasparenza amministrativa tra diritto e principio di buona amministrazione", cit., p. 56.

dicha garantía procedimental[300]. Línea en que nuestro Tribunal Supremo, en la Sentencia de 29 de septiembre de 2021[301], ha declarado la "necesidad de vincular la invalidez de los actos (y, particular, el trámite de audiencia) a la existencia de una indefensión material del interesado que es la que viola ese derecho a la tutela judicial".

La proyección, en consecuencia, del derecho de defensa sobre el derecho de audiencia supone "una cierta posición dogmática en que ambas partes de la obligación tributaria cuenten con derechos y obligaciones o, si se quiere, lo que se ha venido a insertar en esa visión más reciente de cumplimiento cooperativo entre Administración y contribuyentes en relación con el principio de buena administración"[302] y cuya salvaguarda implica, entre otras cosas, evitar la conflictividad a través de la garantía de la "tutela administrativa efectiva" que, como manifestación de la buena administración, debe constituir una pauta de comportamiento tanto para los órganos administrativos como para los contribuyentes[303], intentando evitar, de este modo, un conflicto evitable a partir de la *conciliación* de los intereses de las partes.

En palabras de ANEIROS PEREIRA, y partiendo del equilibrio entre la salvaguarda de la efectividad del sistema tributario y el respeto de las garantías jurídicas de los ciudadanos que necesariamente debe presidir todos los procedi-

---

300 *Vid.* GARÍN BALLESTEROS, B., "Estándar de buena administración en los actos tributarios", cit., pp. 98 y 99, quien alude, en relación con esta idea, a la STJUE de 3 de julio de 2014, *Kamino International Logistics y Datema Hellmann Worldwide Logistics* [Asuntos Acumulados C-129/13 y C-130/13 (*Tol 4629611*)].

301 Núm. rec. 1052/2021 (*Tol 8684006*)

302 ANEIROS PEREIRA, J., "El derecho de defensa en la Administración: derecho de toda persona a ser oída y derecho de acceso al expediente", cit., p. 332.

303 Como señala ANEIROS PEREIRA, J., op. cit., pp. 334 y 337, "se empieza a hablar de un «derecho a la tutela administrativa efectiva» como se señala por a STS de 18 de diciembre de 2019 cuando, al referirse al derecho de buena administración señala que «no se trata, por tanto, de una mera fórmula vacía de contenido, sino que se impone a las Administraciones públicas de suerte que a dichos derechos sigue un correlativo elenco de deberes a estas exigibles entre los que se encuentran, desde luego, el derecho a la tutela administrativa efectiva». Autor que indica, más adelante, en relación con las ideas señaladas en el texto, que el contenido esencial de este derecho implica también "la garantía del carácter contradictorio de los procedimientos y de una cierta igualdad de armas, pues de nada valdría un reconocimiento formal del derecho si no se hace efectivo a través de la contradicción de ambas partes".

mientos tributarios, "la tutela efectiva no debe esperar (...) a su reconocimiento en un eventual proceso judicial, sino que debe construirse por los distintos órganos que están llamados a aplicar y decidir sobre distintas cuestiones jurídicas, así como en los distintos procedimientos judiciales o administrativos", no debiendo olvidar que el principio de buena administración "tiene una visión constitucional y europea que potencian su fuerza jurídica"[304].

4.2.3 El derecho a la tutela judicial efectiva en relación con el intercambio automático de información tributaria

En lo que respecta a los intercambios automáticos de información tributaria, su notificación a los sujetos titulares de los datos solicitados debe entenderse de modo diferente de la que se realiza con carácter rogado. Mecanismo este último en que, en línea de principio, cabría pensar que la previsión de obtención de información en una disposición de alcance general, como es una Directiva, garantiza la "previsibilidad" o conocimiento del titular de la posible transmisión de sus datos y, por tanto, el principio de seguridad jurídica y, en su caso, el derecho de defensa.

Opinión que no obsta, sin embargo, para que nos mostremos favorables a hacer posible el conocimiento por parte del titular de la información de su transmisión a otro u otros Estados, siendo conscientes tanto de la complejidad que ello conlleva como del hecho de que ni siquiera en los ordenamientos domésticos se contempla la notificación al contribuyente en estos casos, como sucede en nuestro sistema tributario.

Ahora bien, debe indicarse que dicha notificación se encuentra prevista, como excepción, en la Directiva 2014/107/UE, de 9 de diciembre de 2014, que modifica la Directiva 2011/16/UE por lo que se refiere a la obligatoriedad del intercambio automático de información en el ámbito de la fiscalidad que, en el sentido expuesto, introduce una importante mejora en aras de los principios de transparencia, calidad de la información y protección de los derechos del contribuyente (si bien, como es lógico, únicamente en relación con el intercambio de datos previsto en su ámbito de aplicación).

Directiva en que el contenido originario del art. 25 de la Directiva 2011/16/UE pasa a convertirse en el apartado 1 añadiéndose 3 nuevos apartados, indi-

---

304 *Vid.* ANEIROS PEREIRA, J., op. cit., pp. 133 y 135.

cándose, en concreto, en el número 3, que "cada Estado miembro garantizará que toda «institución financiera obligada a comunicar información» bajo su jurisdicción comunique a toda «persona física sujeta a comunicación de información» que la información sobre ella (...) será recopilada y transferida con arreglo a la presente Directiva y que «la institución financiera obligada a comunicar información» *facilite a dicha persona física toda la información a la que deba tener acceso con arreglo a la legislación nacional de desarrollo de la Directiva 95/46/CE*, realizándose con suficiente antelación para que la persona física *pueda ejercer su derecho a la protección de sus datos personales* y, en cualquier caso, antes de que la «institución financiera obligada a comunicar la información» en cuestión comunique a la autoridad competente de su Estado miembro de residencia la información a la que se refiere el artículo 8, apartado 3 bis"[305].

Disposición, que aparece como una *rara avis* en lo que respecta al derecho examinado desprendiéndose de su contenido la "preocupación" del legislador europeo por la garantía del conocimiento de la transmisión de la información por parte de su titular y, por ende, no solamente del derecho a la protección de datos (según se indica expresamente) sino también de los derechos a la vida privada, la seguridad jurídica y, en último término, del derecho de defensa de dicho sujeto. Previsión que, a nuestro juicio, debería extenderse a otras Directivas en materia de intercambio automático de información tributaria, debiendo destacarse, en este sentido, la inclusión en la DAC7[306] de una disposición similar a la reproducida anteriormente[307].

En definitiva, y aunque en las dos únicas Directivas en que se encuentra prevista la comunicación al titular de la información de la transmisión de la misma se realiza desde la perspectiva de la garantía del derecho a la protección de datos

305 El subrayado es nuestro.

306 Directiva (UE) 2021/514, de 22 de marzo de 2021.

307 Directiva en que se señala, tras la modificación del artículo 25, apartados 2 y 3 de la Directiva 2011/16, que "cada Estado miembro garantizará que su autoridad competente, toda institución financiera obligada a comunicar información, intermediario u operador de plataforma que comunica información, según sea el caso, bajo su jurisdicción: a) comunique a toda persona física que la información sobre ella será recopilada y transferida con arreglo a la presente Directiva; b) facilite a toda persona física toda la información a la que deba dar acceso el responsable del tratamiento de los datos con suficiente antelación para que la persona física pueda ejercer su derecho a la protección de sus datos personales y, en cualquier caso, antes de que sea comunicada".

personales, parece lógico pensar que esta notificación también permite a dicho sujeto la reacción frente a dicha transmisión con base en la protección de otros derechos o principios, como la vida privada, el secreto profesional o el principio de proporcionalidad abriendo, por tanto, el camino para la adecuada protección del derecho de defensa del contribuyente. Más aun, pensamos que la *fuerza jurídica* del principio de buena administración a partir de su configuración como principio garante de la justa ponderación de los intereses implicados, en un contexto de exigencia de una actuación diligente por parte de la Administración tributaria, debería conducir a extender la previsión mencionada al resto de Directivas reguladoras del intercambio automático de información con relevancia tributaria en el seno de la Unión Europea.

4.3 EL PRINCIPIO DE PROPORCIONALIDAD

El principio de proporcionalidad es considerado como uno de los instrumentos más importantes de control de las decisiones administrativas, apareciendo como un criterio eficiente de apreciación de la legitimidad de las intervenciones de las autoridades en relación con la limitación del ejercicio de los derechos[308].

Se trata de un principio especialmente destacado por el Código Europeo de Buena Conducta Administrativa, cuyo art. 6, bajo el título "Proporcionalidad", señala que "*Al adoptar las decisiones, el funcionario garantizará que las medidas adoptadas seas proporcionales al objetivo que se persigue. En particular, el funcionario evitará restringir los derechos de los ciudadanos o imponerles cargas cuando estas restricciones o cargas no guarden una relación razonable con el objetivo perseguido por la acción*".

Pues bien, sentando como premisa la afirmación de que el principio de *proporcionalidad forma parte del Derecho comunitario,* debido, entre otras razones, a la referencia incuestionable que se realiza al mismo en el art. 5 pfo. 3 CE (*ex* 3.b) del Tratado de la Unión Europea en virtud del cual se establece que "*Ninguna acción de la Comunidad excederá de lo necesario para garantizar los objetivos del Tratado*", debe indicarse que de ello se deriva una consecuencia importante, cual es que la legitimidad de cada acto comunitario o procedente de un Estado miembro puede ser examinada bajo el prisma del principio de proporcionalidad.

---

308 BATALLI, M. y FEZZULLAHU, A., "Principles of Good Administration under the European Code of Good Administrative Behaviour", cit., p. 32.

Consideración a la que cabe añadir que el Tratado que establece una Constitución para Europa, suscrito en Roma el 29 de octubre de 2004, también ha recogido entre sus principios fundamentales el de proporcionalidad, estableciendo en el art. 9.4 que, en virtud de dicho principio, "el contenido y la forma de la acción de la Unión no excederán de lo necesario para alcanzar los objetivos de la Constitución". Tratado que, si bien no ha sido ratificado por todos los países miembros, no por ello pierde importancia, debido a que la eficacia "de hecho" de este principio resulta de la jurisprudencia comunitaria, siendo así que dicho Tratado no lo ha *constituido* sino *declarado*.

Nos encontramos ante un principio cuyo análisis en el ámbito de las actuaciones de intercambio de información tributaria a nivel europeo se presenta no solamente como un desafío, según ha indicado acertadamente MARCHESSOU[309], sino también como una *necesidad*.

Desafío, en efecto, que viene particularmente de la mano del *principio de autonomía procedimental,* que nos sitúa ante la necesidad de que los ordenamientos domésticos de los Estados miembros se orienten hacia la realización de los objetivos comunitarios dentro del marco de flexibilidad que les concede dicho principio. Ello, debiendo tener en cuenta, la *incidencia* del Derecho europeo en las normas de carácter procedimental así como, y sobre todo, la búsqueda, en el escenario descrito, "de un marco jurídico capaz de *integrar al mismo tiempo la dimensión europea y el principio de soberanía de los Estados miembros en el terreno fiscal*" siendo ello, probablemente, uno de los desafíos más delicados a los que se enfrenta la Unión Europea[310].

En este ámbito, la jurisprudencia vertida por el TJUE en relación con el principio de proporcionalidad adquiere un papel fundamental apoyando la elaboración de este principio sobre la base cultural de los Estados miembros, lo que "le permite «descubrir» principios comunes"[311]. Posición que refuerzan las distintas opiniones doctrinales que se vienen manifestando a favor de la proyección de

309 MARCHESSOU, P., "Procedimientos tributarios nacionales y protección comunitaria del contribuyente", en *Derecho Comunitario y Procedimiento Tributario,* FERNÁNDEZ MARÍN, F. (Dir.), Atelier, Barcelona, 2010, p. 106.

310 *Vid.* AUJEAN, M., "Entre armonización, coordinación y cooperación reforzada: la política fiscal en la Unión ampliada", *Revista Española de Derecho Financiero,* núm. 129/2006, p. 6. (El subrayado es nuestro).

311 MARCHESSOU, P., "Procedimientos tributarios nacionales y protección comunitaria del contribuyente", cit., p. 107.

dicho principio sobre los sistemas jurídicos de los Estados miembros, así como en el seno de las instituciones comunitarias, y que, a nuestro juicio, van asentando las *bases* para la *pausada, pero eficaz penetración* del principio de proporcionalidad en los ordenamientos internos y, en consecuencia, en orden al progresivo "acercamiento y coordinación" de los procedimientos de los diversos Estados en el seno de la Unión Europea[312] bajo la "atracción" ejercida por dicho principio.

Consideraciones que nos permiten enlazar, por otra parte, con la idea de la *necesidad* de analizar (así como de integrar) el principio de proporcionalidad en el ámbito de las actuaciones de intercambio de información tributaria entre los Estados miembros de la Unión Europea. Necesidad que encuentra su punto de partida (según se deduce con claridad de la jurisprudencia del TJUE) en el marcado carácter tuitivo del principio mencionado, no siendo otra su finalidad que la de garantizar los derechos del ciudadano y, en nuestro caso, de los sujetos obligados frente a la actuación de las autoridades tributarias, siendo éste, precisamente, el objetivo que ha guiado la aplicación del principio de proporcionalidad por parte del TJUE en los distintos pronunciamientos recaídos sobre la utilización del mecanismo del intercambio de información tributaria.

Así cabe advertirlo, entre otros, en el Asunto *Hein Persche,* C-318/07[313], siendo la cuestión controvertida el hecho de que el Sr. Persche, en su declaración del Impuesto sobre la Renta, correspondiente al año 2003, solicitó la deducción, como gastos excepcionales y deducibles, de una donación en especie realizada a favor de un Centro de ancianos al que se encuentra vinculado un hogar infantil, siendo dicha deducción denegada por parte del Finanzamt.

---

[312] Idea a la que se refiere con acierto MORENO MOLINA, J. A., al señalar que "la proporcionalidad es un principio que opera sobre la intensidad del ejercicio de las competencias de la Comunidad. En especial, el principio de subsidiariedad, que surge ante la pérdida de control de los Estados respecto de las competencias de la Comunidad, después del uso que se ha hecho de las competencias implícitas (esencialmente del art. 235 del TCE), debe dar lugar a un mayor acercamiento del Derecho comunitario al ciudadano, mediante su ejecución en la escala administrativa inferior, a una mayor colaboración por parte de los Estados en la realización del Derecho comunitario y, en definitiva, debe suponer la asunción de un papel más activo de las Administraciones regionales en la realización de Europa" (*Vid.* "La Administración Pública comunitaria y el proceso hacia la formación de un derecho administrativo europeo común", cit., p. 359).

[313] (*Tol 3241985*)

Pues bien, el TJUE se plantea, desde la perspectiva del *principio de proporcionalidad,* si es contrario al principio de libre circulación de capitales (art. 63 del Tratado de Funcionamiento de la Unión Europea; antiguo art. 56 del Tratado Constitutivo) el que, según el Derecho de un Estado miembro, solamente gocen de beneficios fiscales las donaciones efectuadas a favor de organismos de utilidad pública si éstos están domiciliados en este Estado miembro. Planteamiento al que el Tribunal aplica el triple test de proporcionalidad afirmando que, para que una normativa fiscal como la controvertida "pueda considerarse compatible con las disposiciones del Tratado relativas a la libre circulación de capitales, es preciso que la diferencia de trato afecte a situaciones que *no sean objetivamente comparables* o resulte *justificada* por razones imperiosas de interés general, como la necesidad de preservar los controles fiscales". Además, para que dicha diferencia de trato esté justificada no debe ir "*más allá de lo necesario*" en orden a alcanzar el objetivo perseguido por la normativa concreta[314].

---

314 Considerando núm. 41
Otro pronunciamiento en que el TJUE acude al principio de proporcionalidad en orden a enjuiciar la actuación de un Estado miembro es el de 9 de noviembre de 2006, Caso *Turpeinen,* C-520/04 (*Tol 4627809*), en el que se plantea la posible vulneración del *principio de libre circulación de personas*, debido al tratamiento desigual que recibe un residente en Bélgica que traslada su residencia, tras su jubilación, a un Estado miembro, respecto a otro que la conserva en dicho país. Diversidad de tratamiento, en efecto, que las autoridades belgas justifican en "las supuestas dificultades para percibir el impuesto definitivo de los sujetos pasivos no residentes", a lo que el Tribunal de Luxemburgo termina respondiendo que "procede señalar que el régimen fiscal controvertido en el asunto principal va más allá de lo *necesario* para garantizar la recaudación efectiva del impuesto", recordando, además, la posibilidad de aplicar la Directiva 77/799/CEE así como la correspondiente a la asistencia mutua en materia de cobro. Intercambio de información, dirigida a la recaudación del tributo, en que el TJUE ha comenzado a aplicar el *principio de proporcionalidad* si bien de manera mucho más *tímida* que la que se ha analizado en relación con la asistencia mutua dirigida a la liquidación del tributo, lo que no resta importancia a estos "primeros pasos" de la jurisprudencia del TJUE. Sentido en que ha señalado CALDERÓN CARRERO que "tampoco puede perderse de vista el efecto colateral que el TJUE está asignando a este mecanismo de asistencia en la recaudación a la hora de ponderar la proporcionalidad de medidas nacionales dirigidas a garantizar la exacción y la recaudación de tributos" (*Vid.* "La Directiva 77/799/CEE, de Asistencia Mutua e Intercambio de Información en materia tributaria", cit., p. 1386), pudiendo hacer referencia, entre otros, a los Casos *N. Scorpio,* C-290/04, *Truck Center* o *Haribo* (asuntos acumulados, C-436/08 y C-437/08).

A ello añade, además, que "la *exclusión de la deducibilidad fiscal de donaciones* entregadas a organismos establecidos en un Estado miembro que no sea el del donante, donde su utilidad pública haya sido reconocida, *no puede estar justificada* por la *dificultad* que supone para el Estado miembro del donante *verificar* si tales organismos cumplen efectivamente los objetivos estatutarios a efectos de la normativa nacional, ni tampoco por la necesidad de controlar la gestión efectiva de dichos organismos"[315]. Por lo anterior, el Tribunal de Justicia "ha considerado que no puede excluirse *a priori* que el contribuyente pueda aportar los justificantes pertinentes que permitan a las autoridades del Estado miembro de tributación comprobar, de manera clara y precisa, la existencia y la naturaleza de los gastos realizados en otros Estados miembros"[316].

Cuestión esta última que, de modo particular, se inserta en el procedimiento de intercambio de información tributaria situándose *más allá* de las previsiones contenidas en la Directiva 2011/16, que solo contempla el intercambio de datos entre autoridades tributarias y no por parte del propio obligado tributario. Circunstancia que nos lleva a afirmar que la aplicación del principio de proporcionalidad en el caso previsto ha conducido al TJUE a ir más allá de las previsiones normativas en beneficio, en este caso, del contribuyente en lo que podría considerarse un reflejo de buena administración.

Por consiguiente, si el principio de buena administración implica el deber de *ponderar* los intereses implicados con el debido cuidado y la debida diligencia, asegurando la congruencia entre expediente y motivación, como exige la jurisprudencia europea (obligaciones jurídicas de *due care* o *due diligence*), según señala, por todas, la Sentencia del Tribunal General de la Unión Europea, de 29 de abril de 2015, T-217/11, *Claire Staelen vs. European Union Ombudsman*[317], cabe afirmar la necesaria *conexión* o, más bien, *imbricación* del contenido del principio de proporcionalidad con las exigencias de la buena administración en el seno de los procedimientos y, en concreto, en el dirigido al intercambio de información tributaria, en el sentido de constituir una de sus principales "huellas". Principio de proporcionalidad que interpretado a la luz de la buena administración, y siguiendo a PONCE SOLÉ, no solamente supone la ponderación de principios jurídicos, bienes, intereses, derechos o valores contrapuestos, sino que *incorpora*

---

315 Considerando núm. 51

316 Considerando núm. 53

317 Párrafos 81 y ss. (*Tol 4843357*)

también "la toma en consideración de hechos (...) y lo hace, además, con un determinado estándar de diligencia que se impone al decisor del poder ejecutivo en su función de servicio a los intereses generales", lo que, a juicio de este autor, es lo que distingue, precisamente, la interpretación de este principio en conexión con la buena administración[318].

En consecuencia cabe afirmar que la efectividad de la buena administración sólo adquiere pleno significado y operatividad a partir de la realización, en su caso, del principio de proporcionalidad[319], según podría predicarse de la posición adoptada por el Tribunal de Justicia de la Unión Europea en el Asunto mencionado en que, sin aludir expresamente a la buena administración, cabría pensar que este principio se encuentra en el trasfondo de la decisión de dicho Tribunal.

Afirmación que cabría fundamentar en el hecho de que dicho Órgano reconoce al sujeto implicado en las actuaciones de intercambio de información un derecho que, siendo consecuencia del principio de proporcionalidad, en el sentido de que supone la ponderación de los intereses en juego, parece implicar, además, la aplicación de "un determinado estándar de diligencia que se impone al decisor del poder ejecutivo en su función de servicio a los intereses generales"[320]. Esto es, el TJUE, no solamente lleva a cabo la valoración de la posible concesión de la exención solicitada por el contribuyente por parte de las autoridades fiscales alemanas mediante su aportación por el organismo correspondiente, sino que, va *más allá* de lo previsto normativamente (siendo ésta una de las características que definen la buena administración) concediendo a dicho obligado la posibilidad de aportar él mismo los datos solicitados con una finalidad clara, a nuestro

318 PONCE SOLÉ, J., *La lucha por el buen gobierno y el derecho a un buen gobierno y el derecho a una buena administración,* cit., pp. 38 y 39.

319 *Vid.*, en relación con esta idea, PONCE SOLÉ, J., Documento presentado en el VII Congreso Internacional en Gobierno, Administración y Políticas Públicas GIGAPP. (Madrid, España) del 3 al 5 de octubre de 2016. (PDF) Buen gobierno urbano, transparencia y participación ciudadana: la prevención de la corrupción en el urbanismo (researchgate.net). Fecha de consulta: 15 de marzo de 2023.

320 PONCE SOLÉ, J., Documento presentado en el VII Congreso Internacional en Gobierno, Administración y Políticas Públicas GIGAPP. (Madrid, España) del 3 al 5 de octubre de 2016. (PDF) Buen gobierno urbano, transparencia y participación ciudadana: la prevención de la corrupción en el urbanismo (researchgate.net). Fecha de consulta: 15 de marzo de 2023.

juicio, de *conciliar* los intereses en juego, sobrepasando incluso las exigencias del principio de proporcionalidad.

De otra parte, el principio de proporcionalidad únicamente exige que "se recojan y manipulen los datos estrictamente pertinentes, adecuados y necesarios para llevar a cabo fines determinados, explícitos y legítimos", sin que posteriormente sean tratados de forma incompatible con dichos fines[321], siendo fundamental en este ámbito la motivación del requerimiento de información, según lo más arriba expuesto.

Posición que se justificaría, a nuestro juicio, en el hecho de que el TJUE se ha basado en el principio de proporcionalidad para desarrollar "una jurisprudencia protectora del contribuyente cada vez que la Administración quiere hacer un uso exagerado de la norma procedimental que presente riesgo de provocar una alteración importante de los derechos y garantías del contribuyente"[322]. Jurisprudencia, en consecuencia, que viene sentando las bases para *ver de modo diferente* el procedimiento tributario dentro del marco del Derecho europeo llevando a cabo dicho objetivo *a través del prisma del principio de proporcionalidad*[323], conduciendo ello a la consecución de la imparcialidad y buenas prácticas de la Administración, además de realizar una relevante función (en lo que en estos momentos nos interesa) en relación con la protección de los derechos del contribuyente[324].

Finalmente, el principio de proporcionalidad se encuentra conectado con el *principio de eficacia* en cuanto principio jurídico que define la actuación administrativa, junto con los restantes previstos en el art. 103.1 de la CE, encaminándose a la realización de los intereses generales. Principio de eficacia que, *integrado* en

321 *Vid.* MORENO GONZÁLEZ, S., "El intercambio de información tributaria y la protección de datos personales en la Unión Europea. Reflexiones al hilo de los últimos cambios normativos y jurisprudenciales", *Quincena Fiscal,* núm. 12/2016, p. 44.

322 *Vid.* MARCHESSOU, P., "Procedimientos tributarios nacionales y protección comunitaria del contribuyente", cit., p. 108.

323 *Vid.,* en relación con esta idea, MONDINI, A., "El principio comunitario de proporcionalidad en la jurisprudencia del Tribunal de Justicia: ¿de parámetro de legitimidad de las normas tributarias a principio general en los procedimientos de aplicación de los tributos?", en *Derecho Comunitario y Procedimiento Tributario,* FERNÁNDEZ MARÍN, F. (Dir.), Atelier, Barcelona, 2010, p. 151.

324 MOSCHETTI, G., "El principio de proporcionalidad en las relaciones Fisco-Contribuyente", *Revista Española de Derecho Financiero,* núm. 140/2008, pp. 757 y 759.

el de proporcionalidad, impide su consecución "a cualquier precio", debido a que "la interdicción de la arbitrariedad excluye una sobrevaloración de la eficacia" en el sentido de fundamentar en ella cualquier acción administrativa que conduzca al resultado legalmente programado imponiendo, más bien, la ponderación de aquélla en relación con los distintos bienes jurídicos[325]. Perspectiva que, siguiendo a PAREJO ALFONSO, no impide afirmar la interpretación autónoma del objeto de la eficacia definida por el servicio objetivo al interés general, que generaría "el espacio jurídico suficiente para la organización de la actividad administrativa y, por tanto, su valoración específica (la buena —o mala— administración; la eficientemente eficaz actuación administrativa que reclaman los arts. 31.2 y 103 de la CE)"[326].

De este modo, y desde la consideración de que el principio de eficacia propugna que las condiciones de la actuación de la Administración, siendo conformes a Derecho, sean también efectivas e idóneas para la satisfacción de los intereses generales[327], pensamos que encuentra conexión con la buena administración, en el sentido de que coadyuva a la realización de una diligente aplicación del procedimiento más allá de la Ley (y ello, al margen de otras interpretaciones), a la hora de llevar a cabo una correcta ponderación de los intereses en juego y, en nuestro caso, los de lucha frente al fraude fiscal y realización de los objetivos comunitarios junto a la protección de los intereses de los sujetos implicados en el intercambio de información tributaria[328].

---

325 PAREJO ALFONSO, A., "La eficacia como principio jurídico de la actuación de la Administración Pública", *Revista de Documentación Administrativa*, Estudios, núms. 218-219/1989, pp. 64 y ss.

326 PAREJO ALFONSO, A., op. cit., p. 13.

327 PAREJO ALFONSO, op. cit., pp. 33, 36 y 37, autor que añade a lo expuesto en el texto que el interés general "carece de contenido propio y determinado; su contenido se identifica siempre con el resultado de una decantación de otros valores y bienes jurídicos, en la que lo crucial es la ponderación relativa y adecuada de aquellos que se hagan presentes en el supuesto concreto". De este modo, "los términos de la definición de interés general establecen los de la actuación eficaz que ha de servir a éste" siendo la definición del interés general "el elemento clave para el enjuiciamiento en concreto de la eficacia". En suma, "eficacia e interés general coinciden en sustancia".

328 Señala SANZ LARRUGA, F. J., "El ordenamiento europeo, el Derecho Administrativo español y el Derecho a una Buena Administración", cit., pp. 734 y 735 que "el principio de eficacia ha calado hondamente en el grupo normativo relativo al régimen de las Ad-

4.4 LOS PRINCIPIOS DE SEGURIDAD JURÍDICA Y TRANSPARENCIA

Una de las razones por la que el principio de buena administración ha adquirido protagonismo en el ámbito tributario ha sido su invocación por parte del Tribunal Supremo como manifestación del principio de seguridad jurídica. Principio que resulta cada vez más utilizado tanto por parte de dicho Tribunal como por el Tribunal de Justicia de la Unión Europea, quienes aluden a la necesidad de que las Administraciones públicas (también las tributarias) se ajusten en su actuación a este principio[329]. Sentido en que se ha indicado que la doctrina del TJUE ha sido decisiva en la incorporación a nuestra jurisprudencia de las consecuencias del principio de seguridad jurídica en relación con los de confianza legítima y buena administración[330].

Más aun, y como ha señalado PAREJO ALFONSO, "la cada vez más frecuente apelación a la confianza en el curso de las relaciones entre el Estado y el ciudadano es, quizá y en el plano del Derecho, uno de los síntomas más característicos de las profundas transformaciones" a que se encuentran sometidas las concepciones de uno y otro en los últimos tiempos y, por tanto, la relación entre ambos. Ello, porque el Estado no es ni mucho menos una instancia ajena a la sociedad, encontrándose sometida a la dinámica y movimiento sociales debido, precisamente, a "su responsabilización de las condiciones de la vida colectiva y su función (...) de «dirección» de aquélla"; ámbito en que los sujetos tienen una relación con el Estado basada en lo que se ha acuñado por parte de la dogmática alemana "como «posición fundamental» del ciudadano derivada del valor fundamental de la persona", de la que procede la titularidad de derechos subjetivos

ministraciones Públicas y se ha identificado tempranamente con el concepto de «buena administración»".

329 *Vid.* CASAS AGUDO, D., "El principio-derecho a una buena administración y su incipiente proyección en el ámbito tributario, El principio-derecho a una buena administración y su incipiente proyección en el ámbito tributario - Grupo de investigación - Derecho Financiero y Tributario (SEJ-326) (ugr.es). Fecha de consulta: 23 de marzo de 2023.

330 DELGADO PACHECO, A., "La Seguridad Jurídica en la Jurisprudencia del TJUE", (La Seguridad Jurídica en la Jurisprudencia del TJUE | CE Garrigues (centrogarrigues.com). Fecha de consulta: 27 de marzo de 2023.

desde los que el ciudadano traba contacto con el Estado. En definitiva, el Estado de Derecho reclama la necesidad de seguridad y protección social[331].

El principio de transparencia, de otro lado, cabe entenderlo como *condición inherente* a la seguridad jurídica[332] y, en particular, según se ha analizado ya en buena medida a lo largo del presente trabajo, como una de las claves del derecho de acceso a la información y a la participación en el procedimiento implicando, según ha señalado DELPIAZZO, que "el actuar de la administración se deje ver como a través de un cristal"[333], generando, en consecuencia, la necesaria seguridad jurídica y confianza por parte del ciudadano. Más aun, la transparencia, en cuando principio, reclama que el funcionamiento, la actuación y estructura de la Administración sea accesible a todos los ciudadanos[334].

Principios que, en este estudio, vamos a examinar en relación con la "buena regulación", en cuanto manifestación de la buena administración, a la que se ha venido prestando especial atención tanto por parte de la OCDE como de la Unión Europea desde la perspectiva de las revisiones tanto *ex ante* como *ex post* de la regulación normativa, habiéndose reconocido la buena regulación en este último ámbito "como un bien público en sí mismo"[335].

---

331 *Vid.* PAREJO ALFONSO, L., "El reto de la eficaz gestión de lo público", *Revista de Ciencias Sociales,* núm. 149/1999, pp. 3 y 5.

332 Sentido en que señala PONCE SOLÉ, *La lucha por el buen gobierno y el derecho a una buena administración mediante el estándar jurídico de diligencia debida,* cit., p. 77, las evidentes conexiones existentes entre "la transparencia, el buen gobierno y la buena administración".

333 DELPIAZZO, C. E., "A la búsqueda del equilibrio entre privacidad y acceso en Protección de datos personales y Acceso a la Información Pública", en *Protección de Datos Personales y Acceso a la Información Pública,* AGESIC, Montevideo, 2009, p. 17.

334 SPANO TARDIVO, P., "El principio de transparencia de la gestión pública en el marco de la teoría del buen gobierno y la buena administración", Artículo presentado bajo el mismo título en el V Congresso Internacional da Rede Docente Eurolatinoamericana de Dereito Administrativo, realizado en la Universidade de Santa Cruz do Sul. Brasil, días 12 y 13 de mayo de 2015, p. 134.

335 El Informe Mandelkern sobre *Smart Regulation*, de la Comisión, publicado en 2001, se plantea la consideración de la mejora de la calidad legislativa como un bien público en sí mismo debido a que fortalece la credibilidad de la acción administrativa y de gobierno, contribuye al bienestar de los ciudadanos, los empresarios y otros operadores del tráfico jurídico-económico. En el ámbito de la doctrina, se sitúa en esta línea, entre otros, ORTÍ FERRER, P., "Transparencia y buena regulación: el derecho de acceso a los

Del mismo modo, y en el marco del ordenamiento español, se ha abordado dicho objetivo, fundamentalmente, a través de la aprobación de las Leyes 39/2015, de 1 de octubre, del Procedimiento Administrativo Común de las Administraciones Públicas y 40/2015, de 1 de octubre, de Régimen Jurídico del Sector Público, calificadas como "hito decisivo en la evolución de la mejora regulatoria en España"[336]. En consecuencia, y habiéndose convertido durante los últimos años la mejora de los entornos normativos en "eje de la acción de los ejecutivos que lo incorporan sistemáticamente como tal a sus programas en el ejercicio del llamado buen gobierno o gobernanza"[337], es de esperar que la Administración, y por tanto los organismos europeos, "no realicen una aplicación meramente formal de estas previsiones de calidad normativa, sino que las interiorice como instrumentos esenciales para la mejor defensa del interés público"[338].

Escenario, pues, en el que parece comenzar a penetrar una "nueva cultura de la calidad normativa"[339], a cuyos rasgos más importantes nos referiremos seguidamente, teniendo en cuenta que, no siendo la seguridad jurídica un valor absoluto, en más de una ocasión será preciso llevar a cabo la debida *ponderación* entre el interés público perseguido (entendido como interés común[340]) y la rea-

expedientes normativos y la evaluación de impacto", en *Datos, protección, transparencia y buena regulación*, CANALS I AMETLLER (ed.), Documenta Universitaria, Gerona, 2016, p. 126.

336 CASADO CASADO, L., "La mejora regulatoria en España: los nuevos principios que informan el ejercicio de la iniciativa legislativa y la potestad reglamentaria de las administraciones públicas", A&C- *Revista de Direito Administrativo & Constitucional*, núm. 67/2017, p. 57.

337 GUILLEM CARRAU, J., "La mejora de los entornos normativos y la competitividad económica: el ajuste regulatorio (REFIT) de la UE", *Anuario de Derecho Parlamentario*, núm. 28/2015, p. 189.

338 Sentido en que también ha afirmado ORTÍ FERRER, P., "Transparencia y buena regulación: el derecho de acceso a los expedientes normativos y la evaluación de impacto", cit., p. 129, que está por ver cómo se concreta en la práctica la aplicación de estos principios.

339 PRIETO ROMERO, C., "El nuevo procedimiento para la iniciativa legislativa y el ejercicio de la potestad reglamentaria", *Revista de Administración Pública*, núm. 201/2016, p. 337.

340 El Tribunal Constitucional reconoció, por vez primera, en la Sentencia 173/1996, de 31 de octubre, que una modificación normativa "absolutamente imprevisible", era solo

lización, entre otros, del principio mencionado[341]. Equilibrio que, como parece obvio, no será siempre sencillo debido, entre otras razones, al carácter indeterminado de los conceptos implicados.

En este contexto, se impone, en consecuencia, mejorar la certeza, la seguridad jurídica y la transparencia del ordenamiento tributario europeo, en concreto, y en lo que en este estudio interesa, tanto en referencia a la elaboración de las Directivas sobre intercambio de información tributaria como en lo que respecta a su transposición a los distintos ordenamientos y, en particular, el español, en aras a garantizar el *interés público al cumplimiento tributario* de conformidad con los principios de justicia recogidos en el art. 31 de la CE.

Ámbito en que, según el Acuerdo Interistitucional "Legislar mejor", constituye tarea de la Comisión "la aplicación, la ejecución y el cumplimiento eficaces del Derecho de la UE" así como la orientación y el apoyo a los Estados miembros "en sus esfuerzos por transponer directivas, ejecutar reglamentos y aplicar las normas de la UE de forma adecuada", debiendo verificar, a través de los correspondientes controles de conformidad cómo traducen dichos Estados la legislación de la Unión Europea en la legislación nacional, siendo necesario obtener información clara y precisa sobre la normativa interna de cada uno de los países a fin de garantizar un diálogo real en la fase de transposición[342]. Por consiguiente, y de cara al futuro, la Comisión se propone llevar a cabo un balance de sus actividades de supervisión y cumplimiento, a fin de garantizar que sigan siendo adecuadas para que el Derecho de la Unión Europea funcione en la práctica.

Todo ello, teniendo en cuenta la problemática que, en particular, surge en el ámbito tributario en que las exigencias de dichos principios se imponen, si cabe, con mayor rigor debido a las consecuencias económicas y, sobre todo, a la injerencia de esta clase de normas en la esfera jurídica de los sujetos afectados, como

justificable en exigencias de interés general, equiparando el interés general con el interés común.

341 Sentido en que se ha señalado por parte de la AEDAF, "Inseguridad jurídica en España: situación actual y propuestas para el futuro", *Paper* núm. 13/2018, p. 10, que la OCDE reconoce que "el objetivo de la certidumbre debe ser ponderado en contraposición con otros objetivos de política fiscal. Los gobiernos deben mantener un equilibrio entre el diseño de una política fiscal flexible orientada a conseguir objetivos sociales y económicos y la necesaria claridad y certidumbre de dicha política".

342 "Legislar mejor: por qué y cómo" (Legislar mejor: por qué y cómo (europa.eu).

sucede en el caso del intercambio de información tributaria tanto entre Estados como a nivel interno.

4.4.1 Los principios de seguridad jurídica y transparencia en cuanto principios de buena administración y de buena regulación

Sin perjuicio de la dificultad que presenta la asignación de un contenido concreto al principio de seguridad jurídica en su proyección sobre el ámbito tributario, pensamos que su análisis y, por ende, el intento de llevar a cabo la delimitación de sus perfiles debe realizarse partiendo de su consideración como "valor esencial del Estado constitucional de Derecho" siendo el Derecho, por tanto, instrumento "imprescindible para la seguridad jurídica"[343].

Ahora bien, afirmado lo anterior, debe indicarse, junto a GARCÍA NOVOA, que no podemos quedarnos en lo que se ha denominado "*seguridad a través del Derecho*, sino que la seguridad jurídica debe ser además la *seguridad del Derecho mismo*", siendo aquí donde emerge "con toda su plenitud la dimensión valorativa de la seguridad, valor que debe ser construido a través de su vinculación con otro valor como es la justicia". Ideas, a partir de las cuales, es posible señalar que el contenido sustancial de la seguridad jurídica radica en el "derecho a la previsión objetiva por los particulares de su propia posición jurídica"[344], apareciendo como

---

343 Debe aclararse, junto a GARCÍA NOVOA, que la calificación de la seguridad jurídica como principio, "lejos de descartar su condición de valor, viene a corroborarlo, haciendo que el clásico dilema sobre si la seguridad es un valor o principio devenga irrelevante". Idea a la que dicho autor añade que "el carácter estructural de la seguridad jurídica le dota de una dimensión valorativa que no tienen otros principios, cuya génesis sería exclusivamente normativa y positivista" (*Vid.* GARCÍA NOVOA, C., *El principio de seguridad jurídica en materia tributaria*, Marcial Pons, Madrid, 2000, pp. 33 y 37). En relación con la configuración de la seguridad jurídica como valor, señala también PÉREZ LUÑO que "en el Estado de Derecho, la seguridad jurídica asume unos perfiles definidos como: presupuesto del derecho, pero no de cualquier forma de legalidad positiva, sino de aquella que dimana de los derechos fundamentales, es decir, los que fundamentan el entero orden constitucional; y función del derecho, la seguridad jurídica no solo se inmuniza frente al riesgo de su manipulación, sino que se convierte en un valor jurídico ineludible para el logro de los restantes valores constitucionales" (*Vid.* PÉREZ LUÑO, A. E., "La seguridad jurídica: una garantía del derecho y la justicia", *Boletín de la Facultad de Derecho*, núm. 15/2000, p. 28).

344 Op. cit., pp. 117-118.

elemento básico de dicho principio la *claridad*[345], tanto en la previsión del mandato normativo como de las consecuencias jurídicas (esto es, seguridad en cuanto a la definición de las hipótesis normativas como en la aplicación de las mismas).

Por consiguiente, en el seno del ordenamiento tributario "la base de la posición jurídica del ciudadano será la posibilidad de prever" sus obligaciones y deberes tributarios[346], apareciendo el *principio de confianza legítima*[347] como una "derivación necesaria de la seguridad jurídica", debiendo las normas tributarias ser claras para que "los ciudadanos sepan a que atenerse"[348].

Principio, por tanto, que se configura como el "sumatorio" de un conjunto de principios (entre ellos, certeza, confianza, legalidad, tipicidad, jerarquía, publicidad...) pudiendo afirmar, junto a CHECA GONZÁLEZ, que el mismo exige que "una normativa sea clara y precisa", a fin de permitir a los interesados "conocer sin ambigüedades sus derechos y obligaciones" con el objetivo de adoptar las medidas oportunas y, a los órganos jurisdiccionales, garantizar su cumplimiento[349].

Claridad que no siempre es posible encontrar en las Directivas que regulan el intercambio de información tributaria entre Estados y, en particular, en las que tienen como objetivo el intercambio automático de datos en el seno de la Unión Europea, que no es posible abordar en el presente trabajo, pero de la que constituye un buen botón de muestra el contenido de la DAC 6, repleta, como es conocido, de conceptos jurídicos indeterminados.

---

345 Sentido en que ha declarado el Tribunal Constitucional, entre otras, en la Sentencia de 15 de marzo de 1990, que "el legislador ha de perseguir la claridad, no la confusión (...). Es relevante que los operadores jurídicos y los ciudadanos sepan a qué atenerse en relación con la materia sobre la que la ley legisla (...). Hay que buscar la certeza respecto a lo que es Derecho y no lo es y no provocar relaciones entre normas que den lugar a perplejidad respecto a la previsibilidad exigible al Derecho".

346 *Vid.* GARCÍA NOVOA, C., *El principio de seguridad jurídica en materia tributaria*, cit., p. 112.

347 En opinión de CHECA GONZALEZ, C., *Persiguiendo la sombra de la justicia tributaria*, Civitas-Thomson Reuters, Cizur Menor, Navarra, 2019, p. 141, la confianza legítima "constituye el núcleo cardinal y esencial del principio de seguridad jurídica".

348 RODRÍGUEZ-ARANA, J., "Principio de seguridad y técnica normativa", cit., p. 254.

349 CHECA GONZÁLEZ, C., *Persiguiendo la sombra de la justicia tributaria*, cit., p. 145.

A mayor abundamiento, y conectando con las ideas de la Comisión incluidas en el documento "Legislar mejor", no solo supone una cuestión esencial la correcta aplicación y ejecución del Derecho de la Unión Europea por parte de las instituciones comunitarias sino la adecuada *traducción* por parte de los Estados de la legislación europea en la legislación nacional. Dicho de otro modo, y en lo que concierne en particular a nuestro estudio, las Directivas no se pueden transponer de cualquier forma, y menos aun vulnerando el derecho fundamental a la buena administración, tal como aconteció con el Real Decreto-ley 24/2021, de 2 de noviembre, de transposición de Directivas de la Unión Europea[350], que si bien se sitúa al margen de nuestro ámbito de estudio, traemos a estas páginas por la relevancia de la declaración del Consejo de Estado en referencia a que la su tramitación se realizó vulnerando el principio de buena administración, consagrado en el artículo 41 de la Carta de Derechos Fundamentales de la Unión Europea[351]. Por consiguiente, la buena regulación por parte de las instituciones comunitarias debe tener su correlato en nuestro caso en la adecuada trasposición de las Directivas por parte de las autoridades de los distintos Estados en cuanto plasmación, a la postre, de la buena administración.

Ahora bien, señalado lo anterior, y en lo respecta al intercambio de información tributaria entre Estados a través de requerimiento individualizado, pensamos que el problema fundamental, en lo que respecta a la efectividad del princi-

350 Real Decreto-ley 24/2021, de 2 de noviembre, de transposición de directivas de la Unión Europea en las materias de bonos garantizados, distribución transfronteriza de organismos de inversión colectiva, datos abiertos y reutilización de la información del sector público, ejercicio de derechos de autor y derechos afines aplicables a determinadas transmisiones en línea y a las retransmisiones de programas de radio y televisión, exenciones temporales a determinadas importaciones y suministros, de personas consumidoras y para la promoción de vehículos de transporte por carretera limpios y energéticamente eficientes (*Tol 8630334*).

351 Señala en concreto el dictamen del Consejo de Estado nº 878/2021, de 2/11/2021, sobre el citado Decreto-Ley de transposición de directivas de la Unión Europea que "Esta conclusión favorable al uso del Real Decreto-Ley, que en su momento pondrá punto final al presente dictamen, no impide la crítica a las reiteradas deficiencias procedimentales en su tramitación ni permite demorar la adopción de medidas de control dirigidas a evitar que en lo sucesivo se vuelvan a reproducir situaciones que, como la que subyace en la presente consulta, *no se ajustan al principio de buena administración*, consagrado en el artículo 41 de la Carta de Derechos Fundamentales de la Unión Europea y deducido por la jurisprudencia de nuestro Tribunal Supremo de los artículos 9.3 y 103 de la Constitución". (El subrayado es nuestro).

pio de seguridad jurídica, se centra en la falta de concreción del concepto de relevancia previsible, sobre el que pivota dicho instrumento, debido a su condición de concepto jurídico indeterminado acompañado de amplias interpretaciones de dicho presupuesto aportadas tanto por parte de la Unión Europea como de la OCDE. Presupuesto, por tanto, cuya delimitación, como se ha señalado más arriba, requiere una *especial diligencia* (expresión de la buena administración) en referencia, en particular, a la motivación que debe acompañar la correspondiente petición de información (según se ha examinado anteriormente), así como en la proyección sobre el mismo del principio de proporcionalidad.

Pues bien, encontrándose intrínsecamente conectada la buena regulación con "los principios de necesidad, eficacia, proporcionalidad, seguridad jurídica, transparencia, y eficiencia", según se desprende del contenido del art. 129 de la LPAC[352], cuyo apartado 1 impone a las Administraciones Públicas, tanto en la confección de los proyectos de ley como en la elaboración y aprobación de disposiciones reglamentarias, observar los principios mencionados, y teniendo en cuenta el entronque de estos con el art. 103 de la CE[353], vamos a centrarnos brevemente en las exigencias de la seguridad jurídica en su relación con el principio de proporcionalidad y, en definitiva con los principios de eficacia y eficiencia en el ámbito de la buena regulación en cuanto garantía de la consecución de la misma para analizar, con posterioridad, los mecanismos de participación ciudadana en la elaboración de las normas tributarias.

El art. 129.4 de la LPAC se refiere al principio de seguridad jurídica en cuya virtud "la iniciativa normativa se ejercerá de manera coherente con el resto del ordenamiento jurídico, nacional y de la Unión Europea, para generar un marco normativo estable, predecible, integrado, claro y de certidumbre, que facilite su conocimiento y comprensión y, en consecuencia, la actuación y toma de decisiones de las personas y empresas". Principio que, como se viene anticipando, constituye a nuestro juicio, el *resultado* de las exigencias en este ámbito de los

352 SANTAMARÍA PASTOR, J. A., "Un nuevo modelo de ejercicio de las potestades normativas", *Revista Española de Derecho Administrativo*, núm. 175/2016, p. 1.

353 Precepto en relación con el que ha afirmado PAREJO ALFONSO, "El reto de la eficaz gestión de lo público", cit., p. 7, que el estatuto de la Administración, que se predica del tenor del art. 103 CE, constituye "el terreno en el que se juega sustancialmente el futuro de lo público, entendido como espacio político de integración y solidaridad sociales".

principios de confianza legitima[354], transparencia, proporcionalidad y eficiencia conformando todos ellos la *dimensión material* de la seguridad jurídica y configurando, por ende, el contenido de la garantía de la posición jurídica del ciudadano que se manifiesta, en esencia, en la *coherencia* de la iniciativa legislativa en relación con el resto del ordenamiento y, en particular, con la consecución del interés general.

Alude, por otra parte, al principio de proporcionalidad el apartado 3 del art. 129 de la LPAC en el sentido de que "la iniciativa que se proponga deberá contener la regulación imprescindible para atender la necesidad a cubrir por la norma, tras constatar que no existen otras medidas menos restrictivas de derechos, o que impongan menos obligaciones a los destinatarios". Principios, pues, que necesariamente requieren una interpretación conjunta conformando un modo diferente de motivar la nueva norma jurídica, pasando de "una motivación general y superficial a una motivación concreta y exigente"[355]. Esto es, el principio de proporcionalidad exige que las medidas propuestas sean necesarias y eficaces para conseguir el fin propuesto. Más aun, cabría afirmar que la seguridad jurídica *pasa* por la realización del principio de proporcionalidad. De este modo, y siguiendo a ALEXY, la seguridad jurídica constituye un mandato de optimización, lo que supone que la misma "se aplica a partir de la ponderación", que "implica la proporcionalidad a través de los subprincipios de adecuación y necesidad"[356].

En esta misma línea, y en el ámbito comunitario, el art. 5 del Tratado de la Unión Europea, exige la aplicación de los principios de subsidiariedad y proporcionalidad, recordando, en este sentido, el Parlamento Europeo, el Consejo y la Comisión, la necesidad de "legislar únicamente cuando y en la medida en que sea

---

354 Principio en relación con el que ha señalado RAMOS HERRERA, A., "La relevancia del principio de confianza legítima en el ámbito tributario", cit., p. 210, que el mismo supone "una manifestación de la seguridad jurídica en sentido amplio, que sin embargo no se debe confundir con ella, sino que la complementa junto con el principio de proporcionalidad".

355 CASADO CASADO, L., "La mejora regulatoria en España: los nuevos principios que informan el ejercicio de la iniciativa legislativa y la potestad reglamentaria de las administraciones públicas", cit., p. 30.

356 *Vid.* ALEXY, citado por GARCÍA NOVOA, C., *El principio de seguridad jurídica en materia tributaria*, cit., p. 58.

necesario", de conformidad con el precepto citado[357], lo que implica que únicamente se puedan crear normas cuando sea preciso (subsidiariedad) con absoluto respeto a las exigencias del principio de proporcionalidad. Por consiguiente, "debe advertirse que la Unión habrá de realizar un estudio pormenorizado antes de aprobar cualquier tipo de acto legislativo, con la finalidad de descubrir si posee la competencia adecuada y precisa como para sacar adelante el proyecto que plantea"[358].

Ideas de las que podemos extraer, en una primera aproximación, la necesidad de que las disposiciones reguladoras del intercambio de información tributaria (tanto en lo que respecta a su aprobación por parte de las instituciones europeas como en lo que respecta a su transposición a los distintos ordenamientos), se adecúen, desde la perspectiva de los principios mencionados, a la consecución del interés general que legitima su elaboración y que, en lo que se refiere a nuestro ámbito de estudio, más allá del interés a la recaudación, supone la correcta realización del deber de contribuir así como, en último término, la efectividad de las libertades comunitarias a través de una justa ponderación de los intereses en juego traduciendo, por tanto, las exigencias de la buena administración en el seno de la buena regulación.

En suma, y siguiendo a MERINO JARA, cabe afirmar que "han de propiciarse engranajes preventivos para evitar que los mandatos normativos sean oscuros y difusos"; los "mecanismos de elaboración de las normas deben ser mejorados, en particular cuando se legisle sobre un espacio tan sensible como es el de

---

357 *Vid.* Acuerdo Interinstitucional entre el Parlamento Europeo, el Consejo de la Unión Europea y la Comisión Europea sobre la mejora de la legislación, de 13 de abril de 2016, Considerando (3). Además, las tres Instituciones remarcan "la función y la responsabilidad de los Parlamentos nacionales (...) sobre la aplicación de los principios de subsidiariedad y proporcionalidad", Considerando (4). Con anterioridad, en la Comunicación de la Comisión al Parlamento Europeo, al Consejo, al Comité Económico y Social Europeo y al Comité de las Regiones "Normativa inteligente en la Unión Europea", de 8 de octubre de 2010, COM(2010) 543 final, la Comisión consideró que es preciso legislar mejor, siendo necesario pasar a una normativa inteligente con el fin de concebir y producir una normativa que respete los principios de subsidiariedad y proporcionalidad y que posea la mayor calidad posible; objetivo que debe perseguirse a lo largo de todo el proceso de elaboración de las normas haciéndose hincapié en medidas nuevas como la evaluación *ex post* de los costes y las ventajas de la legislación existente.

358 MOLINA DEL POZO, C. F., "La información, participación y revisión en la mejora de las políticas europeas", *Revista CEF Legal*, núm. 249/2021, p. 116.

los derechos y garantías de los contribuyentes" reduciéndose con ello de forma significativa la incertidumbre. En definitiva, "la claridad y la solvencia técnica de las normas es una exigencia incrustada en el principio de buena regulación"[359].

Finalmente, el apartado 5 del art. 129 de la LPAC se refiere al *principio de transparencia*, en cuanto elemento fundamental del buen gobierno y la buena administración[360], en cuya virtud "las Administraciones Públicas posibilitarán el acceso sencillo, universal y actualizado a la normativa en vigor y los documentos propios de su proceso de elaboración", según los términos del art. 7 de la Ley 9/2014, de 29 de diciembre, de transparencia, acceso a la información pública y buen gobierno[361], definiendo con claridad los objetivos de las iniciativas normativas y posibilitando que "los potenciales destinatarios tengan una participación activa en la elaboración de las normas".

Transparencia, por tanto, que puede ser definida "como el deber de los poderes públicos de dar explicaciones razonadas de sus actos, viéndose obligados por dicho principio, para que cualquiera tenga la información esencial que le permita comprender los motivos que llevaron a la institución a proceder de esa manera"; en efecto, y si bien, desde sus inicios, ya se disponía en los Tratados constitutivos de la Unión Europea la transparencia de las decisiones, se ha podido constatar en los últimos años "una explícita preponderancia de decisiones, adoptadas por parte de las instituciones, declarando la existencia y aplicabilidad estricta de dicho principio en tanto que una prioridad o, inclusive, apareciendo configurado como un derecho, en el artículo 42 de la Carta de Derechos Fundamentales de la Unión Europea" y ello con la finalidad de lograr la *confianza* de los ciudadanos[362].

Principio que persigue "profundizar en la dimensión democrática del Estado, recuperar la legitimidad para la acción de gobierno, prevenir la corrupción, reducir la desconfianza política e institucional e incrementar la eficiencia

---

359 MERINO JARA, I., Prólogo a la obra colectiva *La proyección de la buena administración sobre los procedimientos de aplicación de los tributos,* cit., p. 13.

360 SPANO TARDIVO, P., "El principio de transparencia de la gestión pública en el marco de la teoría del buen gobierno y la buena administración", cit., p. 146.

361 (*Tol 4584097*)

362 *Vid.* MOLINA DEL POZO, C. F., "La información, participación y revisión en la mejora de las políticas europeas", cit., p. 119.

gubernamental"[363] y que nos permite conectar con la idea de la participación del ciudadano en el procedimiento de elaboración de las normas desde la consideración de que ya no es un mero sujeto pasivo, receptor mecánico de bienes y servicios, sino que "aspira a tener una participación destacada en la configuración de los intereses generales"[364].

4.4.2 Participación en el procedimiento de elaboración normativa

A las consideraciones expuestas hasta el momento es preciso añadir la mejora de la calidad de la legislación en cuanto "factor de competitividad de la economía"[365] debida al enriquecimiento de la calidad a través del "análisis del impacto y colaboración de los receptores de la misma, el mejor y más accesible conocimiento de la norma por sus receptores y la eficiencia en la acción administrativa de la puesta en práctica del Derecho"[366], apareciendo esta cuestión, a

---

363 ORTÍ FERRER, P., "Transparencia y buena regulación: el derecho de acceso a los expedientes normativos y la evaluación de impacto", cit., p. 123.

364 SPANO TARDIVO, P., "El principio de transparencia de la gestión pública en el marco de la teoría del buen gobierno y la buena administración", cit., p. 138.

365 Como se ha afirmado, la inseguridad jurídica "constituye un factor decisivo a la hora de determinar la mayor o menor competitividad de un país" (*Vid.* AEDAF, "Inseguridad jurídica en España: Situación actual y propuestas para el futuro", cit., p. 9).

366 GUILLEM CARRAU, J., "La mejora de los entornos normativos y la competitividad económica: el ajuste regulatorio (REFIT) de la UE", cit., núm. 28/2015, pp. 190 y 193, autor que señala, en este último lugar, que la premisa del aumento de la competitividad "lleva consigo afirmar que la consecución de este objetivo garantiza el dinamismo económico en un territorio y se concreta en la reducción de las cargas que el sistema administrativo repercute en las empresas y en el ciudadano, de los efectos indirectos no deseados y de los efectos anticompetitivos. Sentido en que señala también, entre otros, CASADO CASADO, C., "La mejora regulatoria en España: los nuevos principios que informan el ejercicio de la iniciativa legislativa y la potestad reglamentaria de las administraciones públicas", cit., p. 43, que "la política de mejora de la regulación (...) contempla la calidad del marco normativo como un factor estratégico para el crecimiento y la competitividad", estando orientada "a garantizar la eficacia y la eficiencia del ordenamiento jurídico con el fin de asegurar sus efectos positivos en la economía, aunque sin perder de vista la consecución de otros beneficios sociales y ambientales" inscribiéndose progresivamente en la noción de buen gobierno.
En este ámbito, en la Comunicación de la Comisión al Consejo y al Parlamento Europeo, de 16 de marzo de 2005, "Legislar mejor para potenciar el crecimiento y el empleo en la Unión Europea", COM(2005) 97 final, también se pone de manifiesto la impor-

nuestro juicio, como fundamental en relación con la normativa reguladora de las actuaciones de intercambio de información entre Estados, que se inscribe en la noción de buen gobierno así como de la buena administración[367], en cuanto que no pueden ignorarse las consecuencias económicas derivadas de la aplicación de dicho instrumento además de su repercusión sobre la esfera jurídica de los sujetos afectados.

Sentido en que la Comunicación de la Comisión al Consejo y al Parlamento Europeo, de 16 de marzo de 2005, "Legislar mejor para potenciar el crecimiento y el empleo en la Unión Europea", COM(2005) 97 final, también pone de manifiesto la importancia de mejorar la legislación para promover la competitividad tanto a nivel de la Unión Europea como de los Estados Miembros.

En este escenario, y sin perjuicio de otros instrumentos de control *ex post* de las decisiones normativas (cuyo estudio excede el objeto del presente trabajo[368]), se ha establecido como mecanismo de control *ex ante*, tanto en el seno de nuestro ordenamiento como en el de la Unión Europea, la previsión de un procedimiento de *consulta pública* a los agentes interesados de los textos en proceso de elaboración, habiéndose subrayado la importancia de dicho mecanismo tanto por parte de las instituciones comunitarias como de la OCDE[369], según se analizará seguidamente.

Participación que, en lo que respecta al ordenamiento español, es destacada por HERMIDA DEL LLANO en el sentido de que la Constitución Española

---

tancia de mejorar la legislación para promover la competitividad tanto a nivel de la Unión Europea como de los Estados Miembros.

367 *Vid.* CASADO CASADO, C., op. cit., p. 43, quien afirma que "la política de mejora de la regulación (...) contempla la calidad del marco normativo como un factor estratégico para el crecimiento y la competitividad", estando orientada "a garantizar la eficacia y la eficiencia del ordenamiento jurídico con el fin de asegurar sus efectos positivos en la economía, aunque sin perder de vista la consecución de otros beneficios sociales y ambientales" inscribiéndose progresivamente en la noción de buen gobierno.

368 Nos estamos refiriendo, en concreto, a las evaluaciones *ex post* así como a las evaluaciones de impacto que constituyen también herramientas adecuadas para la elaboración de dicho análisis normativo, encontrándose previstas tanto en nuestro ordenamiento como en el seno de la Unión Europea.

369 OCDE, *Tax Certainty*. Disponible en: https://www.oecd.org/tax/tax-policy/tax-certainty-report-oecd-imf-report-g20-finance-ministers-march-2017.pdf (Fecha de consulta: 26 de abril de 2023).

"no se limita a reconocer principios que deben orientar el funcionamiento de una serie de instituciones y órganos administrativos y sus relaciones con la ciudadanía, sino que intenta garantizar además otro de los presupuestos fundamentales de la buena administración, al configurar espacios institucionales para la participación de los ciudadanos". Autora que indica, a este respecto, que el art. 105 de la CE consagra "una tímida democratización administrativa" convirtiendo la audiencia y participación ciudadana en "una «herramienta clave» que puede llegar a condicionar la toma de decisiones efectiva en torno a cuestiones de considerable repercusión para el conjunto de la sociedad"[370].

En definitiva, y en lo que afecta tanto a las Directivas sobre intercambio de información como a las disposiciones de trasposición de las mismas, entendemos esencial en orden a la consecución de una adecuada regulación o *better regulation* conceder el correspondiente trámite de información y audiencia pública a los agentes interesados. Procedimiento que, al posibilitar la toma en consideración y consiguiente ponderación de los intereses de las distintas partes implicadas, debería conducir a una más efectiva realización de la finalidad perseguida por dicha normativa y, en último término, a una reducción de la litigiosidad no debiendo olvidar, en este sentido, que el procedimiento de aplicación de los tributos en que se inserta el intercambio de información tributaria debe dejar de entenderse como un procedimiento de "partes enfrentadas" encontrándose dirigido, más bien, a la consecución de un *interés común*[371].

Consideración, en fin, que se sitúa en línea con la declaración de la Comisión Europea, incluida en la Comunicación sobre la mejora de la legislación, de 29 de abril de 2021, a través de la que se pone de manifiesto que para fomentar la recuperación de Europa es más importante que nunca legislar de la manera más eficiente posible; en este sentido, y con la finalidad de que el Derecho de

370 HERMIDA DEL LLANO, C., "La configuración del derecho a una buena administración como nuevo derecho frente al poder", cit., pp. 158 y 159.

371 Sentido en que ha afirmado MOLINA DEL POZO, C. F., "La información, participación y revisión en la mejora de las políticas europeas", cit., p. 120, que "la transparencia y el acceso a los documentos pueden ser utilizados con el objetivo de mejorar las políticas comunes de la Unión Europea"; esto es "las evidencias recogidas mediante la publicidad de las decisiones institucionales, las consultas públicas o las evaluaciones de impacto sirven para subrayar información que, en un principio, puede haber sido pasada por alto o que no ha sido apreciada, debido a la falta de tiempo suficiente para realizar un estudio pormenorizado".

la Unión Europea se ajuste mejor a las necesidades del futuro, es fundamental la cooperación entre las instituciones comunitarias, los Estados miembros y las partes interesadas, incluidos los interlocutores sociales, las empresas y la sociedad civil[372].

A partir de las ideas expuestas, vamos a examinar la normativa que, en el seno de nuestro ordenamiento regula la participación de los interesados en el proceso de elaboración normativa realizando, al mismo tiempo, las alusiones correspondientes a las previsiones contenidas en el ámbito de la Unión Europea en relación con este tema.

De este modo, y en primer lugar, el apartado primero del art. 133 de la LPAC contempla la realización de una *consulta anterior* a la elaboración del proyecto o anteproyecto de ley o de reglamento en la que se recabará la opinión de los ciudadanos potencialmente afectados por la futura norma (en nuestro caso, la trasposición de la Directiva) acerca, en concreto, de los problemas que la misma pretende solventar, su necesidad y oportunidad, objetivos y posibles soluciones alternativas[373] respecto de las que se ha afirmado que "constituyen una parte fundamental de una toma de decisiones fundada y de la mejora de la calidad de la legislación"[374]. En definitiva, se solicita información acerca de la proporcionalidad de la futura norma en relación con la finalidad pretendida sometiéndose a juicio, por ende, la materialización de las exigencias derivadas del principio de seguridad jurídica.

Trámite, por otro lado, que se configura con carácter vinculante en la LPAC, no aludiendo la misma, sin embargo, a las consecuencias de su posible carácter negativo; todo ello, sin perjuicio de que "en la memoria de análisis del impacto normativo deban explicitarse las razones que han motivado la desestimación de las observaciones realizadas en dicho trámite"[375].

---

372 *Vid.* Comunicación de la Comisión al Parlamento Europeo, al Consejo, al Comité Económico y Social Europeo y al Comité de las Regiones. Legislar mejor. Aunar fuerzas para mejorar la legislación, COM(2021) 219 Final.

373 Procedimiento de consulta pública que se recoge de modo detallado en el art. 26 de la Ley del Gobierno.

374 Acuerdo Interinstitucional entre el Parlamento Europeo, el Consejo de la Unión Europea y la Comisión Europea sobre la mejora de la legislación, de 13 de abril de 2016 (puntos 11 a 19).

375 PRIETO ROMERO, C., "El nuevo procedimiento para la iniciativa legislativa y el ejercicio de la potestad reglamentaria", cit., p. 360.

En segundo lugar, el art. 133.2 de la LPAC prevé, también con carácter preceptivo, un *trámite de audiencia e información públicas* "cuando la norma afecte a los derechos e intereses legítimos de las personas debiendo destacar, en este ámbito, la declaración del Tribunal Supremo, en su Sentencia de 6 de octubre de 2015[376], al considerar que la falta de respuesta a las alegaciones presentadas en el trámite de información pública equivale a la privación del derecho de audiencia suponiendo, por consiguiente, la omisión de un trámite esencial del procedimiento. Trámite cuya relevancia radica en que las opiniones podrán recabarse directamente de las organizaciones o asociaciones interesadas "que agrupen o representen a las personas cuyos intereses legítimos se vieren afectados por la norma", a tenor del art. 26.6 de la Ley del Gobierno.

En relación con estas previsiones deben destacarse, además de ciertos *obstáculos o dudas* que las mismas plantean, entre los que se encuentran problemas de carácter fáctico, como la disponibilidad de tiempo suficiente para entrar a diario en las páginas web en que se publican las consultas de todas las Administraciones y organismos públicos, o la dificultad que supone emitir opiniones "con carácter previo a la elaboración del texto"[377], y que encontramos tanto en ámbito de nuestro ordenamiento como en el seno de la Unión Europea[378], las *excepciones* que se recogen en los apartados 4 y 5 del art. 133 de la LPAC.

Disposiciones estas últimas en las que se contempla que "podrá prescindirse de los trámites de consulta, audiencia e información públicas en el caso de normas presupuestarias u organizativas de la Administración General del Estado, la Administración autonómica, la Administración local (...), o cuando concurran razones graves de interés público que lo justifiquen". Excepción que también se

---

376 Núm. rec: 2676/2012 (*Tol 5541421*)

377 *Vid*., en relación con estas ideas, SANTAMARIA PASTOR, J. A., "Un nuevo modelo de ejercicio de las potestades normativas", cit., pp. 8 y 9.

378 MOLINA DEL POZO, C. F., "La información, participación y revisión en la mejora de las políticas europeas", cit., p. 121, quien se refiere a que "el sistema actual de consulta pública incluye diferentes oportunidades de contribución en la realización de las políticas mediante periodos de reacciones o *feedbacks,* mapas de actuación o *roadmaps*, consultas para las propuestas o actos delegados. No obstante, este proceso puede resultar, en ocasiones, algo contraproducente, por ejemplo, si los interesados se encuentran con tiempo insuficiente para proceder con todas las aplicaciones posibles, o bien las mismas no son suficientemente claras, o incluso si no saben dónde deben acudir para expresar sus opiniones".

extiende a los supuestos en que la "propuesta normativa no tenga un impacto significativo en la actividad económica, no imponga obligaciones relevantes a los destinatarios o regule aspectos parciales de una materia", así como en casos de "tramitación urgente de estos procedimientos". Situaciones que, presentan el riesgo de su *indeterminación* al tratarse, en todos los casos, de supuestos configurados a través de conceptos jurídicos indeterminados[379] y que deberían poderse afrontar a través de una adecuada motivación que suponga la materialización y por tanto el control de los principios examinados.

Estas consultas también se encuentran previstas según se avanzaba, en el Acuerdo Interinstitucional de mejora de la Legislación, aprobado el 13 de abril de 2016, a que ya se ha hecho referencia, reafirmándose su importancia en la también mencionada Comunicación sobre mejora de la legislación, de abril de 2021, en la que la Comisión propone la recopilación del conjunto de todos los instrumentos mencionados de consulta pública en el portal *Have Your Say* o "Díganos lo que Piensa". Portal en que se publicarán las convocatorias de evidencias o *calls for evidence*, consistiendo en una descripción de la iniciativa y el enlace a la consulta pública en cualquier idioma oficial de la Unión, facilitando así la participación de los ciudadanos, a los que se concederá un plazo de doce semanas para responder.

Asimismo, se unificarán las consultas y las evaluaciones de impacto en un único proceso con la finalidad de evitar que estas actividades de participación supongan una carga para los interesados o los ciudadanos. Finalmente, las instituciones se comprometen, según se indica en la citada comunicación, a responder a las consultas realizadas en *Have Your Say*, mediante la publicación de un resumen, en un plazo de ocho semanas desde el cierre de esa consulta. Circunstancia que cabe destacar especialmente, a nuestro juicio, debido a que "contribuirá a la continuación de la retroalimentación entre las instituciones y los ciudadanos o interesados, ya que estos podrán conocer y apreciar en qué medida las primeras han llegado a tener en cuenta sus opiniones manifestadas procedimentalmente"[380].

---

379 PRIETO ROMERO, C., "El nuevo procedimiento para la iniciativa legislativa y el ejercicio de la potestad reglamentaria", cit., p. 370.

380 *Vid.*, en relación con estas ideas, MOLINA DEL POZO, "La información, participación y revisión en la mejora de las políticas europeas", cit., p. 121.

Ahora bien, y siendo evidente que las consultas públicas se encuentran especialmente conectadas con la consecución del objetivo de la transparencia y la realización de la seguridad jurídica, debe advertirse que quizá nos encontramos todavía lejos de ello debido a dos problemas, fundamentalmente.

El primero, referido al *cambio de mentalidad* que tanto en el seno de la Administración como en relación a los interesados conlleva la efectividad del procedimiento de consulta normativamente diseñado, siendo significativa, en este sentido, la declaración de la Comisión Europea al destacar "el impacto limitado de los procesos de evaluación de impacto *ex ante* en el proceso de formulación de políticas y normas, a pesar de la creciente conciencia de que se trata de una herramienta clave para mejorar la reglamentación", aludiendo a la necesidad "de un cambio cultural significativo a este respecto"[381]. Consideración que no impide reafirmar la enorme utilidad de las consultas públicas en el seno del ordenamiento tributario, tanto doméstico como europeo[382], sin perjuicio de subrayar la "carga" que suponen para los interesados las continuas modificaciones normativas que tienen lugar en este ámbito jurídico. Afirmación que, proyectada sobre la normativa reguladora del intercambio de información entre Estados, tanto de carácter rogado como automático, debería permitir una mejora de la legislación en términos de transparencia y proporcionalidad.

El segundo obstáculo, más relevante a nuestro juicio que el anterior, se refiere a la ausencia de obligatoriedad por parte de las distintas Administraciones de tener en cuenta las opiniones vertidas en las consultas; dicho de otro modo, el incumplimiento de las reglas sobre producción normativa carece de sanción con carácter general, lo que dificulta no solo su aplicación efectiva sino, y como parece obvio, la toma en consideración de las opiniones vertidas por los ciudadanos.

Ámbito en que, a nuestro juicio, el entendimiento del principio de buena administración como canon de interpretación y parámetro material en la garantía del proceso de elaboración normativa en base a su consideración como un principio-guía en relación a una *gestión pública más óptima* en beneficio de los

---

381 "Legislar mejor: por qué y cómo" (Legislar mejor: por qué y cómo (europa.eu).

382 Trámite de la consulta pública que, a juicio de CASADO CASADO, C., "La mejora regulatoria en España: los nuevos principios que informan el ejercicio de la iniciativa legislativa y la potestad reglamentaria de las administraciones públicas", cit., p. 73, "supone un gran avance y debe valorarse positivamente, porque va a permitir tener en cuenta la opinión de los destinatarios de la futura norma incluso antes de proyectarse, cuando todas las opciones de regulación están abiertas".

ciudadanos, según ha puesto de manifiesto la jurisprudencia, en el sentido indicado a lo largo del presente trabajo, debe servir de refuerzo y acicate para la realización de la *buena regulación*, tanto a nivel interno como de la Unión Europea. Nuevo enfoque, por tanto, de las reglas que rigen la elaboración de las normas tributarias bajo las exigencias de la buena administración que debería conducir a una renovada eficacia de los principios examinados.

Más aun, en esta línea, y siguiendo la jurisprudencia del Tribunal Europeo de Derechos Humanos, cabe señalar que la buena administración impone el desarrollo de procedimientos internos que permitan la transparencia y la claridad, minimicen el riesgo de errores y, de este modo, promuevan la *seguridad jurídica* (entre otras, SSTEDH *Cazja contra Polonia*, de 2 de octubre de 2012 o *Bodgel contra Lituania*, de 2013).

Finalmente, deberá dejarse constancia de todo ello en la Memoria del Análisis del Impacto Normativo, a que se refiere el art. 26 de la Ley del Gobierno, siendo destacable el hecho de que la LPAC no se refiera a la misma, encontrando su finalidad en la justificación de que el texto normativo proyectado cumple con los principios examinados[383]. Asimismo, y aunque la LPAC no se pronuncie expresamente acerca de las consecuencias de la omisión de los trámites participativos, parece existir consenso doctrinal en el sentido de que ello podría determinar la nulidad de pleno derecho de la disposición[384].

La evaluación del impacto normativo es asumido expresamente, asimismo por parte de la Unión Europea como instrumento de mejora de la legislación, entendiendo que constituye una ayuda a las tres Instituciones, Parlamento Europeo, Consejo Europeo y Comisión Europea a la hora de tomar "decisiones fundadas", debiendo ser lo más amplias posible y llevándose a cabo la publicidad de las mismas como muy tarde al final del procedimiento.

383 Memoria que, a juicio de SANTAMARÍA PASTOR, merece una calificación muy favorable encontrando, sin embargo, "inconvenientes muy serios desde el punto de vista de su efectividad", entendiendo dicho autor que "la implantación de esta técnica habrá de luchar contra un modo de hacer secular cuya resistencia al cambio puede llegar a ser férrea" (*Vid.*, "Un nuevo modelo de ejercicio de las potestades normativas", cit., p. 12).

384 CASADO CASADO, C., "La mejora regulatoria en España: los nuevos principios que informan el ejercicio de la iniciativa legislativa y la potestad reglamentaria de las administraciones públicas", cit., p. 74.

5. LA CODIFICACIÓN DEL PROCEDIMIENTO ADMINISTRATIVO EUROPEO

Tras el análisis realizado, son dos las ideas que nos conducen a reflexionar acerca de la necesidad de llevar a cabo una codificación más detallada del procedimiento de intercambio de información tributaria entre Estados que, a nuestro juicio, debería insertarse en el seno de un "Derecho europeo procedimental uniforme" guiado por la configuración de unas normas mínimas en materia procedimental de necesario respeto en el ejercicio de la potestad administrativa en el ámbito de la Unión Europea[385], siendo la función de la codificación, además de lograr una mayor garantía de la seguridad jurídica, *uniformizar* "*las reglas y principios procedimentales* básicos *de toda la Administración de la Unión*", que, desde luego, redundaría en beneficio de los ciudadanos de la Unión Europea[386].

Consideraciones, por tanto, que se refieren, en primer lugar, a la afirmación, ampliamente sustentada por parte de la doctrina, relativa a la existencia de una auténtica Administración europea[387] y, en segundo término, a la necesaria flexibilización del principio de autonomía procedimental que, en lo que respecta al

385 *Vid.* MARTÍN DELGADO, I., "El procedimiento administrativo en el Derecho de la Unión Europea", cit., p. 133.

386 MIR PUIGPELAT, O., "Razones para una codificación general del procedimiento de la Administración de la Unión", *Revista de Derecho de la Unión Europea*, núm. 19/2010, pp. 163 y ss. Señala, en concreto, este autor, en relación con la idea indicada en el texto, que "dicha uniformización redundaría en beneficio de los ciudadanos, que disfrutarían de unas garantías procedimentales uniformes en sus relaciones con el conjunto de la Administración de la Unión que fueran más allá del mínimo común denominador que ofrecen el art. 41 CDFUE y los principios generales elaborados por la jurisprudencia de la Unión" (p. 165). Línea en que ha destacado MARTÍN DELGADO, I., "El procedimiento administrativo en el Derecho de la Unión Europea", cit., p. 129, que "la constante interconexión de ordenamientos y de actuaciones, las influencias recíprocas entre sistemas nacionales y sistema europeo, la expansión de ámbitos de actuación conjunta y el avance imparable hacia la mayor integración son elementos que muestran claramente la existencia de una única administración europea, que tiene su vértice en la Comisión Europea y se articula en Administraciones nacionales y permiten augurar, también en relación con la cuestión de derechos fundamentales y Administración Pública, un Derecho Administrativo Común Europeo".

387 Sentido en que señala MIR PUIGPELAT, O., op. cit., p. 149, que el Tratado de Lisboa "ha *constitucionalizado* de forma explícita la Administración de la Unión, haciéndola visible y separándola más claramente del resto de poderes de la Unión"

intercambio de datos fiscales entre Administraciones tributarias, debe conducir a un acercamiento de las posiciones de los distintos Estados con la finalidad, reiteradamente apuntada, tanto de lograr el objetivo perseguido por dicho mecanismo como una auténtica protección de los derechos de los sujetos afectados.

Ideas a las que cabe añadir la seguridad jurídica que ofrece la codificación que vendría a suponer, en nuestro ámbito de estudio, la plasmación normativa de la construcción de los principios generales que en el ámbito europeo ha venido realizando el TJUE, entre los que se encontraría el de buena administración. Construcción jurisprudencial que, a lo largo de los años, ha elaborado —y continúa haciéndolo— dicho Tribunal, "creando un cuerpo estable de principios generales a partir de las escasas previsiones procedimentales contenidas inicialmente en los Tratados y el Derecho derivado y, sobre todo, de los principios —no siempre comunes— asentados, en la materia, en los distintos Estados miembros"[388].

La importancia y el papel fundamental de dicha jurisprudencia en la construcción de los principios estudiados en relación concretamente con el procedimiento de intercambio de información por su propia naturaleza y función institucional, carece de los medios y la perspectiva necesaria, debido a su carácter casuístico que le hace incapaz de "diseñar un cuerpo completo y coherente de normas procedimentales que satisfaga las múltiples funciones —no solo defensivas de derechos e intereses individuales— que hoy en día corresponden a un instrumento de dirección tan importante de la actuación de la Administración como es, en la actualidad, el procedimiento administrativo"[389] y, por ende, el dirigido a intercambiar información entre Administraciones tributarias.

Ámbito, por tanto, en que, como se señalaba en otro lugar del presente trabajo, se hace cada vez más necesario evitar la dispersión y, por tanto, la *esquizofrenia procedimental*, a que conduce el principio de autonomía institucional y procedimental, siendo indudable que el procedimiento administrativo es "el vehículo idóneo para la armonización de la aplicación del Derecho comunitario por parte de los Estados miembros"[390]. Dicho de otro modo, la *efectividad* de las exigencias

388 MIR PUIGPELAT, O., op. cit., p. 153.

389 *Vid.* MIR PUIGPELAT, O., op. cit., p. 162.

390 MARTÍN DELGADO, I., "El procedimiento administrativo en el Derecho de la Unión Europea", cit., p. 131, quien hace suyas las palabras de H. C. RÖHL. Autor que más adelante alude a las dos claves que, a su juicio, deben determinar el contenido de una eventual norma de procedimiento administrativo en el seno de la Unión Europea,

de la buena administración y, en consecuencia, el control de la discrecionalidad administrativa llamada a "canalizarse" mediante una actuación óptima en beneficio del ciudadano, así como la mejor protección del ciudadano-contribuyente[391], en los términos expuestos más arriba, requieren su adecuada plasmación en lo que podría denominarse un procedimiento administrativo común a nivel europeo; mecanismo que, articulando un adecuado sistema de garantías, dotaría de eficacia real a las mismas siendo ello lo propio en un Estado de Derecho[392]. Perspectiva que nos permite volver a subrayar la *conexión* existente entre el principio de buena administración y el procedimiento administrativo también en el seno de la Unión Europea.

Más aun, la codificación apuntada, conduciría a un reforzamiento de la exigencia del cumplimiento de la buena administración siendo cierto, en este sentido que, tras la entrada en vigor del Tratado de Lisboa, parece claro que el desarrollo de un derecho fundamental, como el previsto en el art. 41 de la CDFUE, no puede confiarse únicamente al *soft law*, constituido por el Código Europeo de Buena Conducta Administrativa. Sentido en que art. 298.2 del TFUE, anteriormente mencionado, impone que la regulación del procedimiento administrativo se lleve a cabo mediante "reglamentos adoptados con arreglo al procedimiento legislativo ordinario". Reserva de ley, que reiterada en el art. 52.1 de la CDFUE, obliga al legislador a regular, como mínimo, sus elementos esenciales, sin que pueda delegarlos en una norma de rango infralegal de la Comisión (art. 290.1 del TFUE).

Esta afirmación se encuentra en línea con el diseño de un procedimiento de intercambio de datos entre Estados miembros (si bien escueto), por parte de la Directiva 2011/16/UE en relación con los de carácter rogado, así como en referencia a los que se realizan de modo automático, regulados en las diversas Directivas ya mencionadas. Efectivamente, la existencia de un procedimiento administrativo común a nivel comunitario ayudaría a evitar la dispersión procedente del principio de autonomía procedimental que se deriva de la trasposición de dichas Directivas reforzando, por tanto, la necesaria tendencia a la uniformidad

---

siendo estas la simplificación y la *estandarización*. Medidas que, si bien son distintas, tienen carácter complementario configurándose como base de la codificación.

391 MARTÍN DELGADO, I., op. cit., p. 136.

392 Vid., en este sentido, DE LA SIERRA MORÓN, S., "Una introducción a la Carta de Derechos Digitales", en *La Carta de Derechos Digitales*, Tirant lo Blanch, Valencia, 2022, p. 307.

en la regulación del procedimiento de intercambio de información en los distintos Estados miembros.

En otras palabras, se trata de elaborar una norma europea de procedimiento administrativo que consagre y delimite un conjunto de principios generales que resulten de aplicación a todo el procedimiento administrativo europeo, sin perjuicio de que cada norma sectorial regule las particularidades procedimentales existentes en cada caso[393], como sucede en el supuesto de la aplicación del mecanismo de intercambio de información entre Estados miembros.

En suma, si toda la materia administrativa debe entenderse "europeizada"[394], creemos que ello debe encontrar plasmación en un procedimiento también europeo, que pivotando sobre el principio de buena administración suponga, en último término, la garantía de la tutela de los administrados, en el sentido de llevar a cabo la debida ponderación de los intereses en juego. Procedimiento europeo que, a su vez, debe reflejarse en los correspondientes procedimientos internos de los distintos Estados habiendo señalado, en este sentido con acierto MARTÍN DELGADO, que "no se trata de europeizar los Derechos Administrativos de los Estados miembros, sino de construir conjuntamente, un Derecho Administrativo Común de la Administración Europea"[395].

Procedimiento, por otra parte, que, pudiendo encontrar fundamento legal en el contenido del art. 298 del Tratado de Funcionamiento de la Unión Europea[396], y sin perjuicio de las objeciones a esta postura (que exceden el objeto

---

393 MARTÍN DELGADO, I., "El procedimiento administrativo en el Derecho de la Unión Europea", cit., p. 142.

394 MICHELE, M., "Il diritto ad una buona amministrazione nella riscossione transnazionale dei crediti tributari", cit., pp. 344 y 350.

395 MARTÍN DELGADO, I., "El procedimiento administrativo en el Derecho de la Unión Europea", cit., p. 142.

396 Precepto a cuyo tenor se señala lo siguiente: "1. En el cumplimiento de sus funciones, las instituciones, órganos y organismos de la Unión se apoyarán en una administración europea abierta, eficaz e independiente. 2. Dentro del respeto al Estatuto y al régimen adoptados con arreglo al artículo 336, el Parlamento Europeo y el Consejo establecerán las disposiciones a tal efecto, mediante reglamentos adoptados con arreglo al procedimiento legislativo ordinario".
Disposición que, a juicio de MIR PUIGPELAT, O., "Razones para una codificación general del procedimiento de la Administración de la Unión", cit., pp. 151 y ss., "ofrece una base legal suficiente para que el legislador de la Unión apruebe una codificación general

del presente trabajo), es claro que "no puede sustituir la identidad propia de los ordenamientos jurídicos nacionales en aquellos ámbitos para los que la Unión carece de competencia exclusiva"[397], como sucede en relación con el mecanismo de intercambio de información tributaria.

Esta idea, sin embargo, debe ser matizada en el sentido de que "ni la subsidiariedad ni el respeto a la identidad de los Estados miembros pueden justificar una absoluta dispersión de administración, pues ello influiría negativamente en la aplicación del Derecho Europeo frente a los ciudadanos de la Unión"[398].

Escenario, en definitiva, en que la defendida flexibilización del principio de autonomía procedimental debe *equilibrarse y conjugarse*, a nuestro juicio, con las singularidades procedimentales de los distintos Estados. Equilibrio que, siendo difícil, podrían ayudar a su consecución las exigencias derivadas del principio de buena administración, "embrión" de una posible codificación del procedimiento administrativo europeo[399], edificada sobre la base de una necesaria cultura de la cooperación entre los Estados miembros. Sentido, precisamente, en que se orientan las palabras de MARTÍN DELGADO al señalar que la tensión entre las aspiraciones de unidad y la realidad marcada por la dispersión encuentra "su punto de equilibrio en el ámbito de los principios que informan el procedimiento administrativo, esto es, en los principios que integran el derecho de buena administración, que sí resultarían de aplicación a los procedimientos tramitados por las Administraciones nacionales en aplicación del Derecho de la Unión"

---

vinculante del procedimiento administrativo de la Administración de la Unión, aunque, ciertamente, tampoco le obliga a ello", situándose en esta posición también MARTÍN DELGADO, I., op. cit., pp. 138 y ss.

397 MARTÍN DELGADO, I., op. cit., p. 138. Autor que añade a lo expuesto en el texto que "el principio de subsidiariedad y el respeto a la identidad nacional hacen que no resulte posible una codificación general del procedimiento aplicable a las Administraciones internas cuando actúan como Administraciones ejecutivas del Derecho Europeo que sustituya completamente las propias normativas internas".

398 MARTÍN DELGADO, I., op. cit., pp. 138 y 139.

399 MORENO GONZÁLEZ, S., "La buena administración en el ejercicio de la potestad sancionadora tributaria", cit., p. 257.

Capítulo Tercero

EL DERECHO A UNA BUENA ADMINISTRACIÓN DIGITAL

SUMARIO: 1. Introducción. 2. La Carta de Derechos Digitales. 2.1 La Carta de Derechos Digitales y el principio de buena administración. 2.2 La Carta de Derechos Digitales y la "gobernanza algorítmica".

1. INTRODUCCIÓN

Tras el análisis de las garantías que comprende el principio de buena administración, según el contenido del art. 41 de la CDFUE, realizado en el Capítulo anterior desde la "nueva perspectiva" que imprime a los derechos y garantías procedimentales dicho principio, debe darse un paso más en nuestro estudio a partir de la toma en consideración del carácter *tecnológico* o, mejor, digital, del procedimiento dirigido a la aplicación de los tributos y, por ende, del orientado al intercambio de información entre Estados en el seno de la Unión Europea, tanto con carácter rogado como automático.

Relación electrónica entre contribuyente y Administración tributaria que, en el ordenamiento español se reconoce en el art. 96 de la LGT, estableciendo, en su número 2, que se llevará a cabo "con las garantías y requisitos previstos en cada procedimiento". Salvaguarda que, como se ha indicado acertadamente, no resulta en absoluto superflua por dos razones: la primera, debido a que "localiza la tecnología en el procedimiento administrativo", y, la segunda, "porque garantiza que la relación electrónica no represente una amenaza para los derechos y garantías de los obligados tributarios"; ideas que, además de servir de marco de nuestro estudio, deben ser correctamente entendidas en un ámbito en el que el foco de la Administración, en el escenario tecnológico en que se desenvuelve la aplicación de los tributos, no se centra tanto en el contribuyente como en sus datos[400], según pone de manifiesto de manera palpable el procedimiento de intercambio de información tributaria entre Estados en el seno de la Unión Europea, debiendo afirmar, de este modo, cómo el uso intensivo de datos por parte de las Administraciones tributarias puede tener un importante impacto sobre los derechos y garantías de los contribuyentes[401].

---

400 *Vid.* NAVARRO EGEA, M., "Límites jurídicos a la Administración tributaria electrónica", cit., p. 318.

401 SERRANO ANTÓN, F., "Inspección tributaria e inteligencia artificial; hacia el equilibrio entre los derechos y garantías de los contribuyentes y la eficiencia en la Administración Tributaria", en *Los principios del cumplimiento cooperativo en materia tributaria,* MORENO GONZÁLEZ, S. y CARRASCO PARRILLA, P. J. (Dirs.) y GÓMEZ REQUENA, J. A. (Coord.), Atelier, Barcelona, 2023, p. 264.

Dicho de otra manera, y desde la premisa de que la función instrumental de la tecnología y su impacto neutral, e incluso positivo a nuestro juicio[402], para los derechos y libertades debe ser el paradigma[403], el *principio de buena administración*, muy vinculado a la innovación en la Administración[404], en su proyección sobre el procedimiento (como campo natural de actuación) y, en particular, sobre el dirigido a la aplicación de los tributos, se encuentra llamado a cumplir una función esencial en el *proceso de transición digital* debiendo erigirse en guía del adecuado equilibrio entre ambas partes de la relación jurídico-tributaria de carácter electrónico a partir de la aplicación de la decisión más óptima al servicio de los intereses del ciudadano así como de una actuación diligente de la Administración, según la jurisprudencia del Tribunal Supremo expuesta en el presente trabajo. Ideas, por otra parte, que se *refuerzan*, a nuestro juicio, al insertarse en un escenario en que "la transformación digital debe tener como principio estructural maximizar la calidad de la democracia y los derechos"[405].

---

402 Sentido en que son significativas las palabras de DE LA SIERRA MORÓN, S., "Una introducción a la Carta de Derechos Digitales", Tirant lo Blanch, Valencia, 2022, pp. 304 y 305, cuando se refiere a la inteligencia artificial en cuanto instrumento "que favorece el desarrollo y presenta aplicaciones positivas", añadiendo, en este sentido, que "no se trata en la Carta de elevar un alegato frente a su uso *tout court* (...). Se trata de ofrecer un marco de protección frente a potenciales riesgos o usos de la inteligencia artificial incompatibles con principios éticos y valores constitucionales", siendo esta perspectiva novedosa respecto de la mayor parte de los precedentes comparados, distinguiendo la Carta, por tanto, de los instrumentos anteriores. Palabras en cuya línea se sitúan también, y entre otros autores, las de SERRANO ANTÓN, F., "Inspección tributaria e inteligencia artificial; hacia el equilibrio entre los derechos y garantías de los contribuyentes y la eficiencia en la Administración Tributaria", cit., p. 262, al referirse a que "las ventajas que ofrecen las herramientas digitales y el uso estratégico de los datos han permitido una mayor eficiencia en el desarrollo de los procedimientos tributarios".

403 *Vid.* NAVARRO EGEA, M., "Límites jurídicos a la Administración tributaria electrónica", cit., p. 319.

404 *Vid.* RODRÍGUEZ-ARANA MUÑOZ, J., Prólogo al libro de MATIA PORTILLA, A., *La buena administración como noción jurídico-administrativa*, cit., p. 16.

405 BARRIO ANDRÉS, M., "La Carta de Derechos digitales de España: su sentido", *Diario La Ley*, núm. 9904/2021, p. 1, autor que señala, en relación con esta idea, que "el Derecho tiene que garantizar que estos derechos pueden ejercitarse y están asegurados en el entorno digital con la misma eficacia que fuera de él, lo que plantea el problema de cómo protegerlos adecuadamente dadas las especiales características del mundo digital".

Sin embargo, el proceso de transformación digital se está llevando a cabo en *ausencia* de un mandato constitucional específico, más allá de lo previsto en el art. 18.4 de la CE. En consecuencia, la afirmación de que el uso de las herramientas tecnológicas en la función administrativa encuentra fundamento en el servicio de ésta al objetivo de realización de los intereses generales, consagrado en el art. 103 de la CE, refuerza la aplicación a dicho ámbito del principio de buena administración que, como se ha expuesto *in extenso*, encuentra encaje constitucional, entre otros, y fundamentalmente, en el precepto citado. Línea en que suscribimos la afirmación de CAMPOS MARTÍNEZ en el sentido de que "el desarrollo político y la evolución normativa para la implementación de la e-administración parece tener como objetivo principal la prestación de los servicios con carácter objetivo y la satisfacción del interés general y particular del interesado", no siendo posible olvidar, además, que "en el uso de los servicios públicos es fundamental el enfoque antropocentrista"[406].

Función, por tanto, que debe entenderse esencial en cualquier procedimiento y, por ende, en el dirigido al intercambio de información tributaria objeto de estudio en que, como se viene reiterando, los derechos y garantías de los sujetos afectados prácticamente pasan desapercibidos.

2. LA CARTA DE DERECHOS DIGITALES

La perspectiva que se acaba de exponer es la que ha adoptado la Carta de Derechos Digitales, aprobada en julio de 2021, que parte de un previo contexto normativo en el que destaca la Ley Orgánica 3/2018, de 5 de diciembre, de Protección de Datos Personales y Garantía de los Derechos Digitales[407], orientada a diseñar el núcleo de los derechos, principios y garantías que deben regir las relaciones electrónicas de los ciudadanos con las Administraciones Públicas, a través del reconocimiento de un "derecho a la buena administración digital"[408].

---

406 CAMPOS MARTÍNEZ, Y., "Los derechos y principios digitales en la relación tributaria electrónica: ética o derecho", en *Nuevas tecnologías disruptivas y tributación*, MORENO GONZÁLEZ, S. (Dir.) y GÓMEZ REQUENA, J. A. (Coord.), Thomson Reuters, Aranzadi, Cizur Menor, Navarra, 2021, pp. 203, 209 y 211.

407 (*Tol 6933570*)

408 NAVARRO EGEA, M., "Límites jurídicos a la Administración tributaria electrónica", cit., p. 319.

Documento que responde a una iniciativa que se enmarca en el Plan España Digital 2025, a cargo del Ministerio de Asuntos Económicos y Transformación Digital, destacando, por otra parte, en el ámbito europeo, el Programa Europa Digital 2021-2027, desarrollado por la Comisión Europea[409]. Proceso europeo de reflexión sobre la digitalización al que la Carta pretende contribuir[410].

Escenario en que, teniendo en cuenta el objeto de nuestro estudio, nos parece importante comenzar señalando que desde las instituciones europeas se debería llevar a cabo un proceso de efectiva *coordinación* en lo que se refiere a la protección de los derechos de los ciudadanos en sus relaciones con las Administraciones Públicas en el mencionado contexto digital[411], debido a su carácter nuclear en lo que respecta, en particular, a las relaciones entre Administración tributaria y contribuyente y que, como es obvio, afectaría al intercambio de información tributaria entre los diversos Estados en el seno de la Unión Europea.

A esta cuestión, como ya se ha indicado se refirió hace ya algunos años el Reglamento 2016/679, del Parlamento y del Consejo, de 27 de abril de 2016, relativo a la protección de las personas físicas en lo que respecta al tratamiento de datos personales y a la libre circulación de estos datos y por el que se deroga la Directiva 95/46/CE, al señalar que "las diferencias en el nivel de protección de los derechos y libertades de las personas físicas, en particular del derecho a la protección de los datos de carácter personal, en lo que respecta al tratamiento de dichos datos en los Estados miembros pueden impedir la libre circulación de los datos de carácter personal en la Unión"[412], siendo deseable que el nivel de protección de los derechos y libertades de las personas físicas por lo que se refiere al tratamiento de dicha información, así como el conjunto de los derechos y garantías en el seno del procedimiento sea *equivalente* en todos los Estados miembros (Considerando 10).

---

409 *Vid.*, en relación con estas ideas, CABALLERO TRENADO, L., "La Carta de Derechos Digitales, una oportunidad de gobernanza para España", *Anales de la Real Academia de Doctores de España*, núm. 3/2021, p. 408.

410 DE LA SIERRA MORÓN, S., "Una introducción a la Carta de Derechos Digitales", cit., p. 287.

411 *Vid.*, en este sentido, COSPANARU, I., "Responsibility for implementing the technical dimension of good administration requirements", *Academic Journal of Law and and Governance*, núm. 6/2018, pp. 43 y ss.

412 Considerando (9).

Afirmación cuya importancia se deduce del hecho de que la transformación digital afecta, como es lógico, a todos los Estados surgiendo el paradigma bautizado como "Estado algorítmico de Derecho"[413]. Objetivo de coordinación a que se orienta, precisamente, la declaración contenida en la Carta al destacar su finalidad de "contribuir a los procesos de reflexión que se están produciendo a nivel europeo y, con ello, liderar un proceso imprescindible a nivel global para garantizar una digitalización humanista, que ponga a las personas en el centro".

Documento, en efecto, respecto del que cabe destacar "su *capacidad de calado* en otros países"[414] y, en este sentido, en lo que en este estudio interesa, su capacidad de influencia en términos de armonización o uniformización de la normativa de los distintos Estados, en un contexto en que desde diversas instancias, tanto nacionales como europeas e internacionales, se está llevando a cabo un progresivo reconocimiento y fortalecimiento de "los principios que deben guiar la actuación de los poderes públicos y las empresas en la transformación digital", así como la delimitación y definición de los derechos que deben reconocerse a fin de garantizar adecuadamente la protección de los ciudadanos ante el uso generalizado de las tecnologías[415], como es el caso de países como Francia, Portugal o Italia, siendo notable la influencia en la elaboración de la Carta de la Declaración italiana de derechos en Internet[416], tal como subraya DE LA SIERRA MORÓN al afirmar que "la Declaración italiana es el texto con el que la Carta española dialoga de forma más directa[417].

413 *Vid.* BARRIO ANDRÉS, M., "La Carta de Derechos digitales de España: su sentido", cit., p. 1.

414 CABALLERO TRENADO, L., "La Carta de Derechos Digitales, una oportunidad de gobernanza para España", cit., p. 414.

415 BARRIO ANDRÉS, M., "La Carta de Derechos digitales de España: su sentido", cit., p. 3.

416 Https://www.camera.it/application/xmanager/projects/leg17/commissione_internet/testo_definitivo_inglese.pdf.

417 DE LA SIERRA MORÓN, S., "Una introducción a la Carta de Derechos Digitales", cit., pp. 293 y 294, quien señala, no obstante, que la Carta española es más extensa, conteniendo mayor grado de detalle, no encontrándose referida únicamente a los derechos en Internet sino que "recoge desafíos como los propios de la inteligencia artificial y los neuroderechos". Añade a lo expuesto, que, sin embargo, "el planteamiento de un texto marco para la convivencia, que incite a la adopción de las normas jurídicas correspondientes al nivel que resulte oportuno (con una apelación también a las instancias

Carta de Derechos Digitales, por otra parte, que no es un instrumento normativo, sino de *soft law*[418], que constituye la "hoja de ruta" adoptada por parte de España para la llamada gobernanza tecnológica[419] y que cabe calificar como un "acierto", según ha indicado la doctrina, sin perjuicio de su necesaria mejora en relación a ciertos aspectos[420], siendo una apuesta por parte de España por

---

supranacionales) y de políticas públicas adecuadas, es planteamiento coincidente con el propio de la Carta española".

418 Sentido en que se indica, en las Consideraciones Previas de la Carta, que "La Carta no tiene carácter normativo, sino que su objetivo es reconocer los novísimos retos de aplicación e interpretación que la adaptación de los derechos al entorno digital plantea, así como sugerir principios y políticas referidas a ellos en el citado contexto. Con ello, también, proponer un marco de referencia para la acción de los poderes públicos de forma que, siendo compartida por todos, permita navegar en el entorno digital en que nos encontramos aprovechando y desarrollando todas sus potencialidades y oportunidades y conjurando sus riesgos. Y contribuir a los procesos de reflexión que se están produciendo a nivel europeo y, con ello, liderar un proceso imprescindible a nivel global para garantizar una digitalización humanista, que ponga a las personas en el centro".

419 Idea, en relación con la que ha indicado BARRIO ANDRÉS, "La Carta de Derechos digitales de España: su sentido", cit., p. 2, que el objetivo de la Carta "no es el de elaborar un proyecto de norma jurídica (algo que ha ocasionado una comprensible decepción) sino el de redactar un documento que pueda servir de referencia para una futura norma que regule los derechos digitales, partiendo de la base de que en principio sería muy conveniente una reforma expresa de la Constitución (...), aunque es verdad que actualmente los derechos fundamentales también se encuentran protegidos en el entorno digital. Es decir, pretende pavimentar el camino hacia reformas legales e incluso constitucionales". Línea que suscribe DE LA SIERRA MORÓN, S., "Una introducción a la Carta de Derechos Digitales", cit., p. 308, al señalar que "el texto carece de valor normativo y se concibe como un documento para promover el debate en nuestro país y a nivel europeo", añadiendo que más allá de lo expuesto, "la Carta habría de entenderse como una agenda normativa y de políticas públicas, a partir de la cual adoptar las medidas necesarias para promover y garantizar los derechos recogidos en el texto".

420 Sentido en que señala COTINO HUESO, L., Prólogo a *La Carta de Derechos Digitales*, Tirant lo Blanch, Valencia, 2022, p. 21, que "el planteamiento de una Carta de derechos digitales sin carácter normativo creo que era positivo"; sin embargo, "el documento bien podría haber trazado el camino a seguir y completar e ir más allá de lo que la Ley Orgánica 3/2018 no culminó". Autor que añade más adelante que "la Carta de derechos digitales podría incluso haber sido una *carta a los Reyes*, es decir, podría haber supuesto un texto de máximos, al estar liberada de su carácter normativo. La Carta podría explorar y fijar metas y soluciones frente a los problemas existentes, podría estimular a la jurisprudencia y al legislador para colmar las muchas lagunas y problemas no resueltos por los

un estándar tuitivo para el conjunto de los ciudadanos orientándose su objetivo específico hacia el reconocimiento de "los novísimos retos de aplicación e interpretación que la adaptación de los derechos al entorno digital plantea, así como sugerir principios y políticas referidas a ellos" en este contexto[421].

Ahora bien, y sin perjuicio de que el objetivo de la Carta no fuera la elaboración de un proyecto de norma jurídica sino, más bien, la redacción de un documento prelegislativo que pudiera servir de base para una futura norma reguladora de los derechos digitales, no debe perderse de vista su relevancia, en cuanto instrumento de *soft law*, que, además de abrir el camino a futuras reformas, puede servir para el fomento por parte de los poderes públicos de códigos de conducta inspirados en dicho texto[422], allanando el camino para una adecuada aplicación de los derechos y garantías en el ámbito digital, a través quizá de la necesaria reinterpretación o, si se quiere, reorientación de los mismos. Todo ello, en el ámbito del objetivo perseguido por la Carta, dirigido a "anclar los derechos digitales en una concepción actualizada y funcional" adaptada a nuestro tiempo[423].

Afirmación que, teniendo en cuenta las lagunas existentes tanto en relación con las Administraciones en general como la tributaria en particular, en la que se echa en falta una "regulación robusta y uniforme"[424], no obsta para poner de manifiesto, al mismo tiempo, la oportunidad perdida de haber otorgado a la Carta de Derechos Digitales carácter normativo con la finalidad de "desvelar el

---

avances digitales. Sin embargo, entiendo que la Carta se ha quedado corta a este respecto y podría haber aspirado a más", añadiendo que, sin perjuicio de lo expuesto, "entre sus contenidos se pueden encontrar algunos avances y novedades (...)".

421 CAMPOS ACUÑA, C., "El Derecho a una buena administración digital en la Carta de Derechos Digitales", *Revista de Privacidad y Derecho Digital,* núm. 24/2021, p. 62.

422 *Vid.* BARRIO ANDRÉS, M., "Génesis y desarrollo de los derechos digitales", *Revista de las Cortes Generales*, núm. 110/2021, pp. 219 y 220. Línea en que ha destacado CAMPOS MARTÍNEZ, Y., "Los derechos y principios digitales en la relación tributaria electrónica: ética o derecho", cit., p. 225, el "avance significativo" que ha supuesto la Carta de Derechos Digitales en el reconocimiento de muchos derechos y, en especial, los recogidos en el apartado XVIII, que contempla los derechos digitales de la ciudadanía en sus relaciones con las Administraciones Públicas.

423 BARRIO ANDRÉS, M., op. cit., p. 220.

424 SERRANO ANTÓN, F., "Inspección tributaria e inteligencia artificial; hacia el equilibrio entre los derechos y garantías de los contribuyentes y la eficiencia en la Administración Tributaria", cit., p. 296.

oscurantismo en la aplicación de técnicas de Inteligencia Artificial"[425] y, sobre todo, de garantizar una adecuada protección de los derechos de los ciudadanos.

En otro orden de consideraciones, y en lo que respecta al contenido de la Carta, debe indicarse que contempla los derechos inherentes al ámbito digital cuyo entorno es indiscutiblemente cambiante debiendo ser, por tanto, objeto de una interpretación abierta y flexible, siendo su principal objetivo que, a través de "un proceso inclusivo y transparente, los derechos que las personas poseen en la dimensión *off-line* se vean también preservados en la dimensión *on-line*"[426]. Finalidad que se subraya expresamente en la propia Carta al señalar que su objetivo es "descriptivo, prospectivo y asertivo". Descriptivo de los contextos y escenarios digitales determinantes de conflictos, a veces inesperados, entre los derechos, valores y bienes de siempre, pero que exigen nueva ponderación; descripción que ayuda a visualizar y tomar conciencia del impacto y consecuencias de los entornos y espacios digitales. Prospectivo, debido a que pretende anticipar futuros escenarios que pueden ya predecirse y, asertivo en el sentido de legitimar y revalidar los principios, técnicas y políticas que, desde la cultura de los derechos fundamentales, deberían aplicarse en los entornos y espacios digitales presentes y futuros.

En este ámbito debe advertirse, como se pone de manifiesto en las Consideraciones Previas de la Carta, que no se trata necesariamente de descubrir derechos digitales pretendiendo que sean algo diferente de los derechos fundamentales ya reconocidos o de que las nuevas tecnologías y el ecosistema digital se erijan por definición en fuente de nuevos derechos. Se trata, más bien, de realizar un *enfoque adecuado* de los derechos ya existentes adaptándolos al nuevo escenario a fin de no caer en la tentación de afirmar como nuevos derechos los que no son sino derivaciones o facultades de los clásicos derechos fundamentales. Línea, precisamente, en que añade la Carta con cierto, que los entornos digitales generan nuevos escenarios, contextos y conflictos que imponen la adaptación de los derechos y la reinterpretación del Derecho. De este modo, dicho documento

---

425 FERNÁNDEZ DE SOTO BLAS, M. L., "La lucha contra e fraude fiscal desde el punto de vista de la Inteligencia Artificial", en *La digitalización de los procedimientos tributarios y el intercambio automático de información*, PITA GRANDAL, A. M., MALVÁREZ PASCUAL, L. A. y RUIZ HIDALGO, C. (Dirs.), Aranzadi, Cizur Menor, Navarra, 2023, p. 271.

426 BARRIO ANDRÉS, M., "La Carta de Derechos digitales de España: su sentido", cit., p. 2.

trata de perfilar los derechos más relevantes en estos entornos o, en su caso (tal como se afirma), describir derechos instrumentales o auxiliares de los primeros.

2.1 LA CARTA DE DERECHOS DIGITALES Y EL PRINCIPIO DE BUENA ADMINISTRACIÓN

Si bien la Carta de Derechos Digitales carece de carácter normativo, cabe destacar que no solamente se inspira en la Carta de Derechos Fundamentales de la Unión Europea en lo que respecta a la estructura de la misma, "anclándose" en esta de forma expresa[427], (en lo que podría denominarse *perspectiva ascendente*), sino que, desde una *perspectiva descendente*, el contenido de la CDFUE ejerce también influencia sobre el entendimiento o interpretación de los derechos, garantías y principios previstos en la Carta española, y de modo particular, el principio de buena administración (consagrado en el art. 41 de la CDFUE)[428].

Principio cuya proyección sobre la Carta de Derechos Digitales, y al margen de otros derechos o principios que también podrían tener aplicación sobre dicho texto, encontraría su base, esencialmente a nuestro juicio, en la consideración de la dignidad de la persona como eje de la misma, tal como se desprende de las Consideraciones Previas de dicho documento en las que se destaca que "La persona y su dignidad son la fuente permanente y única de los mismos y la clave de bóveda tanto para proyectar el Ordenamiento vigente sobre la realidad tecnológica, como para que los poderes públicos definan normas y políticas públicas ordenadas a su garantía y promoción", añadiéndose, en este sentido, que "la dignidad de la persona, los derechos inviolables que le son inherentes, el libre

---

427 DE LA SIERRA MORÓN, S., "Una introducción a la Carta de Derechos Digitales", cit., pp. 297 y 305.

428 Sentido en que ha señalado con acierto BARRIO ANDRÉS, M., que "la normatividad de la Carta de los Derechos Fundamentales de la Unión Europea ha consolidado una posición jurisprudencial del Tribunal de Justicia de la Unión Europea en la que la lectura de la Constitución nacional debe hacerse en clave europea al ejecutar o desarrollar el derecho de la Unión. Por tanto, una Carta Nacional de Derechos Digitales debe proyectarse, necesaria y adicionalmente, hacia las instituciones de la Unión de modo propositivo para alcanzar una normatividad efectiva que no prescinda del acervo jurídico europeo. En el plano de los derechos fundamentales, este acervo alcanza tanto a la Carta de los Derechos Fundamentales de la Unión Europea como al Convenio de Roma, de 4 de noviembre, para la protección de los Derechos Humanos y de las Libertades Fundamentales" (*Vid.*, "Génesis y desarrollo de los derechos digitales", cit., p. 222).

desarrollo de la personalidad, el respeto a la ley y a los derechos de los demás, son el fundamento del orden político y de la paz social".

Línea en que se destaca nuevamente, en el Apartado XXV, que "La inteligencia artificial deberá asegurar un enfoque centrado en la persona y su inalienable dignidad, perseguirá el bien común y asegurará cumplir con el *principio de no maleficencia*"; inciso este último que entendemos de gran importancia ya que, a nuestro modo de ver, trasluce, sin lugar a dudas, la intención de asegurar la realización de la buena administración en relación con el ejercicio y garantía de los derechos digitales. Más aun, este principio debería ejercer una "función trasversal" en la interpretación y refuerzo de todos los derechos contenidos en la Carta de Derechos Digitales, así como de aquellas garantías contenidas en normas posteriores, como el Real Decreto 203/2021, de 30 de marzo, por el que se aprueba el Reglamento de actuación y funcionamiento del sector público por medios electrónicos[429], aunque no se realice en dichas disposiciones referencia expresa al principio mencionado.

En definitiva, la dignidad humana y su relación con la buena administración, a nuestro juicio y según se ha expuesto a lo largo del presente trabajo, debería convertirse en "el eje en torno al cual elaborar cualquier reflexión sobre los desafíos de las tecnologías disruptivas, pero también sobre su marco jurídico", debiéndose insistir, por tanto, en la dignidad de la persona en cuanto clave desde la que "abordar cualquier aproximación normativa y de políticas públicas en esta materia, así como en la necesaria supervisión e intervención humanas, allí donde se solicite"[430]. Y ello, sin perjuicio de subrayar, junto a CAMPOS ACUÑA, la necesidad de revisar, o mejor, interpretar y ponderar el principio de buena administración "a la luz del impacto de las nuevas tecnologías, en cuanto máxima expresión de las garantías de los ciudadanos en sus relaciones electrónicas con la Administración"[431].

Dicho de otro modo, y partiendo del carácter esencialmente procedimental del principio de buena administración, debe afirmarse que el mismo adquiere *perfiles propios* en su proyección sobre el escenario tecnológico en que se des-

429 (*Tol 8372179*)

430 BARRIO ANDRÉS, M., "Génesis y desarrollo de los derechos digitales", cit., pp. 297 y 305.

431 *Vid.* CAMPOS ACUÑA, C., "El Derecho a una buena administración digital en la Carta de Derechos Digitales", cit., pp. 66 y 67.

envuelven las relaciones entre la Administración tributaria y el contribuyente. Sentido, precisamente, en que se afirma en la Carta de Derechos Digitales que su finalidad, según se ha indicado ya, no es "crear nuevos derechos fundamentales sino perfilar los más relevantes en el entorno"[432], alcanzando de lleno dicha afirmación, a nuestro juicio, al principio de buena administración.

Principio, pues, que aplicado al ámbito de las nuevas tecnologías, ha sido reconocido por la jurisprudencia, destacando la STSJ de Castilla y León, de 6 de febrero de 2019, en la que se declara que "si bien los medios de comunicación informáticos se establecen para favorecer a los administrados frente a la Administración, ésta también resulta muy beneficiada por las nuevas tecnologías"; situación que reclama la aplicación a la Administración de las exigencias que establece el artículo 41 de la Carta de los Derechos Fundamentales de la Unión Europea, concluyendo que "el ciudadano no puede, sin razón bastante, salir perjudicado por el cambio, sino, en todo caso, favorecido por ello; el sentido de la reforma de la Administración no puede ser favorecer a la misma a costa de imponer un rigor formalista excesivo a los ciudadanos"[433]. Construcción que, como se ha afirmado, debería traducirse en "una presunción *favor civis* favorable a los ciudadanos en sus relaciones electrónicas con la Administración", presentando una proyección singular en la relación electrónica con la finalidad de aportar soluciones a las "incertidumbres y cuestiones no abordadas o no bien resueltas por el legislador", que no solamente generan un elevado grado de inseguridad jurídica sino también un fuerte desequilibrio entre la posición de la Administración y las garantías de los ciudadanos[434].

Ahora bien, llegados a este punto de nuestro análisis, cabría preguntarse por los derechos y garantías incluidos en la Carta cuya salvaguarda podría quedar afectada particularmente en el procedimiento de intercambio de información tributaria proyectando sobre ellos las exigencias de lo que podría denominarse

---

432 Línea en que se ha señalado que, en el siglo XXI, el derecho a una buena administración "debe ser objeto de revisión a la luz del impacto de las nuevas tecnologías en la sociedad y en la ordenación de las relaciones sociales pero también con los poderes públicos, para mantener la protección que este derecho otorga a la ciudadanía en la esfera digital" (*Vid.* CAMPOS ACUÑA, C., op. cit., p. 66).

433 Núm. rec.: 486/2018 (*Tol 7143094*)

434 CAMPOS ACUÑA, C., "El Derecho a una buena administración digital en la Carta de Derechos Digitales", cit., p. 70.

una buena administración digital. Reflexión que creemos importante enmarcar en dos órdenes de consideraciones.

La primera, dirigida a subrayar cómo a pesar de los avances que desde un punto de vista tecnológico se han producido en el desarrollo de los diferentes modelos de administración electrónica, no parece que en el diseño de la administración digital se haya tenido en cuenta la inclusión de las medidas necesarias "para acompañar la metamorfosis del «ciudadano analógico», al «ciudadano digital», evidenciando así una debilidad importante en la construcción de las garantías de los derechos de las personas"[435].

Esta afirmación encuentra apoyo, entre otras razones, en el rango de las normas que están llevando a cabo la mencionada transición digital, contando, por una parte, con la Carta de Derechos Digitales, con carácter de *soft taw*, y por otra con el Real Decreto 203/2021, citado más arriba que, como con razón se ha indicado, no parecen idóneas para la regulación de dicho marco normativo que, como mínimo, debería estar configurado por normas con rango de ley por respeto, entre otros, a los principios de representación, legalidad y seguridad jurídica habiéndose indicado, además, que muchos de los principios recogidos en la Ley 11/2007, de 22 de junio, de acceso electrónico de los ciudadanos a los Servicios Públicos (ya derogada)[436], podían entenderse más garantistas con los derechos analógicos y digitales de los particulares, "ya que no tenían un enfoque, como los actuales, orientado hacia la pura gestión administrativa electrónica como mero trámite procedimental tecnológico"[437].

Efectivamente, los derechos contemplados en el mencionado Real Decreto "parecen tener un enfoque principalmente técnico-procedimental", desplegados más para facilitar el uso de las herramientas tecnológicas por parte de las Administraciones Públicas que para controlar su alcance y proteger a los particulares; circunstancia que conduce a pensar en la insuficiencia de estos derechos y principios para afrontar los retos de este nuevo paradigma relacional, debido a que se dejan fuera otra serie de derechos de gran relevancia en la protección de los derechos de los particulares en la relación administrativa electrónica, como la igualdad, legalidad, transparencia, calidad, autenticidad y veracidad de la in-

---

435 Op. cit., p. 69.

436 (*Tol 1082406*)

437 CAMPOS MARTÍNEZ, Y., "Los derechos y principios digitales en la relación tributaria electrónica: ética o derecho", cit., p. 211.

formación o simplificación y publicidad del uso de las herramientas informáticas[438]. Situación que no mejora el contenido de la Propuesta de Reglamento de Inteligencia Artificial de la Comisión Europea[439] debido a que, en los términos en que está planteada en la actualidad, "deja fuera de las principales garantías a los sistemas de inteligencia artificial que emplea la Administración tributaria"[440].

Ideas, precisamente, sobre las que reflexiona SERRANO ANTÓN al poner de manifiesto cómo la respuesta ofrecida tanto por el ordenamiento jurídico español como por el de la Unión Europea, en lo que respecta al establecimiento de garantías suficientes para proteger a los ciudadanos frente al empleo de algoritmos y programas informáticos por parte de las Administraciones Públicas es "decepcionante". Situación que, a juicio de dicho autor, y según se ha avanzado, obedecería en buena medida al hecho de haberse eliminado paulatinamente "las genéricas cautelas y previsiones que existían en una visión posibilista y cortoplacista, al constatar que podían comprometer la evolución tecnológica de las Administraciones públicas"[441].

La segunda consideración a que nos referíamos se orienta a poner de relieve la importancia del principio de buena administración y su función esencial en el

---

438 CAMPOS MARTÍNEZ, Y., op. cit., pp. 211 y 224 y 225. Sentido en que ha destacado GUIDARA, A. "Gestión tributaria e inteligencia artificial", en *La digitalización de los procedimientos tributarios y el intercambio automático de información*, PITA GRANDAL, A. M., MALVÁREZ PASCUAL, L. A. y RUIZ HIDALGO, C. (Dirs.), Aranzadi, Cizur Menor, Navarra, 2023, p. 81, que el carácter "deficitario" de la disciplina tributaria en cuanto a los posibles usos de la inteligencia artificial, siendo ello "difícilmente compatible con varios principios constitucionales, nacionales y europeos".

439 Propuesta de Reglamento del Parlamento Europeo y del Consejo por el que se establecen normas armonizadas en materia de inteligencia artificial (ley de inteligencia artificial) y se modifican determinados actos legislativos de la Unión {SEC(2021) 167 final} - {SWD(2021) 84 final} - {SWD(2021) 85 final}.

440 OLIVARES OLIVARES, B., "Implicaciones de la normativa sobre protección de datos en el desarrollo de la inteligencia artificial por la administración tributaria: la gobernanza de los datos", en *Nuevas Tecnologías disruptivas y tributación*, MORENO GONZÁLEZ, S. (Dir.) y GÓMEZ REQUENA, J. A. (Coord.), Aranzadi, Cizur Menor, Navarra, 2021, p. 108. Autor que añade a lo expuesto en el texto la necesidad de "regular esta situación que actualmente se encuentra huérfana desde una perspectiva global" (p. 109).

441 SERRANO ANTÓN, F., "Inspección tributaria e inteligencia artificial; hacia el equilibrio entre los derechos y garantías de los contribuyentes y la eficiencia en la Administración Tributaria", cit., p. 290.

proceso de transición digital que, en la actualidad, constituye como vemos una cuestión pendiente. En otros términos, y como se ponía de manifiesto en otra parte del presente estudio, el *principio de buena administración digital* en su proyección sobre las relaciones entre la Administración y el ciudadano no puede quedarse en un concepto hueco o vacío, sino que es preciso trabajar por dotar a dicho principio de un contenido o sustantividad propia en este ámbito pasando su construcción por la reinterpretación a la luz de la buena administración de los derechos y garantías afectados por la transformación digital, con la finalidad de que los mismos aparezcan como "huellas" indiscutibles de la buena administración digital.

En el escenario descrito, debemos comenzar indicando que la Carta se estructura en seis bloques, articulándose temáticamente en función del ámbito de protección: Derechos de libertad, Derechos de igualdad, Derechos de participación y de conformación del espacio público, Derechos del entorno laboral y empresarial, Derechos Digitales en entornos específicos y Garantías y eficacia de los derechos en los entornos digitales, siendo este último ámbito el que encuentra particular conexión con nuestro estudio, según se examinará a continuación. Todo ello, sin perjuicio de advertir la importancia de la protección de datos en los entornos digitalizados cuya mención se debatió en el Grupo de Expertos y Expertas encargados de elaborar la Carta, descartándose su inclusión, además de por la razón de que el grueso de su regulación procede de la Unión Europea, en base a la consideración de que el mandato recibido por el Grupo "no fue proponer un texto normativo para ser adoptado por el Gobierno, sino visibilizar aquellos derechos necesarios para la tutela del individuo en el entorno digital"[442].

El derecho a al protección de datos se encuentra previsto en nuestro ordenamiento tanto por el art. 95 de la LTG como por la Ley Orgánica 3/2018, de 5 de diciembre, de Protección de Datos Personales y garantía de los derechos digitales y, en el ámbito europeo, el Reglamento (UE) 2016/679 y, si bien no va a ser objeto de estudio por nuestra parte, no puede ignorarse su necesaria salvaguarda en los entornos digitales y, en particular, en el ámbito del procedimiento dirigido al intercambio de información entre Estados en que, siguiendo a OLIVARES OLIVARES, el debate no se sitúa tanto en la prevalencia del deber de contribuir sobre el derecho a la protección de datos, o viceversa sino, más bien, en el modo en que se adecúan las garantías exigibles en el uso de la información personal pre-

---

442 *Vid.* DE LA SIERRA MORÓN, S., "Una introducción a la Carta de Derechos Digitales", cit., p. 299.

viamente intercambiada "o las limitaciones a la protección de datos en función de las circunstancias del tratamiento que se lleve a cabo en cada momento"[443] y, en definitiva, la correcta ponderación de los intereses en juego. Datos, por consiguiente, cuyo uso adecuado requiere como premisa necesaria la garantía de la relevancia tributaria de los mismos en relación con los fines perseguidos, según se ha expuesto más arriba con ocasión del estudio de la motivación de los requerimientos de información tributaria.

Pues bien, como se ha avanzado, de todos los ámbitos previstos en la Carta de Derechos Digitales creemos que podrían ser particularmente aplicables al procedimiento de intercambio de información entre Estados las garantías previstas en el Apartado XXVII.

Apartado que, bajo el título, "Garantía de los derechos en los entornos digitales", señala en concreto que "1. Todas las personas tienen derecho a la tutela administrativa y judicial de sus derechos en los entornos digitales de acuerdo con lo dispuesto en la legislación vigente. 2. Asimismo, se promoverá la garantía de los derechos reconocidos en esta Carta en el marco de las relaciones con la Administración de Justicia y, particularmente, los derechos relacionados con la inteligencia artificial, cuando se recurra a ésta para la utilización o el desarrollo de sistemas de soporte a las decisiones o de herramientas de justicia predictiva. 3. Se promoverán mecanismos de autorregulación, control propio y procedimientos de resolución alternativa de conflictos, con la previsión de incentivos adecuados para su utilización con arreglo a la normativa vigente. 4. Se promoverá la evaluación de las leyes administrativas y procesales vigentes a fin de examinar su adecuación al entorno digital y la propuesta en su caso de reformas oportunas en garantía de los derechos digitales".

Norma de la que cabría extraer, en esencia, la necesidad de reforzar, por una parte, el *derecho de defensa* de los ciudadanos y, en particular en lo que respecta al presente estudio, de los sujetos afectados por el intercambio de datos entre Estados en un entorno digitalizado[444]; línea de pensamiento destacada, entre otros

---

443 OLIVARES OLIVARES, B., "Implicaciones de la normativa sobre protección de datos en el desarrollo de la inteligencia artificial por la administración tributaria: la gobernanza de los datos", cit., p. 101.

444 Sentido en que ha señalado SERRANO ANTÓN, F., "Inspección tributaria e inteligencia artificial; hacia el equilibrio entre los derechos y garantías de los contribuyentes y la eficiencia en la Administración Tributaria", cit., p. 297, que el derecho a la tutela judicial efectiva "no tolera la indefensión, exige respetar los derechos de audiencia, con-

autores, por BARRIO ANDRÉS, para quien la solución más adecuada en relación a la tutela de los derechos en un entorno digital radica en el "reforzamiento de las garantías judiciales"[445].

Por otro lado, y como complemento de la idea anterior, cabe incidir, a nuestro juicio, en la necesidad del *control de los procedimientos* dirigidos al mencionado intercambio de datos, desde la perspectiva analizada más arriba, esto es, tanto a partir del refuerzo de las garantías procedimentales y, en particular la motivación, como desde la promoción y facilitación de la participación de los contribuyentes en el proceso de elaboración normativa reguladora de los mismos, tanto *ex ante* como *ex post*. Consideración que, como se indicará más adelante, reclama la transformación de los procedimientos de aplicación de los tributos para su adaptación al nuevo escenario tecnológico.

El deber de motivación aparece indispensable para verificar la trascendencia tributaria de la información intercambiada y, por ende, la calidad, veracidad y autenticidad de la misma y que, en un contexto digital, no solo habrá de respetar los requisitos de legalidad y debida justificación sino, además, el modo en que la tecnología, en su caso, condujo a llegar a una concreta decisión. Circunstancia que tiene lugar en particular, en los intercambios de información previa petición en que el requerimiento por parte de un Estado puede encontrar fundamento en una decisión automatizada debiendo recordar, además, que únicamente parece posible exigir el requisito de la motivación en esta clase de intercambio de datos.

En efecto, si la proyección de la buena administración sobre el procedimiento administrativo nos lleva a afirmar que la actuación de la Administración debe aspirar a la adopción de decisiones con la mayor objetividad y eficacia exigiéndole una actuación diligente, incluso más allá de la Ley, siendo este el que podría conceptuarse como contenido "esencial" de este principio-derecho, cuando dicho procedimiento se desarrolla en un entorno digital, lo deseable es que el

tradicción e igualdad de armas procesales, por lo que limita el empleo de tecnologías de IA en sus procedimientos por la Administración tributaria (...)". Autor que añade a lo expuesto que el derechos mencionado "prohíbe cualquier atisbo de indefensión de los obligados tributarios cuando la Administración emplee tecnologías de IA en los procedimientos tributarios, lo que exige contrarrestar la opacidad de esas tecnologías mediante" la transparencia de la Administraciones tributarias y la motivación precisa de las decisiones que inciden en los actos administrativos dictados en los procedimientos tributarios.

445 BARRIO ANDRÉS, M., "Génesis y desarrollo de los derechos digitales", cit., p. 226.

ciudadano-contribuyente no tenga menos derechos, ni menor protección que cuando dicho entorno no existe. Visión que es la que parece querer reflejarse en la Carta de Derechos Digitales cuando se ocupa de "pergueñar el núcleo de los principios, derechos y garantías que deben regir las relaciones electrónicas de los ciudadanos con las Administraciones Públicas, con el reconocimiento de un «derecho a la buena administración digital» como garantía de una transición digital justa"[446].

Planteamiento que, siendo plausible, choca al menos, y a nuestro juicio, con dos obstáculos fundamentales. El primero, que en la dimensión tecnológica de la Administración el principio de buena administración digital no ha sido objeto todavía de la adecuada "delimitación" en orden al establecimiento de las garantías que se derivarían del mismo[447] y, en particular, en el ámbito de la Administración tributaria pues, como se expuso en otro lugar de este trabajo, el principio de buena administración, conservando su núcleo esencial, adquiere perfiles diferentes en las distintos ámbitos de actuación de la Administración pública[448]; finalidad a la que, siguiendo a CAMPOS ACUÑA, contribuye de modo activo la Carta de Derechos Digitales "representando un punto de inflexión en este momento de transición digital"[449]. Y, el segundo, la ausencia de un marco jurídico adecuado y

---

446 NAVARRO EGEA, M., "Límites jurídicos a la Administración tributaria electrónica", cit., p. 319.

447 Sentido en que ha señalado CAMPOS ACUÑA, C., que "la buena administración, en la dimensión tecnológica, de la administración digital no ha sido todavía objeto de un dimensionamiento debido para establecer las correspondientes garantías que requiere, tal y como señala la Carta Iberoamericana de los Derechos y Deberes de los Ciudadanos (punto 25)", a cuyo tenor "los ciudadanos son titulares del derecho fundamental a la buena Administración Pública, que consiste en que los asuntos de naturaleza pública sean tratados con equidad, justicia, objetividad, imparcialidad, siendo resueltos en plazo razonable al servicio de la dignidad humana" (*Vid.* "Una necesidad post-pandémica: la imprescindible construcción del «derecho a una buena administración digital»", XXXIV Concurso del CLAD sobre Reforma del Estado y Modernización de la Administración Pública, *Avances y propuestas ante la crisis del coronavirus y sus repercusiones institucionales y sociales,* 2021, p. 2).

448 Idea en la que incide NEGRUT al afirmar que la interpretación de los principios de buena administración depende de la clase se sistemas jurídicos (*Vid.* NEGRUT, V., "The europeanization o Public Administration through the General Principles of Good Administration", cit., p. 28).

449 CAMPOS ACUÑA, C., El Derecho a una buena administración digital en la Carta de Derechos Digitales", cit., p. 73.

suficiente, en que basar la interpretación del principio de buena administración en relación con los derechos y garantías digitales.

En suma, y como resultado de las ideas expuestas, podría afirmarse, junto a buena parte de la doctrina, que "la construcción jurídica de la administración tributaria digital está por hacer"; no se trata de formular nuevos derechos, "sino de que el conjunto de principios, derechos y garantías que configuran el marco de protección del ciudadano se proyecten sobre los nuevos escenarios generados por un entorno digital en constante evolución", debiendo volver a subrayar que las bases normativas que proporcionan soporte a la administración electrónica y, en concreto, la tributaria, "son demasiado limitadas para dar respuesta a los diferentes escenarios que plantea el fenómeno tecnológico, lo que las hace demasiado permisivas", poniendo en riesgo el equilibrio al que constantemente debe aspirar la relación jurídica tributaria[450].

Situación debida fundamentalmente, tal como se viene afirmando, al hecho de que el legislador se ha venido preocupando más por avanzar en el desarrollo de las herramientas tecnológicas que por diseñar un marco protector de los derechos de los ciudadanos en este nuevo escenario[451]. En definitiva, y en palabras de BARRIO ANDRÉS, "la humanidad se enfrenta a una edad digital «casi» sin

450 NAVARRO EGEA, M., "Límites jurídicos a la Administración tributaria electrónica", cit., p. 321. Línea en que ha subrayado CAMPOS MARTÍNEZ, Y., "Los derechos y principios digitales en la relación tributaria electrónica: ética o derecho", cit., p. 225, que la Agencia Tributaria española "viene trabajando en base a una habilitación legal específica muy amplia y con fundamento en aplicación de normas de las administraciones públicas generales, que parecen aplicarse a conveniencia".

451 Sentido en que ha señalado CAMPOS MARTÍNEZ, Y., op. cit., pp. 202 y 203, que "el ordenamiento jurídico parece estar más preocupado por avalar el uso de estas herramientas (digitales) que por desarrollar un escenario prospectivo que permita confrontar los diversos y complejos retos que representan la ejecución de funciones y potestades de las AAPP y su relación con los particulares por medios electrónicos". Línea en que, entre otros autores, se sitúa también SERRANO ANTÓN, F., "Inspección tributaria e inteligencia artificial; hacia el equilibrio entre los derechos y garantías de los contribuyentes y la eficiencia en la Administración Tributaria", cit., p, 291, quien pone de manifiesto cómo cabe constatar la inexistencia de avance en lo que respecta a las garantías de los obligados tributarios frente al empleo de tecnologías de IA por parte de la Administración tributaria española.

derechos digitales"[452] siendo, por tanto, el paso siguiente y necesario en la evolución de estos derechos el dirigido a "reforzar sus garantías jurídicas"[453].

Como resultado de las ideas expuestas, parece evidente que la digitalización ha supuesto un cambio de rumbo que, mal aprovechado o en ausencia de las correspondientes garantías, puede derivar en una huida del procedimiento administrativo y, con ello, la puesta en riesgo los derechos y libertades de los ciudadanos no siendo posible perder de vista que la tecnología tiene una función instrumental, debiendo ser útil para las dos partes de la relación jurídico-tributaria.

En este ámbito, y siendo mucho los retos, pensamos junto a NAVARRO EGEA, que "la incorporación de la tecnología a la aplicación de los tributos no puede significar «desandar lo andado» en el terreno de los derechos y garantías de los contribuyentes" siendo un principio fundamental la buena administración en dicho escenario, en orden a afrontar los innumerables desafíos que plantea la administración digital, cuya construcción jurisprudencial puede constituir "un buen punto de partida para velar por el equilibrio en la relación electrónica con arreglo a la visión europea de la administración digital centrada en la protección de los derechos y libertades de los ciudadanos"[454] dando respuesta, de este modo, a la cuestión de cómo proteger adecuadamente los derechos en el ámbito de la digitalización. De aquí que el Derecho deba articular los instrumentos correspondientes para garantizar y reforzar los derechos de los ciudadanos en el ámbito digital, desde la consideración de que "la transformación digital debe tener como principio estructural maximizar la calidad de la democracia y los derechos"[455].

452 *Vid.* BARRIO ANDRÉS, M., "Génesis y desarrollo de los derechos digitales", cit., p. 206.

453 BARRIO ANDRÉS, M., op. cit., pp. 225 y 226. Sentido en que este autor cita al profesor FERRAJOLI, cuando afirma que el grado de legitimidad del ordenamiento jurídico de una democracia constitucional se podría identificar con el grado de efectividad de las garantías de los derechos constitucionalmente establecidos e identificar, asimismo, la ilegitimidad con sus violaciones, o peor, con sus lagunas.

454 *Vid.* NAVARRO EGEA, M., "Límites jurídicos a la Administración tributaria electrónica", cit., pp. 318 y 319.

455 BARRIO ANDRÉS, C., "Génesis y desarrollo de los derechos digitales", cit., p. 207. Autor que, en relación con la idea incluida en el texto señala que "la transformación digital tiene que servir para una mejora de la calidad de la democracia y los derechos" no suponiendo un riesgo para éstos.

Salvaguarda que, en su proyección sobre el ordenamiento tributario y, en particular, sobre el ámbito del intercambio de información tributaria entre Estados no puede verse como un obstáculo, según se indicaba más arriba, sino más bien como un objetivo necesario para una más adecuada realización de la finalidad y eficacia asignada a dicho mecanismo, en un deseable entorno regido por la transparencia y la participación de los sujetos interesados.

2.2 LA CARTA DE DERECHOS DIGITALES Y LA "GOBERNANZA ALGORÍTMICA"

Al hilo del estudio que se viene realizando nos parece importante hacer hincapié en lo que se ha venido a denominar "gobernanza algorítmica", derivada "del empleo de tecnología predictiva para identificar patrones entre datos"[456]. Idea que adquiere relevancia sobre la base de que los avances tecnológicos aplicados a los procedimientos de intercambio de información tributaria entre Estados en el seno de la Unión Europea (tanto con carácter rogado como automático), permiten obtener y acumular una gran cantidad de información por parte de los distintos países. Ámbito en que es común afirmar que nos "encontramos en la era de la gobernanza inteligente, entendida como la existencia de una generación de tecnologías disruptivas"; sin embargo, dicha gobernanza no será tal, entre otras razones, si en su desarrollo y aplicación deja desprotegidos a los ciudadanos en el ejercicio de sus derechos o disfrute de sus libertades, impidiendo incluso el cumplimiento de sus deberes[457].

De este modo, y siendo la gobernanza de la información "un elemento esencial en las administraciones tributarias que emplean de manera regular sistemas de inteligencia artificial"[458], su eficacia depende, en gran medida, de la calidad de

---

[456] CABALLERO TRENADO, L., "La Carta de Derechos digitales de España: su sentido", cit., p. 414.

[457] CAMPOS ACUÑA, C., "El Derecho a una buena administración digital en la Carta de Derechos Digitales", cit., p. 87. Es significativo, en relación con la idea expresada en el texto, que BARRIO ANDRÉS, M., "Génesis y desarrollo de los derechos digitales", cit., p. 205, aluda al hecho de que habla de "la «gobernanza» como un proceso en vez de la «regulación» como una actividad única dirigida por el Estado".

[458] OLIVARES OLIVARES, B., "Implicaciones de la normativa sobre protección de datos en el desarrollo de la inteligencia artificial por la administración tributaria: la gobernanza de los datos", cit., pp. 92 y 93. Autor que señala cómo la "gobernanza de los datos

los datos recibidos teniendo en cuenta que, como señala SERRANO ANTÓN, la inteligencia artificial es capaz de comportarse como el cerebro humano, es decir, aprender, razonar, tomar decisiones y realizar tareas complejas basadas en el conocimiento y la experiencia[459].

De aquí, que dicha gobernanza se haya convertido en una prioridad en el seno de las distintas organizaciones[460] y, en concreto, de la Agencia Estatal de Administración Tributaria (AEAT). El establecimiento, por tanto, de una organización y procedimientos para "asegurar la gobernanza de los datos ha sido durante años el pilar básico" sobre el que se ha asentado el análisis estratégico de los datos por parte de la Administración tributaria española[461]. Así se refleja, entre otros documentos, en las directrices generales de control tributario y aduanero de la AEAT para 2021 que establecen como compromiso "la puesta en marcha de herramientas informáticas de depuración de la información recibida del exterior con el objeto de que pueda ser utilizada en las actuaciones de prevención y, en su caso, control del cumplimiento tributario" y que se asentaría sobre cuatro pilares; a saber, completud de las fuentes de información, seguridad y calidad de los datos y claridad semántica[462]. Línea que encuentra continuidad en las Resoluciones de los años 2022 y 2023, afirmándose, en concreto, en esta última que "se continuará reforzando la cooperación internacional para el cobro de créditos tributarios, mediante la explotación más eficiente de los intercambios

---

se introduce como obligación en la Propuesta de Reglamento del Parlamento Europeo y del Consejo por el que se establecen normas en materia de inteligencia artificial y se modifican determinados actos legislativos de la Unión (...) para determinados perfiles de IA".

459 SERRANO ANTÓN, F., "Inspección tributaria e inteligencia artificial; hacia el equilibrio entre los derechos y garantías de los contribuyentes y la eficiencia en la Administración Tributaria", cit., p. 266.

460 Muestra de ello es la aprobación de La Carta Iberoamericana de Gobierno electrónico, instrumento internacional de principal relevancia que conceptualiza al gobierno y administración electrónicos, (http://old.clad.org/documentos/declaraciones/cartagobelec.pdf).

461 *Vid.*, en relación con esta idea, SERRANO ANTÓN, F., "Inspección tributaria e inteligencia artificial; hacia el equilibrio entre los derechos y garantías de los contribuyentes y la eficiencia en la Administración Tributaria", cit., p. 267.

462 *Vid.,* OLIVARES OLIVARES, B., "Implicaciones de la normativa sobre protección de datos en el desarrollo de la inteligencia artificial por la administración tributaria: la gobernanza de los datos", cit., p. 93.

de información impulsados en la Unión Europea y en el ámbito de la OCDE y el perfeccionamiento de herramientas que permitan realizar selección de deudores con signos de riqueza en el exterior, especialmente en el ámbito de la UE". De este modo, y durante 2023 se reforzarán los mecanismos de colaboración con las áreas de Control de la Agencia Tributaria, especialmente a través "del desarrollo de herramientas que permitan evaluar riesgos recaudatorios en relación con contribuyentes sujetos a actuaciones de regularización por los órganos de Inspección de la Agencia (...)".

Objetivo, sin embargo, cuya consecución no puede realizarse por la vía del redimensionamiento del intercambio de información que, en muchos casos conduce la infrautilización de los datos obtenidos[463] y, por consiguiente, a la posible vulneración de los derechos a la vida privada y a la protección de datos, sino mediante el fortalecimiento de las garantías de los contribuyentes afectados por los mismos en el sentido expresado en otro lugar de este trabajo, unido a un adecuado diseño y uso de las herramientas digitales por parte la Administración tributaria. Dicho con palabras de OLIVARES OLIVARES, "la asimetría de quienes emplean tecnologías de inteligencia artificial y quienes interactúan con ellas y se encuentran sujetos a estas son una realidad", siendo este el contexto en que nace la Gobernanza de los Datos y en cuyo seno "la confianza de los administrados en la inteligencia artificial solo puede basarse en un marco regulador ético por defecto que garantice que toda inteligencia artificial respete plenamente los derechos fundamentales"; en suma, "la gobernanza y la calidad de los datos tratados deben alinearse con las garantías de los derechos de los contribuyentes"[464].

463 Sentido en que se ha señalado acertadamente que "de poco sirve la captación masiva de información (...) si las Administraciones tributarias no son capaces de extraer el potencial de ese volumen ingente de datos" (*Vid.* GONZÁLEZ DE FRUTOS, U., YARYGINA UDOVENK, A., "Analítica avanzada para el progreso de las administraciones tributarias en América latina", en *Nuevas Tecnologías disruptivas y tributación*, MORENO GONZÁLEZ, S. (Dir.) y GÓMEZ REQUENA, J. A. (Coord.), Aranzadi, Cizur Menor, Navarra, 2021, pp. 173 y 174).

464 OLIVARES OLIVARES, B., op. cit., pp. 93 y 108. Autor que añade a lo expuesto en el texto que "una adecuada gobernanza basada en las normas pertinentes refuerza la seguridad y fomenta una mayor confianza de los administrados en el desarrollo, la implementación y el uso de la inteligencia artificial, la robótica y tecnologías conexas, incluidos los programas informáticos, los algoritmos y los datos utilizados o producidos por dichas tecnologías".

Por consiguiente, y a partir del refuerzo de las garantías presentes en el procedimiento de intercambio de información tributaria, esencialmente, desde la perspectiva de las exigencias derivadas de la buena administración digital y, en particular de la motivación de los requerimientos rogados de datos fiscales, pensamos que es posible garantizar la relevancia tributaria de los datos intercambiados y, por tanto, su veracidad, completud y calidad, junto a los derechos de los sujetos afectados por dicho mecanismo, llegando de este modo a la Gobernanza de los datos. Sentido, precisamente, en que se indica en la Resolución de 6 de febrero de 2023, de la Dirección General de la Agencia Estatal de Administración Tributaria, por la que se aprueban las directrices generales del Plan Anual de Control Tributario y Aduanero de 2023, que "la certeza e integridad de la información con la que cuenta la Administración tributaria para llevar a cabo sus tareas de gestión y control dependen en gran medida del cumplimiento de las obligaciones formales por parte de los obligados tributarios"[465].

Consideraciones que son las que nos permiten afirmar la conexión de la buena administración digital con dicha Gobernanza[466] y, sobre todo, con la garantía de los derechos de los principios y derechos de los sujetos en un entorno digitalizado cuya salvaguarda, en aplicación de este principio, debería ir más allá de la Ley permitiendo hilar más fino en lo que respecta a la protección de las garantías de los administrados en dicho contexto.

Se trata, en efecto, de que únicamente se intercambien aquellos datos que se consideran *necesarios* en relación con un mejor control de los obligados tributarios y, por ende, de la realización del deber de contribuir y de consecución de la efectividad de las libertades comunitarias, lo que implica la necesaria intervención humana materializada, en nuestro ámbito de estudio concreto, tanto en el control de la motivación como en la participación en el procedimiento por parte de los sujetos afectados[467] en aras a garantizar la necesaria transparencia del procedimiento y, en último término, la tutela judicial efectiva. Objetivo que si bien parece difícil de alcanzar, pensamos que no por ello debe llevar a dejar de insistir en la necesidad de trabajar en el refuerzo de las garantías que rodean la obtención

465 (*Tol 9438601*)

466 MARINICA, E., "Digitalization - The Key for Adapting Good Administration to a Better Governance", cit., p. 121.

467 Como indica OLIVARES OLIVARES, B., op. cit., p. 98, "la participación humana hace referencia a la capacidad de que intervengan seres humanos en todos los ciclos de decisión del sistema".

e intercambio de información por parte de la Administración, en general, y de la tributaria, en particular.

La cuestión examinada influye, por otra parte, en el hecho, no siempre tomado en consideración, de que la gestión de los tributos, basada como es obvio en los datos con que cuenta la Administración tributaria (que condicionan la selección del "algoritmo"[468]), puede "orientar la política fiscal en una determinada dirección". Esto es, siguiendo a RAMALLO MASSANET, "las decisiones sobre las competencias de la administración de los tributos no son inocentes o asépticas ya que suponen decidir sobre qué relaciones jurídicas y sobre qué sujetos se va a actuar", lo que implica la toma de "una decisión eminentemente política que puede condicionar a su vez la actuación de los contribuyentes de manera decisiva en una u otra dirección"[469]. Aplicación de los tributos en cuya orientación resulta patente el papel clave de la ingente información disponible por parte de las distintas Administraciones tributarias.

En otros términos, la tecnología aplicada al intercambio de información entre Estados no solamente nos ha permitido asistir a un cambio cuantitativo y, por tanto, relacionado con el volumen de información que se transmite sino, además, a un cambio cualitativo en que la información se transforma en conocimiento a través de la aplicación de las herramientas de inteligencia artificial[470] por parte de las Administraciones tributarias.

Razón por la que, en aplicación del principio de buena administración, cabe exigir a dichos entes un deber de diligencia máximo, siendo el precio mínimo que deben asumir por la amplitud de las facultades y potestades que ostentan

---

468 CAMPOS MARTÍNEZ, Y., "Los derechos y principios digitales en la relación tributaria electrónica: ética o derecho", cit., p. 202, alude precisamente, a que el modo de ejecutar las políticas públicas dentro de un entorno en proceso de transformación digital, ha generado "que los Estados se hayan apresurado a permitir y fomentar el uso de estas herramientas dentro de los ordenamientos jurídicos, pretendiendo que la relación entre administraciones y entre administraciones y administrados se fundamente en la recolección y almacenamiento de datos analógicos y digitales que van a ser usados en algoritmos que propenden por la analítica de datos, la automatización robótica de procesos, la aplicación de tecnologías cognitivas y, en un futuro no muy lejano, el uso del *blockhaim*".

469 *Vid.* J. RAMALLO MASSANET, Prólogo al libro de A. GARCÍA MARTÍNEZ, *La gestión de los tributos autonómicos,* Civitas, Madrid, 2000, p. 25.

470 *Vid.*, en relación con estas ideas, CAMPOS ACUÑA, C., "El Derecho a una buena administración digital en la Carta de Derechos Digitales", cit., p. 56.

en la obtención, acceso, disponibilidad y almacenamiento de la gran cantidad de información obtenida de los obligados tributarios que, de un lado, se ven "constreñidos a aportarla por obligación legal y, de otro, sometidos a que con la digitalización de las interacciones en todos los ámbitos de la sociedad, dicha información digital fluya de una manera ágil" y prácticamente sin control a manos de las Administraciones tributarias, con el consiguiente riesgo de vulneración de los derechos a la intimidad[471] y protección de los datos personales. No tener en cuenta la situación descrita implicaría, como señala con acierto CAMPOS MARTÍNEZ, "obviar el evidente desequilibrio reinante con ocasión del uso de la información digital con una funcionalidad pura de recaudo bajo la sombrilla de la lucha contra el fraude fiscal, sin que la misma sea utilizada para, en cumplimiento de la función de servicio, ayudar a que el obligado tributario cumpla de manera correcta su obligación de contribuir al sostenimiento de los gastos públicos"[472].

En consecuencia, y al incluirse en el Apartado XXVII de la Carta de Derechos Digitales y, en particular, en su punto 6.a), los principios de buen gobierno y de buena Administración digital, como principios-guía del establecimiento y uso de la inteligencia artificial se afronta el grave riesgo derivado de la desconfianza en la utilización de las nuevas tecnologías, la falta de ética y la dificultad de encajar los códigos de valores que deben presidir la actuación de las Administraciones

---

471 Pertenencia de los datos económicos al ámbito de la intimidad que ha sido destacada en otro lugar de este trabajo, habiendo recordado en relación con ello SERRANO ANTÓN la doctrina de nuestro Tribunal Constitucional, en el sentido de que, aun perteneciendo dichos datos al ámbito del mencionado derecho fundamental "resulta legítima una intromisión de la Administración tributaria, siempre que esté legalmente permitida, para el logro del efectivo cumplimiento del deber de contribuir previsto en el art. 31.1 CE" (*Vid.*, "Inspección tributaria e inteligencia artificial; hacia el equilibrio entre los derechos y garantías de los contribuyentes y la eficiencia en la Administración Tributaria", cit., p. 296).

472 *Vid.,* en relación con estas ideas, CAMPOS MARTÍNEZ, Y., "Los derechos y principios digitales en la relación tributaria electrónica: ética o derecho", cit., p. 233. Autor que incide más adelante en esta idea afirmando que "intencionadamente o no, el espíritu legislativo se ha enfocado en fomentar el uso de las herramientas tecnológicas con el fin de luchar contra la evasión y elusión fiscal sin medir realmente las consecuencias sobre los derechos de los particulares" (p. 252).

Públicas[473] y, en particular en el ámbito tributario, el acusado desequilibrio entre las posiciones de la administración tributaria y el contribuyente.

La incursión de las nuevas tecnologías en el seno del ordenamiento tributario nos lleva a plantear, para finalizar, una *reformulación* de los procedimientos tributarios con el objetivo de adaptarlos a esta etapa de aplicación masiva de las nuevas tecnologías, bajo el parámetro de las exigencias de la buena administración digital y que supone la necesaria asignación a este principio de un contenido concreto que se proyecte no solamente sobre el diseño de las herramientas tecnológicas sino también sobre los derechos de los obligados tributarios contando para ello con un marco normativo adecuado.

Asimismo, la transformación de los procedimientos de aplicación de los tributos se enmarca, a nuestro juicio, en la necesaria revisión de los paradigmas sobre los que se asienta conceptualmente la Administración pública (el modelo weberiano y la nueva gestión pública) que, como apunta CAMPOS ACUÑA, "no parecen facilitar la transformación en una administración basada en la calidad, inteligencia, adaptabilidad al cambio, innovación y capacidad de aprendizaje". Tarea que no será fácil de abordar, pues si bien los avances tecnológicos discurren a gran velocidad, los sistemas de gobernanza, las instituciones, las organizaciones públicas y privadas progresan de modo mucho más lento[474].

Principio de buena administración digital cuya delimitación, por tanto, debe realizarse a través de la correspondiente regulación normativa, que ofrezca al contribuyente herramientas procedimentales efectivas para la salvaguarda de sus derechos, no utilizando únicamente instrumentos de *soft law* que no creemos que, en el estadio actual, puedan garantizar adecuadamente los derechos de los obligados tributarios, en un escenario en que el problema fundamental radica en que nos hemos apresurado a implementar una Administración tributaria electrónica permitiendo simplemente el uso de herramientas tecnológicas en pro de la eficacia, eficiencia y celeridad, sacrificando principios tales como el de legalidad,

---

473 CAMPOS ACUÑA, C., "El Derecho a una buena administración digital en la Carta de Derechos Digitales", cit., p. 77.

474 CAMPOS ACUÑA, C., "Una necesidad post-pandémica: la imprescindible construcción del «derecho a una buena administración digital»", cit., p. 1.

igualdad, transparencia, proporcionalidad o protección de datos personales, entre otros[475].

Esta situación si bien ofrece los ingredientes necesarios para el aumento de la conflictividad en este campo acrecentada por la ausencia de seguridad jurídica permite afirmar, al mismo tiempo, que se presenta como una *oportunidad* para proceder a la mencionada transformación de los procedimientos de aplicación de los tributos desde la perspectiva de la buena administración digital, a partir de la premisa de que, como se ha afirmado, buena administración también es aquella "que se adelanta al futuro, que se esfuerza en definir escenarios de prospectiva ante los profundos cambios de carácter tecnológico, económico, social y político"[476]. Proyección que contribuiría a mejorar el cumplimiento tributario y, en nuestro caso, un adecuado intercambio de datos entre las distintas Administraciones tributarias como consecuencia de un uso correcto de las herramientas digitales por parte de estas últimas. Aspectos ambos que se presentan necesarios para un correcto equilibrio de las dos partes que componen la relación jurídico-tributaria. Sentido en que se sitúan las palabras de SERRANO ANTÓN al señalar que el acceso creciente a novedosas tecnologías y sistema avanzados de información "brindan oportunidades concretas de cara al futuro en la lucha contra el fraude fiscal, y también para ser escrupulosas en las garantías y derechos de los contribuyentes"[477].

En definitiva, una buena administración del Siglo XXI es aquélla que utilice las inmensas posibilidades que le ofrece la era del dato, en todas sus dimensiones, para una mejor gestión, para fijar objetivos, para innovar, para prestar servicios de calidad para evaluar y rendir cuentas. Una administración ágil, innovadora y transparente, en la que la tecnología sirva para hacer más fácil la vida a la ciuda-

475 CAMPOS MARTÍNEZ, Y., "Los derechos y principios digitales en la relación tributaria electrónica: ética o derecho", cit., p. 251. Sentido en que también se ha pronunciado GRAU RUIZ, M. A., "Riesgos y oportunidades en la creciente digitalización fiscal", *Revista Técnica Tributaria*, núm. 130/2020, p. 7, al señalar que el diseño de las herramientas de inteligencia artificial "puede favorecer o incluso mermar la justicia tributaria en aras de una mayor eficiencia".

476 CAMPOS ACUÑA, C., "Una necesidad post-pandémica: la imprescindible construcción del «derecho a una buena administración digital»", cit., p. 13.

477 SERRANO ANTÓN, F., "Inspección tributaria e inteligencia artificial; hacia el equilibrio entre los derechos y garantías de los contribuyentes y la eficiencia en la Administración Tributaria", cit., p. 295.

danía, y que permita liberar a las personas en el servicio público para que puedan trabajar orientadas a la ciudadanía, para crear "administraciones humanas y humanistas", sin dejar a nadie atrás[478].

[478] CAMPOS MARTÍNEZ, Y., "Los derechos y principios digitales en la relación tributaria electrónica: ética o derecho", cit., p. 250

Capítulo Cuarto

LA NECESARIA FLEXIBILIZACIÓN DEL PRINCIPIO DE AUTONOMÍA PROCEDIMENTAL EN EL ÁMBITO DEL INTERCAMBIO DE INFORMACIÓN ENTRE ESTADOS

1. INTRODUCCIÓN

Como es conocido, la ejecución indirecta constituye "el eje sobre el que pivota el actual sistema de ejecución del Derecho europeo"[479]. Así pues, y en defecto de norma (acto legislativo) que atribuya a una institución u órgano de la Unión Europea potestades de aplicación del Derecho europeo, rige la administración indirecta siendo los Estados miembros los obligados a adoptar aquellas medidas necesarias para asegurar el cumplimiento de las obligaciones que nacen directamente del Tratado o de la legislación derivada.

En efecto, los fundadores de las Comunidades Europeas no pensaron o no previeron la existencia de una Administración pública europea. Antes al contrario, crearon una organización sencilla y poco burocrática, "ligera", según la ha denominado CHITI, concibiendo la Administración de las Comunidades como un aparato que debía necesariamente actuar a través de las Administraciones nacionales o, dicho con palabras de la Comisión Europea, los Estados miembros debían ser los ejecutores "naturales" del Derecho comunitario.

Por ello, establecieron el principio de ejecución indirecta del Derecho comunitario "en virtud del cual *serían los Estados miembros y, más en concreto, sus Administraciones nacionales quienes se encargarían* —bien sobre la base de la normativa comunitaria o fundándose en las normas nacionales que integran y hacen ejecutivo el Derecho comunitario y, sobre todo, la transposición de las directivas comunitarias— de ejecutar las disposiciones emanadas de las instituciones comunitarias o, si se quiere expresar en otros términos, serían los aparatos administrativos de los Estados miembros los encargados de la ejecución del Derecho comunitario". Ahora bien, la aplicación indirecta en la ejecución del Derecho comunitario es sólo el sistema organizativo, que por lo general permanece incardinado en el sistema nacional, mientras el Derecho comunitario funcionaliza progresivamente la actividad de toda administración pública nacional hasta el punto de poder hablar de una Administración común europea[480], según se ha destacado en el Capítulo segundo, con ocasión del examen de la codificación del procedimiento administrativo europeo.

---

479 VIÑUALES FERREIRO, S., *El procedimiento Administrativo de la Administración Europea*, cit., p. 37.

480 CALONGE VELÁZQUEZ, A., "El concepto de administración pública en la unión europea: administración pública nacional y administración pública comunitaria", *Revista de la Unión Europea*, núm. 19/2010, pp. 14 y 17.

Principio de aplicación indirecta que, en buena medida, es el que se encuentra en la base del principio de autonomía procedimental siendo, por tanto, este último principio consecuencia del anterior; esta situación en el escenario expuesto, vino a significar "la indiferencia del Derecho comunitario respecto a la forma de organizarse los Estados miembros, lo que permitió que ante la diversidad de Administraciones públicas nacionales, cada Estado miembro estableciera un concepto y una realidad de lo que era su Administración pública"[481]. Principio de autonomía procedimental que, como se analizará en profundidad a continuación, es preciso *flexibilizar* en el ámbito de los procedimientos que regulan el intercambio de información tributaria entre Estados en el seno de la Unión Europea con el objetivo de salvaguardar tanto la funcionalidad de dicho mecanismo como las garantías de los sujetos afectados por su aplicación, pudiendo entender la buena administración, en este ámbito, como un principio fundamental en orden a la consecución de los objetivos mencionados, según se ha analizado ya.

En efecto, el desarrollo de las Comunidades, las exigencias derivadas del cumplimiento del Derecho europeo y el funcionamiento efectivo de las políticas han revelado las limitaciones del principio de ejecución indirecta, en especial, la autonomía orgánica y procedimental de que disponían los Estados miembros para ejecutar el Derecho europeo[482].

Escenario, por tanto, en que partiendo de la existencia de una Administración europea, y sin perjuicio de la complejidad que entraña este concepto, cabría definirla, en sentido subjetivo, como el conjunto interrelacionado de órganos y servicios europeos y nacionales que actúan para la ejecución del Derecho de la Unión y, en sentido objetivo, como la función que ejercen tales órganos con la finalidad de satisfacer los intereses colectivos europeos[483].

Efectivamente, el aumento de las competencias de las Comunidades, como consecuencia del proceso de integración europea puso de manifiesto "la necesi-

---

481 CALONGE VELÁZQUEZ, A., op. cit., pp. 14 y 15.

482 CALONGE VELÁZQUEZ, A., op. cit., pp. 16 y 17. Autor que añade a lo expuesto en el texto que "pese a que siga vigente el principio de ejecución indirecta del Derecho comunitario e, incluso, reforzado por la introducción del principio de subsidiariedad y su definición con el Protocolo nº 2 adjunto al TFUE, lo cierto es que la ejecución directa se ha ido extendiendo conforme la Unión Europea ha ido ampliando su ámbito competencial, lo que ha motivado que se dote de una Administración pública directa encargada de la gestión de las nuevas competencias".

483 CALONGE VELÁZQUEZ, A., op. cit., p. 24.

dad de una aplicación uniforme y eficaz del Derecho europeo, lo que empezó a erosionar el principio de aplicación indirecta", que al permitir distintos tipos de ejecución por parte de las Administraciones de los Estados miembros fue generando desigualdades en la aplicación del Derecho europeo. Afirmación a la que cabe añadir la consideración de las Administraciones tributarias nacionales como auténticas Administraciones europeas *incidiendo*, por tanto, el Derecho de la Unión Europea de un modo directo sobre las relaciones existentes entre las Administraciones tributarias de los Estados miembros[484].

Por consiguiente, la necesidad de garantizar el cumplimiento homogéneo del Derecho, así como de las políticas europeas va a tener entre otras consecuencias "la limitación de la aplicación indirecta del derecho europeo y el consiguiente debilitamiento del principio de autonomía procedimental de los estados miembros, que cede en favor de una aplicación uniforme del derecho europeo"[485]. Uniformidad, en cuya realización creemos que cabe asignar un papel de especial relevancia al principio de buena administración desde la premisa de la atribución al mismo de un contenido concreto en los distintos sectores del ordenamiento jurídico y, por ende, del tributario que permita que su aplicación sobre los distintos sistemas domésticos los *impregne* de elementos comunes en el ámbito procedimental, teniendo en cuenta el contenido del art. 41 de la CDFUE así como la fuerza vinculante de la Carta. Todo ello, desde la consideración de que, como se ha afirmado, "el procedimiento administrativo no es ya sólo un asunto de aplicación del Derecho sino una opción primaria de regulación", conectado con la revalorización actual de los aspectos formales como parámetro legitimador de decisiones basadas en una buena administración y con el propio fortalecimiento de los instrumentos procesales en tanto cauce de defensa y garantía de los interesados"[486].

En este ámbito cabe indicar, como premisas de las ideas que se desarrollarán a continuación, que si bien la base de esta Administración pública europea lo constituyen las Administraciones públicas nacionales y la Administración

---

484 *Vid.* DI PIETRO, A., Prólogo al libro de FERNÁNDEZ MARÍN, F., El intercambio de información como asistencia tributaria externa del Estado de la Unión Europea, cit., p. 17.

485 VIÑUALES FERREIRO, S., *El procedimiento Administrativo de la Administración Europea*, cit., p. 35.

486 FERNÁNDEZ MARÍN, F., "De los principios del Derecho Comunitario a la tutela del contribuyente", cit., p. 47.

comunitaria central constituye la excepción, lo cierto es que tanto unas como otra conforman ese conjunto interrelacionado de Administraciones públicas del espacio comunitario siendo la segunda cada día más amplia adquiriendo, a su vez, mayor importancia. En definitiva, no se trata de espacios separados y mucho menos estancos, sino que se interrelacionan para la consecución de los objetivos de la integración dando lugar a lo que se ha denominado fenómeno de la coadministración[487].

2. NECESIDAD DE UNA NUEVA INTERPRETACIÓN DEL PRINCIPIO DE AUTONOMÍA PROCEDIMENTAL EN RELACIÓN CON EL PROCEDIMIENTO DE INTERCAMBIO DE INFORMACIÓN TRIBUTARIA

El impulso recibido por el intercambio de información tributaria, de modo particular en el seno de la Unión Europea, debe ser entendido en el marco de dos parámetros. El primero, la consideración de que la cooperación fiscal "respeta" la soberanía de los Estados miembros y, el segundo, la comprensión de dicho instrumento como mecanismo llamado a "suplir" las dificultades de armonización fiscal en el ámbito europeo, y que ha conducido al denominado sobredimensionamiento del intercambio de información tributaria en el seno de la Unión Europea.

Ideas que, encontrándose interrelacionadas, y que interpretadas junto al estatalismo que domina los intercambios de información entre los distintos Estados que conforman la Unión Europea, no solamente conducen, en línea de principio, a la reafirmación del principio de autonomía procedimental sino también a una práctica irrelevancia de los intereses de los sujetos afectados por dichas actuaciones.

Pues bien, como se ha avanzado ya, el principio de autonomía procedimental establece que el ordenamiento comunitario será desarrollado por los Estados miembros a través de los procedimientos establecidos a nivel interno. Autonomía procedimental que, derivada del principio de subsidiariedad, "viene a completar las exigencias del principio de primacía", cobrando sentido a partir

487 CALONGE VELÁZQUEZ, A., El concepto de administración pública en la unión europea: administración pública nacional y administración pública comunitaria", cit., p. 24.

de la existencia del primero. Y ello, desde la consideración de que el principio de subsidiariedad prescribe que las medidas a implementar para el desarrollo del ordenamiento comunitario serán realizadas desde el Estado, como regla general, tanto si se requiere un acto legislativo como administrativo[488].

Efectivamente, y recordando que las atribuciones y competencias de la Unión Europea son derivación del contenido básico de la soberanía de los Estados miembros, y a pesar de que "los Tratados constitutivos de las Comunidades Europeas no descansan expresamente sobre la distinción creación-aplicación del Derecho", tal como sucede en los Estados europeos de corte continental, entre los que se encuentra España, cabe extraer como consecuencia que "la Unión Europea es una entidad básicamente normativa y que la aplicación o ejecución del Derecho europeo es —fundamentalmente— tarea de las Administraciones de los Estados miembros"[489].

A partir de lo expuesto, y al margen de otras consideraciones, cabe afirmar, por tanto, que el Derecho de la Unión Europea incluye el *principio de aplicación nacional del Derecho comunitario*. Ahora bien, asumiendo esta premisa, debe precisarse que ese principio no constituye una exigencia tajante del Derecho primario sino que, a juicio de buena parte de la doctrina, presenta un elevado margen de posibles excepciones, entre las que cabe reseñar la necesidad de *conciliar* el principio de autonomía procedimental con la aplicación uniforme del Derecho comunitario (tal como afirma el TJCE, en la Sentencia de 16 de octubre de 1991, Asunto *Hauptzollamt Hamburg-Jonas contra Werner Faust OHG*, C-24/90).

Aspiración a la uniformización procedimental que, si bien no tendría como efecto la desaparición del principio de autonomía institucional y procedimental, siendo cierta la afirmación de que la irrupción normativa de los principios de *subsidiariedad y proporcionalidad* (arts. 5.2 y 3 del TCE) tiende quizá a asegurar la permanencia de dicho principio[490], creemos que no impide reflexionar acerca de la necesidad de *conciliar* el mismo con una cierta uniformidad en la aplicación del Derecho comunitario, y en particular, en lo que atañe a la normativa reguladora de los intercambios de información tributaria entre Estados miembros. En

488 FERNÁNDEZ MARÍN, F., "De los principios del Derecho Comunitario a la tutela del contribuyente", cit., p. 17.

489 VELASCO CABALLERO, F., "Procedimiento administrativo para la aplicación del derecho comunitario", cit., p. 438.

490 *Vid.* VELASCO CABALLERO, F., op. cit., pp. 438 a 440.

este marco de ideas encuentra sentido, a nuestro modo de ver, la afirmación de MELLADO RUIZ a cuyo juicio el proceso de integración comunitario no solamente ha supuesto una fragmentación o resquebrajamiento del poder soberano, sino, de hecho, "una «normativización» u objetivización del concepto mismo de soberanía"[491].

Estas consideraciones podrían sustentarse, en efecto, en el hecho de que el propio principio de primacía así como el de lealtad comunitaria (art. 10 TCE), imponen limitaciones al principio de autonomía procedimental; más en concreto, por un lado, las derivadas del *principio de efectividad*, en el sentido de que los procedimientos tributarios internos sean *adecuados* para la implementación del Derecho comunitario[492] y, por otro, las procedentes del *principio de equivalencia*, entendido como que los procedimientos nacionales "faciliten el mismo nivel de cumplimiento que el que es propio del Derecho nacional"[493]. Límites a los que debe añadirse quizá el más importante a nuestro juicio y que, siguiendo a FERNÁNDEZ MARÍN, se refiere a que las normas internas no supongan la vulneración de ninguna norma comunitaria y, en concreto, los derechos contenidos en la Carta de Derechos Fundamentales de la Unión Europea[494], entre los que se encuentran el principio de buena administración. Principio que, como se ha señalado, requiere para su correcta implementación el compromiso de los gobiernos para garantizar los derechos de los ciudadanos, incrementando el nivel de control interno en orden a actuar en armonía con los principios de buen gobierno[495].

Consideraciones que, lejos de conducir a mantener "el carácter autónomo —y separado— de ambos sistemas jurídicos", deben llevar a pensar en la necesidad de una "cooperación normativa" que conduzca a la existencia de "un *sistema*

---

491 MELLADO RUIZ, "Principio de buena administración y aplicación indirecta del Derecho Comunitario: instrumentos de garantía frente a la «comunitarización» de los procedimientos", cit., pp. 29 y 30.

492 *Vid.* VELASCO CABALLERO, F., "Procedimiento administrativo para la aplicación del derecho comunitario", cit., p. 441 y FERNÁNDEZ MARÍN, F., "De los principios del Derecho Comunitario a la tutela del contribuyente", cit., p. 19.

493 VELASCO CABALLERO, F., op. cit., p. 440.

494 FERNÁNDEZ MARÍN, F., "De los principios del Derecho Comunitario a la tutela del contribuyente", cit., p. 20.

495 BATALLI, M. y FEZZULLAHU, A., "Principles of Good Administration under the European Code of Good Administrative Behavior", cit., pp. 28 y 29.

jurídico integrado, en constante interacción ordinamental"[496], que, concretamente, en lo que respecta al intercambio de información entre Estados en el ámbito de la Unión Europea, y a partir del enfoque del principio de buena administración, conduzca tanto una mayor eficacia de dicho instrumento como la adecuada garantía de los derechos de los sujetos afectados.

Dicho de otro modo, cabe afirmar que, formando parte del Derecho comunitario el principio de autonomía procedimental, su "alcance o configuración final" debería ser resultado de su debida *ponderación* junto a los principios de eficacia y de lealtad comunitaria; equilibrio del que resultaría, precisamente, "la licitud comunitaria de normas procedimentales europeas allí donde se da una «necesidad de aplicación uniforme» del Derecho comunitario"[497]. Principio de autonomía institucional, por tanto, que puede configurarse como un límite frente al principio de primacía el derecho comunitario, pero nunca un obstáculo[498].

Por consiguiente, y en este ámbito, no cabe ignorar, como ha indicado MELLADO RUIZ, que "la «libertad procedimental» de los EEMM para la aplicación propia del Derecho comunitario, en la elección, conformación y desarrollo de los procedimientos administrativos internos aplicables, puede chocar claramente con la conformación de lo que se ha llamado «ius commune administrativo comunitario» y la posibilidad de construcción homogénea de categorías conceptuales comunes".

Consideración que, en lo que se refiere, en particular, al proceso de trasposición de las Directivas, y en concreto las que regulan el intercambio de información tributaria, puede conducir a afirmar que, en el fondo, existe una "normación compartida" y, por tanto, en mayor o menor grado, una actividad de "creación

496 *Vid.* FERNÁNDEZ MARÍN, F., "De los principios del Derecho Comunitario a la tutela del contribuyente", cit., p. 39 y CALONGE VELÁZQUEZ, A., "El concepto de administración pública en la unión europea: administración pública nacional y administración pública comunitaria", cit., p. 17, a cuyo juicio, "el principio de autonomía institucional de los Estados miembros ha visto mermada su capacidad de influencia como consecuencia de las exigencias de la integración".

497 VELASCO CABALLERO, F., "Procedimiento administrativo para la aplicación del Derecho comunitario", cit., p. 441.

498 FERNÁNDEZ MARÍN, F., "De los principios del Derecho Comunitario a la tutela del contribuyente", cit., p. 47.

jurídica"[499], que puede conducir a la aparición de divergencias entre las garantías y los derechos de defensa previstos en el Derecho comunitario y las contempladas en el procedimiento administrativo interno de los Estados miembros.

Razón, precisamente, por la que pensamos que la aplicación del principio de buena administración, interpretado a la luz de los principios de efectividad, equivalencia y lealtad comunitaria, puede y debe contribuir a la coordinación y acercamiento de los procedimientos que regulan el intercambio de información tributaria en el seno de la Unión Europea y, por ende, a la adecuada consecución de los fines perseguidos por dicho mecanismo a través de la limitación de las divergencias señaladas, a las que hace referencia la Exposición de Motivos del Reglamento de Protección de Datos 2016/679, del Parlamento Europeo y del Consejo, de 27 de abril de 2016 (ya mencionada), buscándose, por tanto, una aplicación "equivalente" de las normas que regulan el intercambio de información tributaria.

La afirmación expuesta se sustenta, al menos, en dos consideraciones: la primera, el carácter vinculante de la Carta de Derechos Fundamentales de la Unión Europea, que no solamente consagra el principio de la buena administración sino también la salvaguarda de los derechos y libertades fundamentales, tal como resultan de las tradiciones comunes de los Estados miembros, no debiendo ignorar en este sentido la injerencia que el intercambio de información supone en la esfera jurídica de los distintos sujetos afectando, en particular, a los derechos a la vida privada y a la tutela judicial efectiva. Sentido en que ha afirmado significativamente MELLADO RUIZ que, en el seno de la Unión Europea, entendida como *Comunidad de Derecho*, "la garantía de uniformidad mínima de los derechos fundamentales y los principios generales de defensa y reacción de los ciudadanos frente a los poderes públicos se torna indiscutible"[500].

La segunda consideración, se refiere a la condicionalización de los procedimientos por parte del Derecho comunitario desde el punto de vista de la revalorización de los aspectos formales[501] que, desde el foco de la buena administración, deben entenderse, según se ha expuesto *in extenso* a lo largo del presente

---

[499] MELLADO RUIZ, "Principio de buena administración y aplicación indirecta del Derecho Comunitario: instrumentos de garantía frente a la «comunitarización» de los procedimientos", cit., p. 32.

[500] MELLADO RUIZ, op. cit., p. 48.

[501] MELLADO RUIZ, op. cit., p. 48.

trabajo, como un modo de gestión más óptima al servicio del ciudadano incluso más allá de la Ley, otorgando a los mismos una indiscutible dimensión material.

En consecuencia, y como resultado de lo expuesto, se hace preciso "compatibilizar (...) un mínimo imprescindible de «uniformidad procedimental»", en manos de las instituciones europeas, en cuanto garantía de la aplicación uniforme del Derecho comunitario, de la consecución de sus fines, así como de la previsibilidad, suficiencia e igualdad en los mecanismos de defensa y garantía de los interesados, con el respeto de los necesarios márgenes de autonomía institucional y procedimental a los Estados miembros[502].

Objetivo cuya complejidad no ignoramos dependiendo su realización, en buena medida, y a nuestro juicio, de la voluntad política de los Estados que conforman la Unión Europea y, por tanto, de su espíritu de cooperación; consideración que debe tenerse necesariamente presente en un escenario en que el modelo de ejecución descentralizada del ordenamiento europeo puede conducir a la dicotomía o "esquizofrenia procedimental" que, en lo que se refiere a las actuaciones de intercambio de información tributaria, no solamente tiene como resultado una menor eficacia de las mismas sino que además, conduce a un importante desconocimiento (cuando no completa ignorancia) de las garantías que deben acompañar a los titulares de los datos objeto de intercambio por parte de las Administraciones tributarias.

3. LA COOPERACIÓN ADMINISTRATIVA ENTRE ESTADOS MIEMBROS Y LA BUENA ADMINISTRACIÓN

La existencia de un importante y creciente proceso de integración entre los ordenamientos de los Estados miembros y el Derecho europeo se manifiesta de manera intensa en el ámbito del intercambio de información tributaria, debido a que la integración del contenido de las Directivas en los sistemas domésticos de los distintos Estados derivada de la trasposición de las mismas, está dando lugar al "encadenamiento formal" entre las normas europeas y su aplicación procedimental[503] por parte de los Estados miembros y, en particular, por el español.

502 MELLADO RUIZ, op. cit., p. 48.

503 VELASCO CABALLERO, F., "Procedimiento administrativo para la aplicación del Derecho comunitario", cit., p. 446.

Situación que, según se expondrá a continuación, y siguiendo a VELASCO CABALLERO, parece estar dando lugar, por una parte, a la "difuminación de los límites entre la norma material (europea) y la norma procedimental (española)" y, por otra, a la "adaptación hermeneútica del procedimiento nacional, para adecuarlo a las exigencias materiales (y procedimentales) del Derecho Europeo" y, en definitiva, y en ambos casos, a la *progresiva adaptación* del procedimiento administrativo español al Derecho comunitario.

Integración que, atendiendo a nuestro objeto de estudio, se manifiesta con especial intensidad en el ámbito del intercambio de información tributaria siendo discutible en ocasiones, según se ha venido poniendo de manifiesto, la adecuación del procedimiento previsto en los distintos ordenamientos domésticos a las exigencias del Derecho Europeo (teniendo en cuenta la vigencia del principio de autonomía procedimental) y, sobre todo, la coordinación entre los procedimientos de los Estados miembros sentida como un *interés común* cuya consecución debe superar el enfrentamiento entre los objetivos perseguidos por el intercambio de información tributaria y la preservación de la autonomía institucional y procedimental[504] y, por tanto, el fuerte estatalismo presente todavía en la actuación de los distintos Estados cuya rigidez, sin embargo, parece ir aliviándose. Cuestiones que, sucintamente expuestas, serán analizadas en las páginas que siguen desde la perspectiva, en último término, del "empuje" que puede suponer en la consecución de los objetivos mencionados la proyección del principio de buena administración.

3.1 LA COOPERACIÓN ADMINISTRATIVA ENTRE ESTADOS MIEMBROS Y LA BUENA ADMINISTRACIÓN EN CUANTO CUESTIONES DE "INTERÉS COMÚN"

Como se ha indicado por parte de la doctrina, la necesidad de lograr la convergencia de la normativa administrativa y, por ende, de los procedimientos de los distintos Estados miembros ha conducido a la introducción en el acervo comunitario de dos importantes elementos: el derecho a una buena administración

504 Idea que ya se encontraba especialmente presente cuando se redactó la Directiva 77/799/CEE, siendo significativo que indicara en este sentido que "Es conveniente intensificar la colaboración entre Administraciones fiscales en el interior de la Comunidad sobre la base de normas y principios comunes".

y la cooperación entre dichos Estados como una cuestión de *común interés* que debe conducir a la mejora del procedimiento administrativo[505].

Esta afirmación se ha apoyado doctrinalmente, y en esencia, en el tenor del art. 197 del Tratado de Funcionamiento de la Unión Europea (TFUE)[506], que al declarar, en su apartado primero, que "la aplicación efectiva del Derecho de la Unión por los Estados miembros (...) es esencial para el buen funcionamiento de la Unión", considerándose como un asunto de "interés común", deja entrever la existencia y necesidad de un deber de leal cooperación entre las autoridades nacionales y los organismos europeos con sujeción a los principios de equivalencia y efectividad[507]. Afirmación que, en lo que atañe al intercambio de información tributaria, adquiere especial relevancia desde la premisa, ya apuntada, de la consideración de la finalidad última de dicho mecanismo dirigida a la realización del mercado interior y, por tanto, de las libertades comunitarias debiendo reiterar, sin embargo, y a nuestro juicio, la práctica inexistencia de un auténtico espíritu de cooperación entre los Estados de la Unión Europea.

Idea, por otro lado, que también podría encontrar sustento en el apartado segundo del precepto citado, a cuyo tenor se establece que "La Unión podrá respaldar los esfuerzos de los Estados miembros por mejorar su capacidad administrativa para aplicar el Derecho de la Unión", añadiendo que "ningún Estado miembro estará obligado a valerse de tal apoyo", si bien "El Parlamento Europeo y el Consejo, mediante reglamentos adoptados con arreglo al procedimiento legislativo ordinario, establecerán las medidas necesarias a este fin, con exclusión de toda armonización de las disposiciones legales y reglamentarias de los Estados miembros". Disposición que, aunque promueve la cooperación entre los Estados miembros y, entre éstos y la Unión Europea, excluye cualquier armonización de las disposiciones legales o reglamentarias habiéndose afirmado, sin embargo, en este último sentido, que tanto el Tribunal de Justicia de la Unión Europea como las instituciones europeas y, en particular, el Parlamento y la Comisión están tra-

505 VALAN, E. y VARIA, G., "On the Right to Good Administration: European developments and national administrative practice", cit., p. 8.

506 (*Tol 2435089*)

507 VALAN, E. y VARIA, G., "On the Right to Good Administration: European developments and national administrative practice", cit., p. 8.

bajando en la promoción de "estándares mínimos" en lo que se refiere a la regulación del procedimiento administrativo[508].

Iniciativa que cabe entender muy acertada, sin perjuicio de los obstáculos que la misma debe superar y que, como es obvio, no solo afectan al intercambio de información tributaria entre Estados miembros sino al procedimiento administrativo general.

3.2 LA APROXIMACIÓN DE LOS PROCEDIMIENTOS EN MATERIA DE INTERCAMBIO DE INFORMACIÓN ENTRE ESTADOS MIEMBROS. UNA NECESIDAD Y UN DESAFÍO

La desaparición de las fronteras en el seno de la Unión Europea supuso un desafío formidable para las Administraciones fiscales basándose su respuesta en la necesidad de una cooperación administrativa intensa en orden a la consecución de un desarrollo eficaz de las funciones de la Administración tributaria[509]. En otros términos, la construcción del mercado interior, con el desarrollo de las libertades comunitarias, se ha realizado sin haberse adoptado, al mismo tiempo, medidas efectivas para su realización, más allá de la cooperación entre los Estados miembros, prevista al comienzo de manera muy tímida.

Cooperación interadministrativa, sin embargo, y continuando con el análisis de las ideas enunciadas, que no puede desarrollarse *eficazmente* a nivel europeo si no se supera el *estatalismo* que domina la actuación de los Estados miembros, debiendo entender esta idea, a nuestro juicio, como una importante "matización" a la consideración de que la cooperación fiscal "respeta" la *soberanía* de los Estados en el seno de la Unión Europea. En efecto, y como ha indicado LASARTE ÁLVAREZ, en el Preámbulo del Tratado de Funcionamiento de la Unión Europea se declara expresamente que los Estados miembros están preocupados por "reforzar la unidad de sus economías y asegurar un desarrollo armonioso" y "aunque parece que derivan esa preocupación hacia la corrección de las diferencias económicas internas de los territorios de la Unión, es evidente que ese objetivo *obliga* también a una *homologación* de *los poderosos sistemas fiscales y de su apli-*

508 VALAN, E. y VARIA, G., op. cit., p. 8.

509 BUSTAMANTE ESQUIVIAS, M. D., "Instrumentos de asistencia mutua en materia de intercambios de información (Impuestos directos e IVA)", *Documentos del Instituto de Estudios Fiscales,* núm. 23/2002, p. 487.

cación efectiva", añadiendo dicho autor que "no creemos que pueda alcanzarse esa «unidad de sus economías» con *notorias disparidades* de las obligaciones de los contribuyentes de los Estados Miembros *sin un alto grado de coordinación y colaboración de las Administraciones nacionales* que impida que cada uno de ellos se convierta de hecho en un *compartimento estanco en el contexto de un espacio común abierto*"[510]. En suma, y en este contexto, no cabe hablar de sistemas jurídicos aislados sino en relación[511].

Consideraciones que, proyectadas sobre el intercambio de información tributaria entre Estados en el ámbito europeo, nos conducen a afirmar que la ausencia de coordinación entre los ordenamientos que regulan dicho mecanismo en el seno de cada Estado, según se ha destacado por la doctrina[512], no solamente supone un freno a la *eficacia* de dicho mecanismo sino también un importante obstáculo para la salvaguarda de los derechos y garantías que podrían verse afectados; sentido en que se ha señalado que "el ejercicio de un control tributario con alcance nacional (...) debe superarse incrementando las técnicas de coordinación, creando instrumentos que aseguren resultados positivos en la lucha contra el fraude", debido a que únicamente puede conseguirse "una evaluación correcta de los impuestos, o luchar de forma más efectiva contra el fraude fis-

---

510 *Vid.* LASARTE ÁLVAREZ, J., "Limitaciones de las normas de los Tratados sobre armonización y coordinación fiscal y exigencias de la situación actual de la Unión Europea", cit., pp. 32 y 33. Disponible en http://www.upo.es/export/portal/com/bin/portal/upo/profesores/jrampri/profesor/1324329611453_ ponencias.pdf (fecha de consulta: 7 de julio de 2023). El subrayado es nuestro.

511 GIL IBÁÑEZ, A. J., "Principio de primacía del Derecho europeo y Constitución española: límites y consecuencias de la cesión de soberanía tras la nueva Constitución europea", *Gaceta Jurídica de la Unión Europea,* núm. 232/2004, p. 4.

512 *Vid.*, entre otros autores, CALVO VÉRGEZ, J., "El intercambio de información fiscal en el ámbito del Derecho Internacional Tributario: algunas consideraciones", *Revista Nueva Fiscalidad,* núm. 10/2002, p. 86, quien indica que "los fines perseguidos no reflejan la existencia de un interés común ya que el interés general sólo cobra sentido en el marco nacional" y DI PIETRO, A., Prólogo al libro de FERNÁNDEZ MARÍN, F., *El intercambio de información como asistencia tributaria externa del Estado de la Unión Europea*, Tirant lo Blanch, Valencia, 2006, p. 16, quien señala de modo significativo cómo la "soberanía impositiva nacional" se impone también en relación con los impuestos armonizados.

cal transnacional y la evasión fiscal mediante el establecimiento de medidas de coordinación"[513].

En otros términos, y teniendo en cuenta que las actuaciones de intercambio de información tienen como objetivo el control, la comprobación y la recaudación de las obligaciones tributarias, suscribimos las palabras de DI PIETRO cuando afirma que son precisas soluciones armonizadas en relación con los procedimientos de control y de comprobación, esto es, la "aspiración" a la existencia de un espacio jurídico europeo que, en el campo de la fiscalidad, haga posible la libre circulación de los actos de comprobación de las administraciones tributarias de los Estados miembros[514] y, en definitiva, el intercambio de datos fiscales.

En el escenario expuesto, sin embargo, "la realidad de las cosas se viene ocupando reiteradamente de demostrar que las *carencias de la armonización y de la coordinación fiscal* son fuentes de conflicto y obstáculos en el correcto funcionamiento del mercado interior" y, por ende, de la correcta realización del mecanismo del intercambio de información en el seno de la Unión Europea[515] cuya eficacia, según se ha indicado ya, es directamente proporcional al nivel de coordinación entre los procedimientos de los distintos Estados miembros.

Situación tras la cual, cabe detectar, a nuestro juicio, un *difícil equilibrio* entre el interés europeo a la asistencia entre Administraciones tributarias y el "respeto" a la soberanía estatal, dada la tendencia existente a considerar el intercambio de datos tributarios entre Estados miembros como un instrumento de garantía del interés tributario del propio Estado, lo que conlleva, asimismo, una *difícil armonización o uniformización* de los mecanismos de intercambio de información vigentes en los diversos Estados que conforman la Unión Europea. Asistimos,

---

513 GARCÍA VALERA, A., "Armonización y coordinación fiscal en la Unión Europea", en *Armonización, coordinación fiscal y lucha contra el fraude,* ADAME MARTÍNEZ, F. (Dir.), Aranzadi, Cizur Menor, Navarra, 2000, p. 564.

514 *Vid.* DI PIETRO, A., Prólogo al libro de FERNÁNDEZ MARÍN, F., *El intercambio de información como asistencia tributaria externa del Estado de la Unión Europea,* cit., p. 16.

515 *Vid.* LASARTE LÓPEZ, R., "Nuevas bases para la cooperación administrativa en el ámbito de la Unión Europea: un impulso al intercambio internacional de información", en *Armonización, coordinación fiscal y lucha contra el fraude,* LASARTE, J. y ADAME, F. (Coords.), Aranzadi, Cizur Menor, Navarra 2012, p. 456.

de este modo, y a la postre, a una "pugna entre los objetivos comunitarios y los procedimientos estatales"[516].

Ahora bien, y aun detectando avances en materia de coordinación, propiciados en buena medida por la labor de *soft law* llevada a cabo tanto por parte del TJUE[517] como a partir de la *integración* del Derecho comunitario en los procedimientos domésticos de intercambio de información[518], el *escollo fundamental* en este ámbito se encuentra representado, a nuestro juicio, por la práctica ausencia de lo que hemos denominado cultura de la cooperación o consciencia de la existencia de un *interés fiscal supranacional*.

En efecto, y siendo evidente la *regulación armonizadora* (aunque lenta) que se deriva de la trasposición de las Directivas comunitarias en materia de intercambio de información, que "enmarcada en un proceso de cooperación intergubernamental", se dirige, al menos en teoría, a posibilitar a los Estados miembros la realización de determinados "«fines comunes» con un margen (procesal) de maniobra, respetuoso con las particularidades nacionales, que postula una nece-

516 DI PIETRO, A., Prólogo al libro de FERNÁNDEZ MARÍN, F., *El intercambio de información como asistencia tributaria externa del Estado de la Unión Europea*, cit., p. 26.

517 Como ha señalado VILLAR EZCURRA, la jurisprudencia del "TJUE ha conducido a la integración europea allí donde las instituciones europeas no han querido o no han podido llegar"; doctrina que, a su juicio, "tiene un efecto limitador de la soberanía fiscal, debido fundamentalmente a la ausencia de armonización fiscal normativa y a la expansión creciente de las libertades comunitarias, que ha permitido un acercamiento de la fiscalidad de los Estados desde la afirmación de la comparabilidad entre residentes y no residentes" (VILLAR EZCURRA, M., "El impacto de la jurisprudencia comunitaria en la armonización y coordinación fiscal", pp. 92 y 100, disponible en: http://www.upo.es/export/portal/com/bin/portal/upo/profesores/jrampri/profesor/1324329611453_ponencias.pdf —fecha de consulta 21 de junio de 2023—).

518 Son expresivas de dicha idea las palabras de CALDERÓN CARRERO con las que señala que "parece difícil negar que las disposiciones comunitarias reguladoras de la asistencia mutua e intercambio de información no constituyan *normas de armonización fiscal*, por más que no sean normas de armonización *material* de los impuestos sobre los que se proyectan". Idea en la que profundiza también DI PIETRO destacando el papel cada vez más importante desempeñado por las normas sobre intercambio de información, "nacidas para ofrecer un apoyo a la armonización fiscal o a la aplicación del derecho derivado", representando, a día de hoy, "la más importante, sino incluso la única, garantía jurídica del equilibrio entre la plena eficacia de las normas nacionales y el respeto de los objetivos del Tratado de la Unión Europea» (DI PIETRO, A., Prólogo al libro de FERNÁNDEZ MARÍN, F., op. cit., p. 16).

saria flexibilidad y autonomía interna en la elección de los medios y las formas para su activación"[519], pensamos que todavía no se ha llegado al nivel deseable de interés en una auténtica cooperación entre los Estados que conforman la Unión Europea que se articula como imprescindible para el logro de una auténtica coordinación procedimental.

Se trata de aspirar, por tanto, a la instauración de una *cultura administrativa* tanto a nivel europeo como, incluso, internacional basada en la existencia de una *comunidad de intereses* que, concretamente en el ámbito de la fiscalidad, suponga la superación de la inercia de otorgar mayor prioridad a los expedientes internos que a las solicitudes de información y asistencia de otros Estados miembros y a cuya consecución ayudaría, indiscutiblemente, la asunción por parte de dichos Estados de la "identidad funcional" del mecanismo del intercambio de información que, como afirma DI PIETRO, "contribuye a superar las diferencias nacionales de los procedimientos de control y de sus actos"; identidad funcional, asimismo, "que exalta, siempre por motivo de los objetivos comunitarios, la autonomía de las administraciones para seleccionar, valorar o utilizar, íntegra o parcialmente, los elementos informativos obtenidos del circuito comunitario"[520].

3.3 EL PRINCIPIO DE AUTONOMÍA PROCEDIMENTAL A LA LUZ DE LAS EXIGENCIAS DE LA BUENA ADMINISTRACIÓN

Siendo cierto que la integración europea, e incluso el propio proceso de globalización "parecen haber arrinconado el concepto clásico de soberanía" concebido, en palabras de BODINO, como "el poder absoluto y perpetuo de la República", también lo es, según se ha venido señalando, que el nuevo ámbito europeo no debe aspirar a sustituir a las antiguas soberanías por la soberanía europea sino, más bien, a intentar lograr la *compatibilidad* o *integración* entre ambas. Respeto que, a juicio de GIL IBAÑEZ, se traduce, precisamente, en el principio de autonomía institucional y procedimental[521] si bien entendido, a nuestro juicio, en el sentido más arriba expuesto.

---

519 FERNÁNDEZ MARÍN, F., "De los principios del Derecho Comunitario a la tutela del contribuyente", cit., p. 47.

520 DI PIETRO, A., Prólogo al libro de FERNÁNDEZ MARÍN, F., op. cit., p. 20.

521 *Vid.*, en relación con estas ideas, GIL IBÁÑEZ, A. J., "Principio de primacía del Derecho europeo y Constitución española: límites y consecuencias de la cesión de soberanía

En definitiva, en lo que a nuestro estudio interesa, y sin perjuicio de la vigencia del principio recién mencionado, "los procedimientos administrativos se encuentran dirigidos o condicionados intensamente por el Derecho europeo" habiéndose afirmado, en este sentido, que "la distinción procedimental entre creación y aplicación del Derecho europeo no supone ni ajeneidad comunitaria por lo procedimental, ni lejanía nacional respecto de la regulación sustantiva comunitaria"[522]. En efecto, el Derecho nacional también forma parte explícitamente del Derecho comunitario, bastando observar el estatus de las normas nacionales que incorporan Directivas, así como cualquier otra norma o acto que sirva para dar aplicación a una norma europea[523].

Por otra parte, y junto a las ideas expuestas, debe tomarse en consideración que "el procedimiento administrativo no es ya sólo un asunto de aplicación del Derecho sino una opción primaria de regulación", conectando con la revalorización actual de los aspectos formales como parámetro legitimador de decisiones basadas en una buena administración y con el propio fortalecimiento de los instrumentos procesales en tanto cauce de defensa y garantía de los interesados[524], debiendo remarcar, en este ámbito, la dimensión material de los elementos que conforman el procedimiento de aplicación de los tributos y, en nuestro estudio, de aquéllos que integran el procedimiento previsto para el intercambio de información tributaria entre EEMM, tanto con carácter rogado como automático.

En consecuencia, es posible afirmar que "el procedimiento administrativo español, puesto al servicio del derecho comunitario, se rige por los principios (materiales o procedimentales) propios del derecho europeo" (insertos también, en su mayoría, en nuestro sistema jurídico), como los principios de proporcionalidad, protección de la confianza legítima, seguridad jurídica y no discriminación, entre otros.

---

tras la nueva Constitución europea", cit., p. 4.

522 VELASCO CABALLERO, F., "Procedimiento administrativo para la aplicación del Derecho comunitario", cit., pp. 436 y 437.

523 GIL IBÁÑEZ, A. J., "Principio de primacía del Derecho europeo y Constitución española: límites y consecuencias de la cesión de soberanía tras la nueva Constitución europea", cit., p. 5.

524 FERNÁNDEZ MARÍN, F., "De los principios del Derecho Comunitario a la tutela del contribuyente", cit., p. 47.

La reflexión expuesta conduciría a sostener que el derecho procedimental español se interpreta conforme al derecho europeo, "de la *forma más favorable a la eficacia de la norma positiva europea*"[525], no existiendo duda de que uno de los principios aplicables al mismo es el de buena administración, en cuanto principio previsto en la Carta de Derechos Fundamentales de la Unión Europea, que, a nuestro juicio, supondría concebir el procedimiento de aplicación del Derecho europeo a partir de las exigencias derivadas de dicho principio, lo que inevitablemente llevaría a la inserción e interpretación de las garantías procedimentales que aglutina dicho principio *desde la impronta que imprime a los mismos la buena administración*, tal como se ha estudiado en el capítulo correspondiente.

Puede afirmarse, por tanto, que el originario principio de autonomía institucional de los Estados miembros, consagrado desde un primer momento en los Tratados comunitarios, se ha visto *mediatizado* "como consecuencia del desarrollo de un Derecho administrativo europeo que, de alguna manera, impone a los Estados miembros una cierta noción de Administración pública e, incluso, la creación de algunas estructuras administrativas muy similares en los Estados miembros", tratándose de un supuesto que no se da con la misma intensidad en las distintas materias, pero sí en aquellas en que la integración europea es más profunda[526].

Son, por consiguiente, las ideas expuestas las que, en lo que respecta a nuestro objeto de estudio, conducirían, a nuestro modo de ver, a dos reflexiones, esencialmente. La primera, parte de la premisa de la *especial integración* del Derecho que regula el intercambio de información tributaria en el ámbito de la Unión Europea en los ordenamientos de los Estados miembros a través de la trasposición de las Directivas correspondientes, asistiéndose así a una particular interrelación entre ambos. Situación que reclama la "suavización" del principio de autonomía procedimental e incluso, como se acaba de señalar, la creación de estructuras o procedimientos muy similares en los Estados miembros, lo que, desde luego, debe entenderse fundamental tanto para la garantía de la funcionalidad de dicho mecanismo como para la salvaguarda, al mismo tiempo, de los derechos de los sujetos afectados.

---

525 VELASCO CABALLERO, F., "Procedimiento administrativo para la aplicación del Derecho comunitario", cit., p. 451.

526 CALONGE VELÁZQUEZ, A., "El concepto de administración pública en la unión europea: administración pública nacional y administración pública comunitaria", cit., pp. 27 y 28.

La segunda consideración, conectada con la anterior, se refiere a la necesaria realización, entre otros, de los principios de proporcionalidad, protección de la confianza legítima, seguridad jurídica y no discriminación en el seno del procedimiento de intercambio de datos entre Estados miembros. Garantías que, en cuanto huellas de la buena administración, deben orientarse, según se ha expuesto en los Capítulos anteriores, a la consecución de una actuación óptima al servicio del ciudadano-contribuyente, en que se tengan en cuenta sus intereses incluso más allá de la Ley, encontrando el procedimiento administrativo su justificación en el servicio objetivo y eficaz a los intereses generales (art. 103 CE)[527].

Fundamento que aparece como reflejo de la preocupación por la calidad de la actividad administrativa, en cuanto aspecto de la función pública que indica cómo ha de ejercerse la misma, y que "se ha convertido en un poderoso instrumento de resolución de conflictos", permitiendo al Tribunal Supremo hacer justicia en el caso concreto y, en particular, en aquellos supuestos en que no existe una vulneración clara del ordenamiento tributario; buena administración que, como también se ha reiterado, presenta "un potencial enorme de cara a la defensa de los derechos y garantías de los obligados tributarios"[528].

Esto es, y como ha señalado PONCE SOLÉ, es preciso tomar consciencia de la *revolución tranquila* que ha tenido lugar en la jurisprudencia del Tribunal Supremo español, quien, con toda naturalidad, ha pasado en los últimos años de controlar la discrecionalidad en base al principio de interdicción de la arbitrariedad, entendido como ilegalidad de lo no motivado y de lo irracional, a un

527 Idea a que se ha referido RODRÍGUEZ-ARANA MUÑOZ, J., "Consideraciones sobre el derecho fundamental a la buen administración", cit., p. 22, al afirmar que "tratar sobre Buena Administración pública constituye una tarea que ha de estar presidida por los valores cívicos, y correspondientes cualidades democráticas, que son exigibles a quien ejerce el poder en la administración pública a partir de la noción constitucional del servicio objetivo al interés general. Poder que debe ser moderado, equilibrado, realista, eficaz, eficiente, socialmente sensible, cooperativo y atento a la opinión pública".

528 ORENA DOMÍNGUEZ, A., "El principio de buena administración como derecho y garantía de los obligados tributarios", cit., pp. 48, 53 y 69. De hecho, y como indica este autor, la amplitud del principio de buena administración "tal y como ha puesto de manifiesto el TS en su más variada jurisprudencia, en la que se relaciona este principio con otros principios y derechos constitucionales, (es) lo que abre un enorme abanico de posibilidades para no solo poder ser invocado en defensa de los derechos y garantías de los obligados tributarios, sino también como medio de control judicial de la actuación de la Administración tributaria".

control más sutil, exigiendo la ponderación de alternativas e intereses implicados así como una motivación que no sólo exista y sea racional, sino además suficiente y congruente con el expediente[529]. En definitiva, no todo problema legal conduce a una violación de la seguridad jurídica, de la proporcionalidad o de la interdicción de la arbitrariedad siendo preciso hilar *aún más fino* cuando se trata de detectar los casos de violación de la buena administración.

Consideraciones que deben entenderse, asimismo, teniendo presente que el Derecho europeo "en su dimensión procedimental, puede ser entendido y explicado de diferentes formas, en función de los principios procedimentales propios de cada Estado"[530], siempre que cumpla las garantías ínsitas al principio de buena administración.

En definitiva, y entre otras razones (algunas de las cuales ya se han mencionado), son las exigencias de integración y, en nuestro ámbito de estudio, de eficacia del mecanismo de intercambio de información tributaria, así como la salvaguarda de los derechos y garantías de los sujetos implicados las que deben conducir a una "flexibilización" del principio de autonomía procedimental, lo que no creemos que deba (ni pueda) desembocar en la "abolición" del mismo, en cuanto entraña el respeto al pluralismo europeo así como a las tradiciones jurídicas y culturales de cada Estado miembro, tal como aparece expresamente recogido en numerosos artículos de la Constitución Europea[531] (como los arts. 3.3, 5.1[532] y 7.3)[533], siendo significativo el símbolo escogido como divisa de la

529 PONCE SOLÉ, J., citado por RODRÍGUEZ DE SANTIAGO, J. M., "Normas de conducta y normas de control. Un estudio metodológico sobre la discrecionalidad planificadora, la ponderación y su control judicial", *Indret,* núm. 1/2015, (http://www.indret.com/pdf/1106_es.pdf). Fecha de consulta: 7 de julio de 2023.

530 VELASCO CABALLERO, F., "Procedimiento administrativo para la aplicación del Derecho comunitario", cit., p. 444.

531 Tratado por el que se instituye una Constitución para Europa, Adoptado por consenso por la Convención Europea el 13 de junio y el 10 de julio de 2003 presentado al presidente del consejo europeo en Roma, 18 de julio de 2003, (2003/C 169/01).

532 Precepto a cuyo tenor se establece que: "La Unión respetará la identidad nacional de los Estados miembros, inherente a las estructuras fundamentales políticas y constitucionales de éstos, también en lo que respecta a la autonomía local y regional. Respetará las funciones esenciales del Estado, en particular las que tienen por objeto garantizar su integridad territorial, mantener el orden público y salvaguardar la seguridad interior".

533 GIL IBÁÑEZ, A. J., Principio de primacía del Derecho europeo y Constitución española: límites y consecuencias de la cesión de soberanía tras la nueva Constitución

Unión, "Unida en la diversidad", a que se alude también en el Preámbulo de la Constitución Europea.

Unidad en la diversidad que supondría, siguiendo a CALONGE VELÁZQUEZ, la necesidad de garantizar una aplicación uniforme y efectiva del Derecho comunitario que conlleve que "los Estados miembros se organicen de la manera que aseguren de la forma más eficaz el cumplimiento de las disposiciones normativas de la Unión"; esto es, que las Administraciones nacionales se vayan forzosamente aproximando o, si se quiere, reduciendo esas diferencias que tenían en los orígenes de las Comunidades, en una palabra, "europeizándose". Autor que añade en esta línea, que la realidad que configura hoy en día la Administración pública comunitaria se define "como una asociación o unión de Administraciones Europeas, un conjunto interrelacionado de Administraciones nacionales y europeas que trabajan en común, cada ver con mayor intensidad"[534].

4. BUENA ADMINISTRACIÓN Y FLEXIBILIZACIÓN DEL PRINCIPIO DE AUTONOMÍA PROCEDIMENTAL. PROYECCIÓN SOBRE LAS ACTUACIONES DE INTERCAMBIO DE INFORMACIÓN EN NUESTRO ESTADO DESCENTRALIZADO

Siendo el objetivo último de las actuaciones de intercambio de información tributaria entre Estados miembros la realización de las libertades comunitarias dentro del respeto y salvaguarda de los derechos de los sujetos afectados por dicho mecanismo, la buena administración no solamente se dirige a la previsión de un conjunto de garantías respecto de los procedimientos desarrollados por los Estados a nivel central sino que, para que este instrumento lleve a cabo la función que le viene asignada, es preciso que en un Estado descentralizado, como el español, se proyecte también sobre el intercambio de datos entre las Administra-

europea", cit., p. 4. Sentido en que señala CALONGE VELÁZQUEZ, A., "El concepto de administración pública en la unión europea: administración pública nacional y administración pública comunitaria", cit., p. 17, que "el avance en el proceso de integración europeo ha supuesto, entre otras muchas cosas, que los factores intrínsecos que habían propiciado que los Tratados fundacionales no contemplaran una Administración pública europea fueran matizándose cuando no desapareciendo".

534 Op. cit., pp. 17 y 23.

ciones tributarias situadas en los distintos niveles de Administración territorial. En otros términos, y siguiendo a FUENTETAJA PASTOR, la buena administración puede tener "un alcance insospechado" respecto de los procedimientos de los Estados miembros teniendo en cuenta que los derechos recogidos en la CDFUE "condicionan" la ejecución que realicen los Estados del Derecho de la Unión Europea[535] afectando también, y como parece lógico, al conjunto de Administraciones implicadas en el mismo.

4.1 CONSECUENCIAS DE LA APLICACIÓN DE LA BUENA ADMINISTRACIÓN SOBRE LAS ACTUACIONES DE INTERCAMBIO DE INFORMACIÓN EN EL ESTADO ESPAÑOL

El intercambio de datos entre las distintas Administraciones tributarias que componen el Estado español, tras la previsión de la obligación de aportación de información contenida en el art. 93 de la Ley General Tributaria, encuentra respaldo normativo en el contenido del art. 95.1 de la LGT, a cuyo tenor los datos obtenidos por la Administración tributaria en el desempeño de sus funciones "tienen carácter reservado" y no pueden ser cedidos a terceros *salvo* que "la cesión tenga por objeto: (...) b) La colaboración con otras Administraciones tributarias a efectos del cumplimiento de obligaciones fiscales en el ámbito de sus competencias", sin que sea necesario el consentimiento del afectado (art. 94.5 LGT)[536]. Ámbito en que, en palabras de GARCÍA MARTÍNEZ, la concreción del deber de colaboración entre las distintas Administraciones tributarias "representa una típica actuación de auxilio, en virtud de la cual una Administración realiza una actividad complementaria, auxiliar o coadyuvante respecto del ejercicio de una

535 FUENTETAJA PASTOR, J., Prólogo al libro de VIÑUALES FERREIRO, S., *El procedimiento Administrativo de la Administración Europea,* Thomson Reuters, Aranzadi, Cizur Menor, Navarra, 2015, p. 21.

536 Ausencia de consentimiento coherente con lo previsto tanto en la LO 3/2018, de Protección de Datos Personales y garantía de los derechos digitales como en el Reglamento (UE) 2016/679, del Parlamento Europeo y del Consejo, de 27 de abril de 2016, relativo a la protección de las personas físicas en lo que respecta al tratamiento de datos personales y a la libre circulación de estos datos y por el que se deroga la Directiva 95/46/CE (Reglamento general de protección de datos).

función ajena, de forma que con ello posibilite una mayor eficacia en el ejercicio de la competencia a la entidad a cuyo favor se presta auxilio"[537].

De este modo, en el escenario descrito la realización efectiva del *principio de colaboración* entre las distintas Administraciones tributarias en orden a la adecuada aplicación del sistema fiscal se impone a los poderes públicos como una exigencia ineludible[538] siendo también necesaria para una efectiva realización del procedimiento de intercambio de información tributaria a nivel de la Unión Europea teniendo en cuenta que algunos de los datos solicitados por otro Estado miembro al Estado español podrá encontrarse en manos de las Comunidades Autónomas (CCAA) o de las Corporaciones locales (CCLL).

Principio de colaboración que, aun cuando carece de reconocimiento expreso en la Constitución Española, pertenece, sin embargo, a la esencia del modelo de organización territorial implantado por la Carta Magna, según ha declarado nuestro Tribunal Constitucional[539]. Ahora bien, siendo indiscutible la relevancia del intercambio de información en orden a la realización del deber de contribuir como, en último término, y en el seno de la Unión Europea, de las libertades fundamentales consagradas en este ámbito, es preciso subrayar que la colaboración y coordinación entre los distintos niveles de Hacienda, en lo que respecta a la realización de un *efectivo* intercambio de datos, constituye todavía un *tema pendiente.* Más aun, y como indica ADAME MARTÍNEZ, "el control tributario en el ámbito autonómico", del mismo modo que en el ámbito local (añadimos nosotros), aparece como "una materia huérfana de tratamiento por la doctrina"[540].

---

537 GARCÍA MARTÍNEZ, A., *La gestión de los tributos autonómicos,* Civitas, Madrid, 2000, p. 146.

538 Sentido en que ha señalado J. M. LAGO MONTERO, "La colaboración entre el Estado y los Entes locales en la gestión tributaria", *Revista de Tributos Locales*, núm. 35/2003, p. 33, que "los poderes públicos tienen que tomarse más en serio el art. 103.1 CE", en cuanto que ordena que todas las Administraciones Públicas "actúen con arreglo a criterios de eficacia y coordinación".

539 *Vid.,* entre otras, SSTC 80/1985, de 4 de julio [Núm. rec.: 743/1983 (*Tol 79494*)] y 214/1989, de 21 de diciembre [Núm. rec.: 610/1985 (*Tol 8541*)].

540 *Vid.* ADAME MARTÍNEZ, F., "La lucha contra el fraude fiscal en el ámbito de las Comunidades Autónomas", en *La lucha contra el fraude fiscal en España y en la Unión Europea,* ADAME MARTÍNEZ, F. (Dir.), Thomson Reuters, Aranzadi, Cizur Menor, Navarra, 2019, p. 69.

Situación que se refleja, a nuestro juicio, en la *práctica ausencia de vías efectivas de colaboración e intercambio de información* entre las distintas Administraciones tributarias y que, obedeciendo a diversas razones, además de a "la dificultad intrínseca de la materia"[541], según se verá a continuación, ha experimentado un cierto impulso a raíz de la aplicación de las TIC, cuya implementación ha creado posibilidades sin precedentes. Muestra de ello, es la afirmación contenida en la Memoria de la AEAT de 2019, que en referencia a las actuaciones de *Intercambio y cesión de información* y a la *Colaboración con otras Administraciones*, subraya cómo "los avances tecnológicos están siendo esenciales, facilitando en gran medida la labor administrativa al permitir la transferencia telemática de datos entre ordenadores, los cruces de ficheros y la creación de registros informáticos en los que se procesa y organiza la información".

En este contexto la previsión de la colaboración entre Administraciones tributarias en el art. 95.1.b) de la LGT supone la asunción *implícita* del principio de cooperación en lo que se refiere al intercambio de información entre los distintos niveles de Hacienda en nuestro país, desde la *premisa* del papel esencial que desempeña dicho instrumento en relación con el *cumplimiento efectivo* de las obligaciones tributarias en el ámbito de las distintas Administraciones, así como para *una adecuada asistencia* al obligado tributario[542], a que se refiere el Plan de Control Aduanero y Tributario, aprobado por Resolución de 6 de febrero de 2023, de la Agencia Estatal de Administración Tributaria, por la que se aprueban las directrices generales del Plan de Control Tributario y Aduanero de 2023[543], calificándolo como "uno de los ejes vertebradores de la Agencia Tributaria"[544]. Dicho de otro modo, y en caso de no llevarse a cabo un efectivo intercambio de datos entre las distintas Administraciones, la misma quedaría circunscrita a la

541 J. M. LAGO MONTERO, "La colaboración entre el Estado y los Entes locales en la gestión tributaria", cit., p. 25.

542 Vid., en relación con esta idea, ARRIETA MARTÍNEZ DE PISÓN, J., "Cesión, intercambio y protección de la información tributaria y de los datos automatizados: la incidencia de la informática en el contribuyente", *Revista Técnica Tributaria*, núm. 43/1998, p. 46.

543 BOE núm. 49, de 27 de febrero de 2023 (*Tol 9415864*)

544 Plan de Control que añade a lo expuesto en el texto que "más allá de ser únicamente una obligación para la Agencia Tributaria, la asistencia y la información a los contribuyentes (...) suponen a su vez una clara manera de prevenir el fraude, al facilitar y minimizar los costes indirectos asociados al cumplimiento de las obligaciones tributarias".

existente en el ámbito territorial de la correspondiente Administración tributaria[545] dejando de cumplir la función para la que ha sido recabada, no solo a nivel interno sino europeo e incluso internacional.

Por consiguiente, y teniendo en cuenta el aumento exponencial de los deberes de información en nuestro país y, por ende, la cantidad de datos disponibles en poder de la Administración Tributaria (sobre todo, a nivel estatal), creemos que, con las debidas garantías, es preciso caminar hacia una "Administración tributaria integrada" desde el punto de vista de la *interoperabilidad* de la información y, en consecuencia, la colaboración y el intercambio de datos entre las distintas Administraciones Tributarias, lo que redundaría en una reducción de la presión fiscal indirecta así como en una utilización más eficaz de la misma[546] también en lo que respecta *al intercambio de datos entre Estados,* debiendo implicar, por tanto, un límite al aumento de los deberes de información en nuestro ordenamiento jurídico.

Esta situación exige, por otro lado, como afirma GARCÍA MARTÍNEZ, aludiendo a la jurisprudencia de nuestro Tribunal Constitucional, y con fundamento en los principios de unidad del sistema y de eficacia de la actuación de la Administración pública, que "el legislador establezca fórmulas y cauces de relación entre las distintas Administraciones locales y entre éstas y las Administraciones del Estado y de las Comunidades Autónomas"[547]. Idea que entende-

---

545 *Vid.* RUBIO GUERRERO, J. J., "La Agencia estatal de la Administración Tributaria española como modelo de gestión tributaria integrada. (II) Control e inspección y coordinación con otras administraciones tributarias", *Boletín del Instituto Universitario de Estudios Fiscales y Financieros*, núm. 3/2006, p. 19.

546 Señala, en este sentido LAGO MONTERO, que "resulta histriónico que las normas tributarias establezcan profusos deberes de información a cargo de toda persona física, jurídica o ente susceptible de personalizar deberes, y que luego esa información no circule fluidamente entre las diversas Administraciones encargadas de aplicar el sistema, que la necesitan como alimento insuprimible para el ejercicio de sus competencias ("La colaboración entre el Estado y los Entes locales en la gestión tributaria", cit., p. 34).

547 GARCÍA MARTÍNEZ, A., "La colaboración de la AEAT en la aplicación de los Tributos Locales", *Tributos Locales,* núm. 88/2009, pp. 81-82. Abundando en la idea señalada en el texto, afirma este mismo autor que "para que este deber que incumbe a las distintas Administraciones tributarias alcance un aceptable grado de cumplimiento es necesaria una cierta especificación reglamentaria que establezca, entre otros extremos, los supuestos específicos en que este intercambio de información ha de institucionalizarse, los cauces a través de los cuales va a ser posible el intercambio de información, así como

mos fundamental para un intercambio *fluido* de información entre las distintas Administraciones tributarias siendo precisa, por tanto, una seria coordinación homogeneizadora y una sólida estrategia global a fin de avanzar hacia una Administración tributaria integrada (evitando, de este modo, los problemas que generan las diferencias entre los distintos niveles de Administración).

Por consiguiente, y si toda la materia administrativa debe entenderse "europeizada"[548] también cabe hablar de la aplicación de la buena administración sobre los procedimientos de intercambio de información entre los distintos niveles de Administración en el Estado español. Principio que, en este ámbito, no solamente debe entenderse como *herramienta de interpretación* y parámetro material de garantía procedimental[549] implicando un auténtico cambio de paradigma en el entendimiento, análisis y control de la actividad pública[550], sino también como instrumento de garantía de una adecuada coordinación entre los distintos niveles de Hacienda en orden a la consecución del objetivo último del intercambio de información tributaria entre Estados en el seno de la Unión Europea.

Objetivo, sin embargo, del que todavía nos encontramos lejos teniendo en cuenta que el principio de buena administración, en cuanto *mandato de optimización*, únicamente desplegará todos sus efectos cuando el legislador lo transforme en *norma* concretándolo en derechos específicos acompañados de un correlativo deber de actuación de la Administración[551], tal como se ha examinado en profundidad en otro lugar del presente trabajo.

---

los requisitos y las garantías necesarias que ha de revestir" (Vid. *La gestión de los tributos autonómicos,* cit., p. 147).

548 MICHELE, M., "Il diritto ad una buona amministrazione nella riscossione transnazionale dei crediti tributari", cit., pp. 344 y 350.

549 *Vid.* MELLADO RUIZ, L., "Principio de buena administración y aplicación indirecta del derecho comunitario: instrumentos de garantía frente a la «comunitarización» de los procedimientos", cit., p. 302.

550 *Vid.* PONCE SOLÉ, J., *La lucha por el buen gobierno y el derecho a una buena administración mediante el estándar jurídico de diligencia debida*, cit., p. 91.

551 *Vid.*, en esta línea, entre otros, ROUCCO, G., "La «buena administración» y el «interés general»", cit., p. 29 y GARÍN BALLESTEROS, B., "Estándar de buena administración en los actos tributarios", cit., p. 81 para quien la "positividad" es la que garantiza la realización efectiva de la buena administración.

4.4.1 El intercambio de información tributaria entre la AEAT y las CCAA y las Corporaciones locales

4.4.1.1 El intercambio de información tributaria entre la AEAT y las CCAA

El examen del intercambio de datos con trascendencia tributaria entre la Agencia Estatal de Administración Tributaria y las Comunidades Autónomas de Régimen Común y Ciudades con Estatuto de Autonomía, encuentra su fundamento último, como no podía ser de otra manera, en el principio de cooperación, a que se refiere la Ley Orgánica de Financiación de las Comunidades Autónomas (LOFCA)[552] configurándose la misma como una auténtica *necesidad* si lo que se persigue es una aplicación adecuada no solamente de los tributos cedidos, de los propios, y de los tributos estatales sino también para llevar a cabo de forma adecuada la transmisión de información por parte del Estado español más allá de nuestras fronteras.

El intercambio de información entre la AEAT y las Comunidades Autónomas encuentra como marco normativo el art. 95.1.b) de la LGT junto a la LOFCA y la Ley 14/1996, de 30 de diciembre, de Cesión de tributos del Estado a las Comunidades Autónomas y de medidas fiscales complementarias[553]. Disposición esta última que, previendo la colaboración entre ambas Administraciones en relación con los tributos cedidos[554], encuentra "desarrollo" fundamentalmente en las Resoluciones que, con carácter anual, aprueban las directrices generales de los distintos Planes de Control Tributario y Aduanero, tanto en el ámbito estatal como autonómico.

En este sentido, y ciñéndonos a la última Resolución de 6 de febrero de 2023, de la Dirección General de la Agencia Estatal de Administración Tributaria, por

---

552 Ley Orgánica 8/1980, de 22 de septiembre, cuyo art. 2.Uno dispone que "La actividad financiera de las Comunidades Autónomas se ejercerá en coordinación con la Hacienda del Estado (...)". Principio a que también alude el art. 3 dicha Ley (*Tol 269666*).

553 (*Tol 138519*)

554 Como ha señalado, en este sentido, MÉNDEZ CORTEGANO, I., "La lucha contra el fraude fiscal desde la perspectiva de la Agencia Estatal de Administración Tributaria", en *La lucha contra el fraude fiscal en España y en la Unión Europea*, F. ADAME MARTÍNEZ (Dir.), Thomson Reuters, Aranzadi, Cizur Menor, Navarra, 2019, p. 43, "la colaboración entre la Agencia Tributaria y las Administraciones Tributarias autonómicas resulta esencial para el adecuado control de los tributos cedidos, sean gestionados por la Agencia Tributaria o por las Comunidades Autónomas por delegación del Estado".

la que se aprueban las directrices generales del Plan Anual de Control Tributario y Aduanero de 2023, nos parece importante destacar la previsión en la misma de un apartado dedicado a la "Colaboración entre la Agencia Tributaria y las Administraciones tributarias de las Comunidades Autónomas" que, reproduce, *grosso modo*, las previsiones contenidas en el Plan de Control del año anterior. Y ello, partiendo de la base, según se expone en el Preámbulo, de que las directrices que se siguen en dicho Plan giran, entre otros pilares, sobre la "Información y asistencia" y "La colaboración entre la Agencia Tributaria y las Administraciones tributarias de las Comunidades Autónomas", constituyendo "un mecanismo de refuerzo y consolidación de las actuaciones realizadas ya en años anteriores"[555]. Documento en que se indica, además, que las TIC "posibilitan la plena interoperabilidad entre Administraciones", de manera que "además de conseguir una mayor homogeneidad, eficiencia, eficacia y calidad en la actividad administrativa", permiten no solo rentabilizar los recursos sino también el ingente volumen de información que obra en poder de las distintas Administraciones[556].

Ahora bien, esta afirmación debe ser correctamente entendida o matizada teniendo en cuenta que, en el seno de nuestro complejo escenario competencial, el desarrollo de las nuevas tecnologías es muy inferior en el ámbito de la Administración autonómica y local que en el del Estado. En otras palabras, "la evolución hacia la Administración electrónica no ha sido la misma" en los distintos niveles de Administración[557], constatándose diferencias importantes que, como es lógico, y en lo que a este estudio interesa, van a influir en la eficacia y calidad de los intercambios de datos fiscales entre las distintas Administraciones tributarias,

---

555 Junto a estos pilares se indican la prevención de los incumplimientos, el fomento del cumplimiento voluntario y la prevención del fraude, la investigación y las actuaciones de comprobación del fraude aduanero y tributario y el control del fraude fiscal durante la fase recaudatoria.

556 ROVIRA FERRER, I., *Los deberes de información y asistencia en las Administraciones tributarias autonómicas y locales: análisis especial de la Agencia Tributaria de Cataluña y del Instituto Municipal de Hacienda de Barcelona*, Huygens Editorial, Barcelona, 2017, p. 10. Sentido en que ha señalado GARCÍA MARTÍNEZ, "La colaboración de la AEAT en la aplicación de los Tributos Locales", cit., p. 86, que "el gran avance que "ha experimentado la colaboración interadministrativa en los últimos años, especialmente en lo que respecta al intercambio de información, ha venido propiciado por las nuevas tecnologías de la información y la comunicación".

557 *Vid.* ROVIRA FERRER, I., op. cit., p. 11.

amén de generar desigualdades en relación con la aplicación de los tributos en función de qué Administración sea la competente para ello.

Pues bien, el análisis del Plan de Control Aduanero y Tributario correspondiente a 2023, debe contextualizarse en el escenario descrito por el Plan del Control Aduanero y Tributario, aprobado mediante Resolución de 26 de enero de 2022, de la Dirección General de la Agencia Estatal de Administración Tributaria, por la que se aprueban las directrices generales del Plan Anual de Control Tributario y Aduanero de 2022[558], al que se remite el Plan objeto de análisis, en el sentido de ser "un mecanismo de refuerzo y consolidación de las actuaciones desarrolladas ya en años anteriores".

De este modo, del contenido del apartado dedicado a la "Colaboración entre la Agencia Tributaria y las Administraciones tributarias de las Comunidades Autónomas", incluido en el Plan de 2022, cabe extraer, esencialmente, un conjunto de directrices que pretenden fundamentar el *refuerzo* de la cooperación entre la AEAT y las CCAA y que, desde luego, se entienden aplicables al año 2023.

En consecuencia, en primer lugar, se hace referencia a que "la colaboración entre la Agencia Tributaria y las Administraciones tributarias autonómicas resulta esencial para el adecuado control de los tributos cedidos, sean gestionados por la Agencia Tributaria o por las Comunidades Autónomas por delegación del Estado", resaltándose a continuación que la LOFCA "consagra como principio esencial la colaboración entre las Administraciones tributarias del Estado y de las Comunidades Autónomas" dirigida, en particular, al fomento y desarrollo de intercambios de información así como a la planificación coordinada de las actuaciones de control sobre los tributos cedidos.

Ideas junto a las que se subraya el papel asignado al Consejo Superior para la Dirección y Coordinación de la Gestión Tributaria —y los correspondientes Consejos Territoriales en el ámbito de cada Comunidad—, órgano colegiado de coordinación de la gestión de los tributos cedidos al que se atribuyen, entre otras, "las funciones de concretar criterios uniformes y procedimientos comunes de intercambio de información y acordar las líneas básicas y directrices de ejecución de programas de control sobre los tributos cedidos", destacándose, en este escenario, que la AEAT "potenciará" los intercambios de información con trascendencia tributaria entre las Administraciones tributarias del Estado y de las CCAA "con la finalidad de incrementar la eficacia de la gestión tributaria,

558 BOE núm. 26, de 31 de enero de 2022 (*Tol 8764685*)

mejorar la asistencia a los contribuyentes y, singularmente, potenciar la lucha contra el fraude fiscal y la economía sumergida".

Directrices, en efecto, que diseñan, con carácter general, el marco adecuado para el intercambio de datos fiscales entre la AEAT y las CCAA, sin olvidar que *carecen de rango normativo* y, por tanto, de la fuerza vinculante necesaria para su efectiva realización.

Pues bien, en el apartado dedicado a la "Colaboración entre la Agencia Tributaria y las Administraciones tributarias de las Comunidades Autónomas", correspondiente al Plan de Control de 2023 y, desde la premisa de que "la colaboración entre la Agencia Tributaria y las anteriores resulta esencial para el adecuado control de los tributos cedidos", sean gestionados por la Agencia Tributaria o por las CCAA, por delegación del Estado, se incide en cuestiones ya incluidas en el Plan anterior añadiendo alguna novedad.

De este modo, y con base en el art. 21.Dos de la Ley 14/1996, dedicado a la "Colaboración entre Administraciones"[559], nos hemos permitido agrupar los instrumentos de colaboración previstos en el último Plan de Control (incluyendo las remisiones al Plan de 2022) en cinco mecanismos, siendo posible aludir a los siguientes:

1) El Intercambio a través del *acceso a una base de datos común*, censo único compartido que, como se indica en el Plan de Control de 2023, constituye "la base de la información de la Agencia Tributaria para la asistencia, la prevención y el control tanto intensivo como extensivo";

2) Intercambio *periódico* de información *por parte de las CCAA*, que afectaría fundamentalmente a los datos siguientes: Tributos cedidos gestionados por las CCAA (en particular, el Impuesto sobre Sucesiones y Donaciones, el Impuesto

559 Precepto que, tras disponer en su apartado Uno, que "Las Administraciones del Estado y de la Comunidad Autónoma de que se trate, entre sí y con las demás Comunidades Autónomas, colaborarán en todos los órdenes de gestión, liquidación, recaudación e inspección de los tributos, así como en la revisión de actos dictados en vía de gestión tributaria", indica en el siguiente apartado que:
"Dos. En particular, dichas Administraciones:
a) Se facilitarán toda la información que mutuamente se soliciten, estableciéndose los procedimientos de intercomunicación técnica precisos.
b) Los Servicios de Inspección prepararán planes de inspección coordinados en relación con los tributos cedidos, sobre objetivos y sectores determinados, así como sobre contribuyentes que hayan cambiado su residencia o domicilio fiscal".

sobre Transmisiones Patrimoniales y Actos Jurídicos Documentados y tributos sobre el juego), familias numerosas y grados de discapacidad; certificados de eficiencia energética registrados en el 2022, etc.;

3) Intercambio de información *previa petición*, mecanismo en relación con el que se indica en el Plan de Control de 2023 que "se potenciarán los intercambios de información específicos sobre determinados hechos, operaciones, valores, bienes o rentas con trascendencia tributaria que resulten relevantes para la gestión tributaria de cualquiera de las Administraciones, especialmente para la lucha contra el fraude";

4) Petición de información que cabría denominar "espontánea", siguiendo la terminología utilizada en la normativa sobre intercambio de información a nivel comunitario. Mecanismo en relación con el que se afirma que "se continuará potenciando la colaboración entre la Agencia Tributaria y las Administraciones tributarias autonómicas en la transmisión de la información obtenida en los procedimientos de control desarrollados por cada una de ellas que resulte relevante para la tributación por otras figuras impositivas gestionadas por otra Administración", siendo esta una práctica habitual por parte de ambas Administraciones[560], debiendo recordar que dicho cauce no se encuentra previsto en la ley General Tributaria;

5) Actuaciones *coordinadas* entre ambas Administraciones; área de atención preferente por parte de la Agencia Tributaria que permite la colaboración y coordinación "en la selección de los contribuyentes que serán objeto de actuaciones de control"[561].

---

560 Cabe pensar, por ejemplo, en el supuesto en que en una comprobación llevada a cabo por el órgano competente de la Administración tributaria estatal se detecta que una determinada operación, en lugar de tributar por IVA debe hacerlo en el ITPAJD, lo que conduce a la transmisión de dicha información a la Comunidad Autónoma correspondiente.

561 La Resolución de 26 de enero de 2022, que aprueba las directrices generales del Plan de Control Aduanero y Tributario de 2022, especifica, entre otros supuestos en que se podrán llevar a cabo las mencionadas actuaciones coordinadas, los siguientes:
a) Control global de las deducciones sobre el tramo autonómico del Impuesto sobre la Renta de las Personas Físicas, aprobadas por las distintas Comunidades Autónomas, partiendo especialmente de la información suministrada por dichas Comunidades;
b) Se utilizará intensivamente la información remitida por las Comunidades Autónomas en materia de discapacidad y familia numerosa para el control de la tributación en el Impuesto sobre la Renta de las Personas Físicas;

Así pues, el análisis de las previsiones contenidas tanto en el Plan de Control Tributario para 2022 como en el de 2023 no hace sino poner de relieve la enorme importancia de la existencia de un intercambio fluido y eficaz de datos entre la AEAT y las CCAA, que se presenta absolutamente necesario para la aplicación del *sistema tributario en su conjunto,* así como para la aportación e intercambio de información tributaria en el seno de la Unión Europea. Dicho de otro modo, el examen del cruce e intercambio de datos entre ambos niveles de Hacienda pone de manifiesto la "imbricación" entre los sistemas tributarios autonómico y estatal en orden a la efectiva gestión de los tributos y, de estos, con el ordenamiento europeo.

Ahora bien, y siendo cierto que esta afirmación se presenta obvia a nivel teórico, tenemos serias dudas de que sea así en la práctica debido a que su *realización efectiva* requiere, más allá de las recomendaciones contenidas en los Planes de Control Tributario, el *adecuado diseño normativo* de las vías de intercambio de información entre dichos niveles de Hacienda. Carencia que podría entenderse "corregida" hasta cierto punto por medio de los Planes de Control Tributario de las Comunidades Autónomas que recogen actuaciones de cruce e intercambio de información con la AEAT e, incluso, entre las propias CCAA, como instrumento imprescindible en la lucha contra el Fraude Fiscal[562].

---

c) Impuesto sobre el Patrimonio correspondiente a ejercicios no prescritos y su relación con el ISD, mediante el cruce de información sobre la titularidad de bienes y derechos, incluidos los situados en el extranjero, y la identificación de contribuyentes no declarantes de dicho impuesto que estén obligados a presentar declaración;

d) Operaciones inmobiliarias significativas al objeto de determinar su tributación por el Impuesto sobre el Valor Añadido o, alternativamente, por el concepto «Transmisiones Patrimoniales Onerosas» del Impuesto sobre Transmisiones Patrimoniales y Actos Jurídicos Documentados.

e) Domicilios declarados y sus modificaciones, etc.

562 *Vid.*, en relación con este punto, el interesante trabajo de ADAME MARTÍNEZ, F., "La lucha contra el fraude fiscal en el ámbito de las Comunidades Autónomas", cit., pp. 71 y ss., en que lleva a cabo el estudio de las directrices generales de los Planes de Control Tributario aprobados por las Comunidades Autónomas de régimen común, afirmando, en concreto, dicho autor que una "constante en los Planes de Control es la importancia que se otorga al intercambio de información con trascendencia tributaria, dado que la información contenida en las declaraciones tributarias de impuestos cedidos puede poner de relieve la existencia de otros hechos imponibles en el Impuesto sobre la Renta de las Personas Físicas o en el Impuesto sobre Sociedades" (p. 144).

Vía, sin embargo, a la que pensamos que cabría realizar, al menos, dos objeciones. La primera, referida a la naturaleza de *meras recomendaciones* de los Planes de Control Tributario que, por tanto, carecen de la necesaria fuerza vinculante, y que conduce a dejar en manos de la "buena voluntad" de las partes la eficacia de dicho instrumento. La segunda consideración, sin perjuicio de admitir el carácter beneficioso de esta clase de previsiones, se refiere a que no deja de ser chocante que las cesiones de información tributariamente relevante entre Administraciones tenga que depender de la firma de convenios de colaboración[563], lo que a nuestro juicio supone un importante obstáculo a su efectividad, no siendo posible olvidar, en este sentido, que la colaboración entre las Administraciones Públicas es una obligación y no una facultad.

4.4.1.2 El intercambio de información tributaria entre la AEAT y las Corporaciones Locales

El examen del intercambio de información entre las Corporaciones Locales y la AEAT debe comenzar poniendo de manifiesto que nos encontramos ante la Administración quizá más necesitada de una efectiva cooperación tanto con otros entes locales como, en particular, con la AEAT y las CCAA en orden a una adecuada gestión de los tributos y para lograr, por ende, la "anhelada autoadministración"[564]. Debe indicarse, además, que el marco normativo que sustenta dicha colaboración se ciñe a lo previsto tanto en los arts. 106.3 y 55 de la Ley 7/1985, de 2 de abril, de Bases de Régimen Local (LBRL)[565] como en el contenido del art. 8 del Texto Refundido de la Ley Reguladora de las Haciendas Locales (TRLHL)[566].

Pues bien, con fecha 3 de abril de 2021, se publicaron en el BOE los nuevos Convenios entre la AEAT y la Federación Española de Municipios y Provincias (FEMP). El primero, en materia de suministro de información de carácter tributario a las Corporaciones Locales y, el segundo, en materia de intercambio de información tributaria y colaboración en la gestión recaudatoria con las CCLL.

---

563 LAGO MONTERO, J. M., "La colaboración entre el Estado y los Entes locales en la gestión tributaria", cit., p. 36.

564 J. M. LAGO MONTERO, op. cit., p. 34.

565 (*Tol 267364*)

566 Real Decreto Legislativo 2/2004, de 5 de marzo, por el que se aprueba el Texto Refundido de la Ley Reguladora de las Haciendas Locales (*Tol 346505*).

Convenios que, como se verá, si bien se publicaron en el BOE de 3 de abril de 2021, se ubican en el marco de las Resoluciones de 26 de marzo de 2021.

Comenzando por el primer Convenio citado, cabe destacar, según se desprende de su Exposición de Motivos, que pretende establecer "un *nuevo marco* que regule el intercambio estable de información tributaria por parte de la Agencia Tributaria a las entidades locales, así como convenir algunos aspectos relacionados con la gestión recaudatoria de las citadas entidades"[567], añadiendo que "se hace necesaria una nueva regulación del sistema de suministro de información tributaria que prevea todas las posibilidades tecnológicas que soportan en la actualidad el suministro de datos y permita a las Entidades Locales la agilización en la disposición de la información y disminución de los costes incurridos aprovechando al máximo el desarrollo de las actuales tecnologías", siendo precisamente esta razón, a nuestro juicio, la que justifica la necesidad del "nuevo marco" estable de cooperación a que más arriba se hacía referencia y que, en el fondo, parece ser la razón última de los nuevos Convenios.

Dicho Convenio, por otra parte, ciñe su ámbito de aplicación casi en su totalidad a lo que se denomina requerimiento "previa petición".

Por otro lado, y en lo que respecta al segundo de los Convenios mencionados, debe resaltarse, en primer lugar, la indicación de que las Corporaciones Locales que se adhieran al mismo no tendrán que adherirse al anterior; y ello, debido al alcance más amplio de este último. En segundo lugar, y si algo debe subrayarse del Convenio objeto de examen respecto del anterior, es la previsión (si bien limitado) en el mismo de un auténtico intercambio de información tributaria o por *suministro*. Y ello, sin perjuicio de que se recojan supuestos concretos de obtención de información previa *petición*.

Respecto al suministro de información tributaria que se produce desde la Agencia a las Entidades Locales, se limita al "Censo de obligados tributarios", que se refiere a los contribuyentes que pertenecen al ámbito territorial de la Entidad Local, y que se prevé que tenga una periodicidad semestral. De otra parte, la transmisión de información que tiene lugar desde la Entidad Local a la Agencia Tributaria se contempla de una forma más amplia imponiéndose, por tanto, mayores deberes de suministro de información a las Corporaciones Locales, siendo estos los siguientes:

---

567 El subrayado es nuestro.

1) Transmisión con una periodicidad anual de: a) los datos identificativos contenidos en el padrón municipal (art. 16 LBRL); b) las liquidaciones del Impuesto sobre Construcciones Instalaciones y Obras; c) Altas y bajas en el Impuesto sobre Actividades Económicas; d) cambios en la clasificación del suelo (rústico o urbano).

2) Transmisión con una periodicidad semestral: liquidaciones del Impuesto sobre el Incremento del Valor de los Terrenos de Naturaleza Urbana.

Al intercambio de información ante el Estado y las CCLL cabría achacar no solamente su carácter limitado sino también, y del mismo modo que en el caso de las CCAA, su previsión a través de Convenios que, desde luego, suponen una limitación a su realización efectiva.

4.4.2 Repercusión en el ámbito comunitario de la regulación a nivel doméstico de las actuaciones de intercambio de información

En relación con el estudio que venimos realizando, nos parece importante llevar a cabo una breve alusión a la *repercusión* que un intercambio fluido y eficaz de información en el ámbito interno puede tener en relación con el intercambio de datos a nivel europeo e internacional. Con otras palabras, la *eficacia* y *celeridad* en la remisión de información tributaria por parte del Estado español a cualquiera de las Administraciones tributarias que componen la Unión Europea (así como a nivel internacional), a través de las diversas modalidades previstas en la Directiva 2011/16/UE, requiere como *premisa* indispensable la existencia de vías adecuadas de intercambio de información entre los distintos niveles de Hacienda en el seno de nuestro ordenamiento.

En efecto, y no ser así, se corre el riesgo de que los únicos datos cuyo intercambio puede asegurarse, en términos de calidad y eficacia, en un Estado descentralizado como el nuestro, son los que se encuentran en poder de la AEAT. Situación que no es obstáculo para la existencia de "un interlocutor válido y del mismo nivel" para el intercambio de información a nivel europeo o internacional[568].

568 Entre las ventajas que RUBIO GUERRERO extrae de la existencia de una Administración tributaria centralizada se encuentra la existencia de "un interlocutor válido y del mismo nivel para el intercambio de información, actuaciones y experiencias con otras administraciones tributarias internacionales" que, a nuestro juicio, también puede aplicarse a una Hacienda descentralizada como la española (*Vid.* "La Agencia estatal de la

En efecto, tanto la Directiva 2011/16/UE, de 15 de febrero de 2011, relativa a la cooperación administrativa en el ámbito de la fiscalidad y por la que se deroga la Directiva 77/799/CE como la Directiva 2010/24/UE del Consejo, de 16 de marzo de 2010, sobre la asistencia mutua en materia de cobro de los créditos correspondientes a determinados impuestos, derechos y otras medidas, *distinguen* entre la "oficina central de enlace", como la principal responsable de "los contactos con otros Estados miembros en materia de cooperación administrativa", centralizando tanto el envío como la recepción de solicitudes de asistencia por parte de otros Estados miembros y el "servicio de enlace", encargado de tramitar la asistencia mutua "en relación con ámbitos territoriales u operativos específicos"[569]. Servicios de enlace que remitirán sus peticiones a la oficina central de enlace siendo, a su vez, órganos a los que dicha oficina central enviará las peticiones cursadas por las oficinas centrales[570] de otros EEMM.

Marco normativo comunitario en materia de asistencia mutua e intercambio de información que, como apunta MORENO GONZÁLEZ, "podría constituir una buena ocasión para desarrollar iniciativas tendentes a estrechar y fortalecer la colaboración interna entre las distintas Administraciones tributarias" con la finalidad de conseguir una mayor eficacia y operatividad del sistema interno de recepción y suministro de información tributaria".

En otros términos, los progresos realizados a nivel internacional y, en particular, a nivel comunitario en materia de transparencia e intercambio de información pueden contribuir a reforzar la eficacia y operatividad del intercambio de información entre los distintos niveles de Hacienda existentes en el Estado español[571]. Asimismo, y desde otro punto de vista, el avance experimentado por el intercambio de información en el seno de la Unión Europea podría ver obstaculizada su eficacia si los ordenamientos descentralizados, como el español, no diseñan mecanismos y vías adecuadas para que la información fluya correctamente entre los distintos niveles de Administración.

Administración Tributaria española como modelo de gestión tributaria integrada. (II) Control e inspección y coordinación con otras administraciones tributarias", cit., p. 27).

569 *Vid.* los arts. 3 de la Directiva 2011/16/UE y 4 de la Directiva 2010/24/UE.

570 *Vid.*, en relación con estas ideas, S. MORENO GONZÁLEZ, "Intercambio de información tributaria y Haciendas Forales: dimensión internacional, europea e interna", cit., pp. 310 y 311.

571 MORENO GONZÁLEZ, S., op. cit., pp. 311 y 319.

Por esta razón, y tras el análisis realizado, debe subrayarse la importancia de los principios de colaboración y eficacia en un Estado descentralizado como el nuestro, así como la necesidad de un *marco normativo común* para la cooperación entre los diversos entes territoriales en materia de intercambio de información tributaria[572]. Marco que, a nuestro juicio, garantizaría la "unidad de acción" en materia de intercambio de información para asegurar el cumplimiento del deber de contribuir que no debería ser incompatible con el ejercicio legítimo de las competencias propias de los distintos entes en materia tributaria[573], debiendo interpretarse a la luz de las ideas estudiadas en relación con la flexibilización del principio de autonomía procedimental y que, como es obvio, redundaría en la eficacia del intercambio de información tributaria tanto a nivel interno como en el seno de la Unión Europea.

Esta idea nos permite afirmar, además, que es saludable que se abunde en los convenios de colaboración entre la AEAT y la FEMP, así como entre las CCAA y la AEAT, si bien no deja de ser sorprendente que las cesiones de información tributaria entre las distintas Administraciones tengan que depender de la firma de convenios de colaboración, no siendo posible olvidar que la cooperación entre las Administraciones Públicas es una obligación y no una facultad. Esto es, *condicionar* la colaboración con la AEAT a la firma del Convenio correspondiente bien por las CCAA, bien por las Corporaciones Locales, no pensamos que sea la mejor forma de garantizar una "auténtica cooperación" entre dichas Administraciones y, menos aún, la consecución de un intercambio fluido de información tributaria[574]; y ello, tanto en el ámbito interno como comunitario.

---

572 Sentido en que se ha referido PÉREZ VELASCO, Mª M., "Intercambio de datos entre Administraciones Públicas", *Revista de Internet, Derecho y Política*, núm. 272006, p. 49, a "la ausencia de un marco general que regule la interconexión".

573 *Vid.* MORENO GONZÁLEZ, S., "Intercambio de información tributaria y Haciendas Forales: dimensión internacional, europea e interna", cit., p. 319.

574 Opinión que mantenemos a pesar de la sustentada por RUBIO GUERRERO, para quien "cada Administración debería articular su propio esquema de relaciones con todos estos organismos y administraciones públicas, multiplicando exponencialmente el número de acuerdos institucionales necesarios para cumplir con los objetivos básicos de una administración tributaria eficiente" (*Vid.* "La Agencia estatal de la Administración Tributaria española como modelo de gestión tributaria integrada. (II) Control e inspección y coordinación con otras administraciones tributarias", cit., p. 18).

Razón por la que es oportuno afirmar que los principios de coordinación y colaboración administrativa habilitan, por lo que al intercambio de información se refiere, "al establecimiento de *una única administración funcionalmente hablando desde el punto de vista del aprovechamiento de la información con trascendencia tributaria*", que respete las garantías de los obligados tributarios[575] y que, a nuestro juicio, debería ser el "resultado" de la *plena interoperabilidad* entre las distintas Administraciones tributarias en lo que se refiere al intercambio de información. Propuesta cuya efectiva realización, además de los medios tecnológicos y humanos necesarios, requiere una seria voluntad política, así como una efectiva actitud colaboradora que venza las resistencias a posibilitar un amplio y fluido intercambio de información, acompañado de los controles y garantías necesarios.

575 *Vid.*, en este sentido, GARCÍA MARTÍNEZ, A., "La colaboración de la AEAT en la aplicación de los Tributos Locales", cit., p. 153 y ARRIETA MARTÍNEZ DE PISÓN, J., "Cesión, intercambio y protección de la información tributaria y de los datos automatizados: la incidencia de la informática en el contribuyente", cit., p. 47.

CONSIDERACIONES FINALES

Desde la consagración de la buena administración en el art. 41 de la Carta de Derechos Fundamentales de la Unión Europea nos encontramos asistiendo a un importante proceso de *elaboración jurídica*, tanto por parte de la jurisprudencia (emanada del TJUE y del Tribunal Supremo, en el ordenamiento español) como de la doctrina, dirigido a conseguir que este principio y los derechos que ampara se conviertan en *referencia obligada* en los distintos sectores del ordenamiento; de ahí, que dicha labor se encuentre orientada esencialmente a determinar en qué se *traduce* a nivel nacional esta garantía teniendo en cuenta que la mayoría de los ordenamientos de los Estados que componen la Unión Europea no contemplan expresamente dicho principio.

Consideraciones, en efecto, que nos permiten afirmar, como punto de partida, que la referencia a la buena administración nos sitúa en un escenario de gran complejidad, tanto en lo que respecta a su naturaleza jurídica como en relación con su contenido y, por ende, a su eficacia jurídica, siendo el obstáculo fundamental en este ámbito la inexistencia de desarrollo alguno de la buena administración a nivel de la normativa europea así como la ausencia de reconocimiento expreso en nuestro ordenamiento. Idea esta última, precisamente, que es la que nos lleva a pensar que su naturaleza jurídica es la de un *principio general* de actuación de la Administración, sin que sea posible hablar por el momento de un derecho subjetivo.

Ahora bien, debe aclararse que el *origen netamente jurisprudencial* que ostenta en nuestro ordenamiento la buena administración no es lo que impide afirmar su eficacia jurídica, teniendo en cuenta que la ratificación de la Carta de Derechos Fundamentales de la Unión Europea confiere a los derechos contenidos en la misma la condición de auténtico derecho interno, debiendo señalar, asimismo, su recepción implícita en diversos preceptos de nuestra Carta Magna. En efecto, y si bien entendemos dicha construcción de todo punto loable; sin embargo, al ser realizada de un modo casuístico, y sin respaldo normativo expreso, hace difícil hablar de la existencia de auténticos *parámetros o estándares objetivos* de buena administración que otorguen la necesaria seguridad jurídica al contribuyente acerca de la actuación administrativa que los vulnera y que, por tanto, otorguen contenido sustantivo a dicho principio.

De este modo, y sin perjuicio de que la buena administración haya estado siempre presente en la actuación de la Administración siendo el ámbito procedimental su medio natural de actuación, hay motivos para pensar que en los momentos actuales, y en particular en el ordenamiento tributario, dicho principio debe ser *relanzado* confiriéndole un contenido jurídico concreto y, por consiguiente, eficacia jurídica si lo que se persigue es la justicia en la realización del deber de contribuir al sostenimiento de los gastos públicos y, por tanto, la ponderación adecuada de los intereses implicados.

Ahora bien, es preciso advertir que estas consideraciones no solamente se refieren a la Administración sino también a los sujetos que se relacionan con ella a partir de la idea de que la buena administración ha *evolucionado* desde su condición de principio al servicio de la eficacia de la Administración pública hasta una función de garantía de los derechos del ciudadano. Ámbito en que, profundizando más en la funcionalidad que cabría asignar a dicho principio, cabe hablar de su proyección sobre el *comportamiento de los obligados tributarios* actuando, no solamente como mecanismo para reajustar o equilibrar las posiciones de las dos partes implicadas en el procedimiento de aplicación de los tributos sino que, en sintonía con el derecho a un procedimiento justo, entendemos que también forma parte del núcleo de la buena administración la *participación* en la acción administrativa por parte de sus destinatarios, que bien podría traducirse en un nuevo paradigma de gestión pública en que ambas partes asumen compromisos recíprocos, según ha señalado la doctrina.

En efecto, son las ideas expuestas las que conducen a afirmar que el contenido del principio de buena administración debe configurarse a partir de la función asignada al mismo, que no es otra sino la consecución de una *gestión óptima* en beneficio del ciudadano con fundamento en los deberes de diligencia y debido cuidado. Funcionalidad, por tanto, que a pesar del carácter ambiguo y complejo de dicho principio, marca el camino para una efectiva *protección material* de los derechos de los administrados en el seno de los procedimientos apareciendo la buena administración, en este ámbito, como la columna vertebral y el paradigma genérico de exigibilidad de una eficaz, adecuada y ponderada acción pública.

Pues bien, en el marco de las ideas señaladas, nuestro estudio se ha centrado en el examen de la *proyección* de la buena administración sobre el procedimiento de intercambio de información tributaria entre Estados miembros en el seno de la Unión Europea, y en concreto el de carácter rogado, en un intento de dotar de contenido sustantivo a la buena administración así como a las garantías y derechos que se cobijan bajo el mismo en este ámbito concreto. Reto que se ha afrontado desde la constatación de las *escasas garantías* que se otorgan al contribuyente en el seno de dicho procedimiento concebido desde una perspectiva estatalista y dirigido, en esencia, a la finalidad de satisfacer el interés recaudatorio de los Estados miembros así como la lucha frente al fraude fiscal, por lo que se presenta como un campo propicio para "someter a prueba" a dicho principio.

Análisis, por tanto, que, partiendo del carácter esquemático con que se ha previsto dicho procedimiento a nivel europeo en la Directiva 2011/16/UE, se ha centrado en la necesidad de fijar *parámetros objetivos* de cuyo cumplimiento dependa la efectividad de la buena administración y, por ende, la protección de los obligados afectados por el mismo, debiendo aclarar, en este sentido, que no existe obstáculo para la aplicación del principio de buena administración en este ámbito desde la consideración, defendida por buena parte de la doctrina, de que toda la materia administrativa debe entenderse "europeizada".

Se trata, por consiguiente, de un estudio complejo apoyado, en buena medida, en la *interacción procedimental* entre el Derecho europeo y el Derecho interno (y como consecuencia, la conexión entre los sistemas jurídicos domésticos), que se deduce de la labor de construcción de los principios generales del Derecho por parte del TJUE. Principios, entre los que se encuentra la buena administración, que *dotan de unidad* a todo el sistema administrativo y que, en su caso, se han ido incorporando al ordenamiento de los Estados Miembros influyendo en el Derecho Administrativo de cada uno de ellos mostrándose así la mencionada *interacción procedimental*.

De esta modo, teniendo en cuenta que la interpretación realizada por parte de dicho Tribunal pretende, entre otros objetivos, garantizar la *uniformidad y cohesión* del conjunto de previsiones materiales de los ordenamientos internos, nos ha sido posible afirmar la necesidad de "aliviar" la aplicación del principio de autonomía procedimental en el ámbito de la cooperación entre Estados en lo que respecta al intercambio de información tributaria.

Principio este último, en efecto, que no solamente ha conducido a la esquizofrenia procedimental en el seno de la Unión Europea, restando así eficacia a dicho mecanismo, sino que en la generalidad de los Estados miembros se ha visto huérfano de la previsión de garantías respecto de los sujetos afectados por dicho procedimiento. Situación que nos ha conducido a detectar en la buena administración una *herramienta adecuada* para hacer frente a esta dispersión normativa a partir de su proyección sobre el procedimiento, imponiendo su aplicación un cierto nivel de coordinación en relación con sus elementos esenciales. Todo ello, sin perjuicio de dejar constancia de los obstáculos existentes en este ámbito y, fundamentalmente, la difícil conciliación del principio de autonomía procedimental y el respeto a la soberanía de los Estados miembros.

En este contexto, la interpretación realizada en nuestro estudio a la luz de la buena administración de la necesidad de motivación de los actos administrativos, la observancia de los principios de proporcionalidad, transparencia y seguridad jurídica y, en último término, el derecho a la tutela judicial efectiva (para lo que nos ha servido de guía la jurisprudencia del TJUE), no solamente nos ha conducido a detectar perfiles "propios" en cada una de dichas garantías en el seno del procedimiento dirigido al intercambio de información en el ámbito de la Unión Europea, sentando así las bases de un *procedimiento administrativo común iluminado por la buena administración,* sino que, más allá de ello, nos ha permitido afirmar la atribución de un contenido propio a la buena administración (en cuanto herramienta de interpretación y garantía procedimental) del que cabría decir que *participan* los derechos mencionados, en cuanto "huellas" del mismo.

En definitiva, y si la *esencia* de la buena administración radica en hacer efectivos los intereses generales, no existiendo un modelo único de buena administración, es precisamente, la referencia al servicio de dichos intereses, *entre los que se incluyen la realización de las garantías y los derechos fundamentales de la persona,* desde donde se comprende mejor la buena administración y, en particular, la determinación de las consecuencias jurídicas de este principio en su proyección sobre el procedimiento de intercambio de información tributaria en el seno de la Unión Europea en que dicho principio se erige en elemento de equilibrio entre el interés a la recaudación y los derechos de los obligados tributarios.

De otra parte, y como corolario de las ideas esbozadas, se ha planteado la nueva perspectiva que el principio de buena administración imprime a los derechos y garantías procedimentales desde la consideración de la *digitalización* de los procedimientos de aplicación de los tributos y, por tanto, del orientado al intercambio de información entre Estados.

En efecto, en este escenario nos ha parecido importante reflexionar acerca de la existencia de un *derecho a la buena administración digital* a partir de la premisa de la importante función que este derecho se encuentra llamado a cumplir en el proceso de transición digital, teniendo en cuenta que dicha transformación se está llevando a cabo, al menos en España, en ausencia de un mandato constitucional específico, más allá de lo previsto en el art. 18.4 de la CE careciendo, además, de la previsión de garantías suficientes en relación con la protección del ciudadano en este nuevo escenario. Ámbito en que cabría entender que la aplicación de la buena administración no solamente encuentra fundamento en el art. 41 de la CDFUE sino también, y en el seno de nuestro ordenamiento, en la Carta de Derechos Digitales. Documento que, inspirado en la Carta de Derechos Fundamentales de la Unión Europea, incorpora la *intención* de asegurar la realización de la buena administración en relación con el ejercicio y garantía de los derechos digitales de los ciudadanos.

Por consiguiente, las consideraciones expuestas partiendo del carácter esencialmente procedimental de la buena administración, permiten afirmar que este principio adquiere *perfiles propios* en su proyección sobre el escenario tecnológico en que se desenvuelven las relaciones entre la Administración tributaria y el contribuyente; esto es, se trata de que la adaptación de los procedimientos al campo tecnológico se realice a partir de las exigencias de la buena administración. Principio, además, que debería actuar como *elemento unificador* en lo que respecta a la protección dispensada al contribuyente en este ámbito por parte de los distintos ordenamientos.

Objetivos que, encontrándose todavía *pendientes,* deberían afrontarse desde la necesaria consecución del equilibrio entre la Administración electrónica y los derechos y garantías de los ciudadanos en el ámbito de la digitalización, lo que *implica* el refuerzo de la motivación de los requerimientos de datos con trascendencia tributaria y, por tanto, su veracidad, completud y calidad llegando, de este modo, a la Gobernanza de los Datos. Todo ello, en un contexto en que la información se transforma en conocimiento; razón por la que la que, en aplicación de la buena administración, cabe exigir a dichos entes un deber de diligencia máximo.

Son, finalmente, las ideas expuestas las que permiten concluir que, siendo la buena administración un principio de enorme recorrido, así como en continua evolución se presenta como una *oportunidad* para llevar a cabo una interpretación en clave garantista del procedimiento (adaptado, en su caso, a la aplicación de las nuevas tecnologías) y, en concreto, del dirigido a la aplicación de los tributos realizando un *enfoque adecuado* de las garantías y derechos necesariamente presentes en el mismo. Propuesta que, ineludiblemente, se presenta junto al *reto* de dotar a dicho principio de sustantividad, lo que exige la intervención del legislador acompañada de un importante esfuerzo interpretativo, tanto doctrinal como jurisprudencial, realizado desde el convencimiento de que el acercamiento entre Administración y administrados conduce no solamente al refuerzo de las garantías sino también a una óptima actuación de aquélla y, por tanto, a una más eficaz realización de los fines perseguidos evitando, de este modo, los altos niveles de conflictividad a que estamos acostumbrados.

BIBLIOGRAFÍA

ADAME MARTÍNEZ, F., "La lucha contra el fraude fiscal en el ámbito de las Comunidades Autónomas", en *La lucha contra el fraude fiscal en España y en la Unión Europea,* ADAME MARTÍNEZ, F. (Dir.), Thomson Reuters, Aranzadi, Cizur Menor, Navarra, 2019.

AEDAF, "Inseguridad jurídica en España: Situación actual y propuestas para el futuro", *Paper* núm. 13/2018.

ANEIROS PEREIRA, J., "El derecho de defensa en la Administración: derecho de toda persona a ser oída y derecho de acceso al expediente", en *La protección de los derechos fundamentales en el ámbito tributario,* MERINO JARA, I. (Dir.), VÁZQUEZ DEL REY VILLANUEVA, A. y SUBERBIOLA GARBIZU, I. (Coords.), Wolters Kluwer, Madrid, 2021.

ARRIETA MARTÍNEZ DE PISÓN, J., "Cesión, intercambio y protección de la información tributaria y de los datos automatizados: la incidencia de la informática en el contribuyente", *Revista Técnica Tributaria*, núm. 43/1998.

AUJEAN, M., "Entre armonización, coordinación y cooperación reforzada: la política fiscal en la Unión ampliada", *Revista Española de Derecho Financiero,* núm. 129/2006.

ASTOLA MADARIAGA, J., "Los derechos fundamentales y el Derecho comunitario", *Revista Vasca de Administración Pública*, núm. 52/1998.

ÁVILA RODRÍGUEZ. C. M., "El derecho a una buena administración en el nuevo Estatuto de Autonomía para Andalucía: alcance y significado", *Revista Andaluza de Administración Pública*, núm. 75/2009.

BAKER P. y PISTONE, P., "BEPS Action 16: The Taxpayers´Right to an Effective Legal Remedy Under European Law in Cross-Border Situation", *Tax Review*, núms. 5-6/2016.

BARNÉS, J., "Buena administración, principio democrático y procedimiento administrativo", *Revista Digital de Derecho Administrativo,* núm. 21/2019.

BARRIO ANDRÉS, M., "La Carta de Derechos digitales de España: su sentido", *Diario La Ley,* núm. 9904/2021.

BARRIO ANDRÉS, M., "Génesis y desarrollo de los derechos digitales", *Revista de las Cortes Generales,* núm. 110/2021.

BATALLI, M. y FEZZULLAHU, A., "Principles of Good Admministration under the European Code of Good Administrative Behaviour", *Journal of International and European Law*, I/2018.

BONOMO, A., "The right to good administration and theadministrative inaction: a troubled relationship", *Diritto Pubblico Europeo*, Rassegna online, Fascicolo 2/2015.

BUSTAMANTE ESQUIVIAS, M. D., "Instrumentos de asistencia mutua en materia de intercambios de información (Impuestos directos e IVA)", *Documentos del Instituto de Estudios Fiscales,* núm. 23/2002.

CABALLERO TRENADO, L., "La Carta de Derechos Digitales, una oportunidad de gobernanza para España", *Anales de la Real Academia de Doctores de España*, núm. 3/2021.

CALDERÓN CARRERO, J. M., "El intercambio de información entre Administraciones tributarias en un contexto de globalización económica y competencia fiscal perniciosa", en *Las medidas anti-abuso en la normativa interna española y los Convenios para Evitar la Doble Imposición Internacional y su compatibilidad con el derecho comunitario,* SOLER ROCH, M. T. y SERRANO ANTON, F. (Dirs.), Instituto de Estudios Fiscales, Madrid, 2002.

CALDERÓN CARRERO, J. M., *El derecho de los contribuyentes al secreto tributario,* Netbiblo, La Coruña, 2009.

CALDERÓN CARRERO, J. M., "Intercambio de información tributaria y derechos de defensa del contribuyente: la jurisprudencia del TJUE en el asunto Sabou", *Carta Tributaria*, núm. 2/2014.

CALONGE VELÁZQUEZ, A., "El concepto de administración pública en la unión europea: administración pública nacional y administración pública comunitaria", *Revista de la Unión Europea*, núm. 19/2010.

CALVO VÉRGEZ, J., "El intercambio de información fiscal en el ámbito del Derecho Internacional Tributario: algunas consideraciones", *Revista Nueva Fiscalidad,* núm. 10/2002.

CÁMARA BARROSO, M. C., "Cooperación administrativa: intercambio de información previa petición", en *La digitalización en los procedimientos tributarios y el intercambio automático de información*, PITA GRANDAL, A. M., MALVÁREZ PASCUAL, L. A. y RUIZ HIDALGO, C. (Dirs.), Aranzadi, Cizur Menor, Navarra, 2023.

CAMPOS ACUÑA, C., "El Derecho a una buena administración digital en la Carta de Derechos Digitales", *Revista de Privacidad y Derecho Digital,* núm. 24/2021.

CAMPOS ACUÑA, C., "Una necesidad post-pandémica: la imprescindible construcción del «derecho a una buena administración digital»", XXXIV Concurso del CLAD sobre Reforma del Estado y Modernización de la Administración Pública, *Avances y propuestas ante la crisis del coronavirus y sus repercusiones institucionales y sociales,* 2021.

CAMPOS MARTÍNEZ, Y., "Los derechos y principios digitales en la relación tributaria electrónica: ética o derecho", en *Nuevas tecnologías disruptivas y tributación*, MORENO GONZÁLEZ, S. (Dir.) y GÓMEZ REQUENA, J. A. (Coord.), Thomson Reuters, Aranzadi, Cizur Menor, Navarra, 2021.

CARRASCO GONZÁLEZ, F. M., "El principio de buena administración en el ámbito de la revisión de los actos tributarios", *Revista Española de Derecho Financiero*, núm. 197/2003.

CASADO CASADO, L., "La mejora regulatoria en España: los nuevos principios que informan el ejercicio de la iniciativa legislativa y la potestad reglamentaria de las administraciones públicas", A&C- *Revista de Direito Administrativo & Constitucional*, núm. 67/2017.

CASAS AGUDO, D., "Derecho a una buena administración y ordenamiento tributario", monográfico *Nueva Fiscalidad*, MERINO JARA, I. (Dir.), 2020.

CASSESE, A., *Los derechos fundamentales en el mundo contemporáneo*, Ariel, Barcelona, 1993.

CASSESE, A., "Il diritto alla buona amministrazione", *European Review of Public Law*, vol 21(3), 1999.

CASTILLO BLANCO, F. A., "Garantías del derecho ciudadano al buen gobierno y a la buena administración", *Revista Española de Derecho Administrativo*, núm. 172/2015.

CHECA GONZALEZ, C., *Persiguiendo la sombra de la justicia tributaria*, Civitas-Thomson Reuters, Cizur Menor, Navarra, 2019.

CHECA GONZÁLEZ, C., "Acerca de la «Gobernanza Fiscal» y de la «Buena Administración» en el ámbito tributario", *Anuario de la Facultad de Derecho. Universidad de Extremadura*, núm. 38/2022.

CONTE, D., "Interpello tributario e diritto ad una buona amministrazione: riflessioni per un balancio", en *La proyección de la buena administración sobre los procedimientos de aplicación de los tributos,* LUCHENA MOZO, G. M. y SÁNCHEZ LÓPEZ, M. E. (Dirs.), Tirant lo Blanch, Valencia, 2023.

COSPANARU, I., "Responsibility for implementing the technical dimension of good administration requirements", *Academic Journal of Law and and Governance*, núm. 6/2018.

CUDERO BLAS, J., "El principio de buena administración en la jurisprudencia de la Sala Tercera del Tribunal Supremo", *Anuario del buen gobierno y de la calidad de la regulación*, núm. 1/2019.

DE LA SIERRA MORÓN, S., "Una introducción a la Carta de Derechos Digitales", Tirant lo Blanch, Valencia, 2022.

DELGADO PACHECO, A., "La Seguridad Jurídica en la Jurisprudencia del TJUE", (La Seguridad Jurídica en la Jurisprudencia del TJUE | CE Garrigues (centrogarrigues.com).

DELPIAZZO, C. E., "A la búsqueda del equilibrio entre privacidad y acceso en Protección de datos personales y Acceso a la Información Pública", en *Protección de Datos Personales y Acceso a la Información Pública,* AGESIC, Montevideo, 2009.

DELPIAZZO, C., "La buena administración como imperativo ético para administradores y administrados", *Revista de Derecho*. Segunda Época, núm. 10/2014.

FERNÁNDEZ LÓPEZ, R. I., "El intercambio automático de información tributaria en la Unión Europea: de la irrelevancia inicial a un crecimiento con riesgo de hipertrofia", en *La digitalización en los procedimientos tributarios y el intercambio automático de información*, PITA GRANDAL, A. M., MALVÁREZ PASCUAL, L. A. y RUIZ HIDALGO, C. (Dirs.), Aranzadi, Pamplona, 2023.

FERNÁNDEZ MARÍN, F., *El intercambio de información como asistencia tributaria externa del Estado de la Unión Europea*, Tirant lo Blanch, Valencia, 2006.

FERNÁNDEZ MARÍN, F., "El derecho de defensa y el intercambio de información tributaria en el Derecho de la UE", (https://ste.unibo.it/article/download/9732/9743).

FERNÁNDEZ MARÍN, F., "De los principios del Derecho Comunitario a la tutela del contribuyente", en *Derecho comunitario y procedimiento tributario*, Atelier, Barcelona, 2010.

FERNÁNDEZ RODRÍGUEZ, T. R., "El derecho a una buena administración: una nueva mirada a la Administración y el derecho administrativo" en *Anuario del Buen Gobierno y de la Calidad de la Regulación: La Regulación de la protección de los alertadores y denunciantes (whistleblowers)*, Fundación Democracia y Gobierno Local, Barcelona, 2021.

FERNÁNDEZ DE SOTO BLAS, M. L., "La lucha contra e fraude fiscal desde el punto de vista de la Inteligencia Artificial", en *La digitalización de los procedimientos tributarios y el intercambio automático de información*, PITA GRANDAL, A. M., MALVÁREZ PASCUAL, L. A. y RUIZ HIDALGO, C. (Dirs.), Aranzadi, Cizur Menor, Navarra, 2023.

FUENTETAJA PASTOR, J. A., "El derecho a la buena administración en la Carta de los Derechos Fundamentales de la Unión Europea", *Revista de Derecho de la Unión Europea*, núm. 15/2008.

FUENTETAJA PASTOR, J. A., "Hacia una gobernanza administrativa europea", *Revista de Derecho de la Unión Europea*, núm. 16/2009.

GARCÍA CARACUEL, M., "La protección de los derechos de los obligados tributarios en los procedimientos de intercambio de información previa solicitud", *Nueva Fiscalidad*, núm. 4/2020.

GARCÍA DE ENTERRÍA, E., "La lucha contra las inmunidades en el Derecho Administrativo (Poderes discrecionales, poderes de gobierno, poderes normativos)", *Revista de Administración Pública*, núm. 38/1962.

GARCÍA MARTÍNEZ, A., *La gestión de los tributos autonómicos*, Civitas, Madrid, 2000.

GARCÍA MARTÍNEZ, A., "La colaboración de la AEAT en la aplicación de los Tributos Locales", *Tributos Locales*, núm. 88/2009.

GARCÍA NOVOA, C., *El principio de seguridad jurídica en materia tributaria*, Marcial Pons, Madrid, 2000.

GARCÍA NOVOA, C., "El principio de Buena Administración como regla de control de los actos administrativos en materia tributaria", (El principio de Buena Administración como regla de control de las actos administrativos en materia tributaria (politicafiscal.es).

GARCÍA VALERA, A., "Armonización y coordinación fiscal en la Unión Europea", en *Armonización, coordinación fiscal y lucha contra el fraude*, ADAME MARTÍNEZ, F. (Dir.), Aranzadi, Cizur Menor, Navarra, 2000.

GARÍN BALLESTEROS, B., "La interpretación del deber de buena administración en la jurisprudencia del Tribunal Supremo. Análisis de la STS de 15 de marzo de 2021, rec. núm. 526/2020", *Revista de Contabilidad y Tributación*, núm. 463/2021.

GARÍN BALLESTEROS, B., "Estándar de buena administración en los actos tributarios", en *La proyección de la buena administración sobre los procedimientos de aplicación de los tributos*, LUCHENA MOZO, G. M. y SÁNCHEZ LÓPEZ, M. E. (Dirs.), Tirant lo Blanch, Valencia, 2023.

GIL CRUZ, E. M., *La Motivación de los Actos Tributarios, Cuadernos de Jurisprudencia Tributaria*, Thomson-Aranzadi, Cizur Menor, Navarra, 2003.

GIL IBÁÑEZ, A. J., "Principio de primacía del Derecho europeo y Constitución española: límites y consecuencias de la cesión de soberanía tras la nueva Constitución europea", *Gaceta Jurídica de la Unión Europea*, núm. 232/2004.

GONZÁLEZ DE FRUTOS, U., YARYGINA UDOVENK "Analítica avanzada para el progreso de las administraciones tributarias en América latina", en *Nuevas Tecnologías disruptivas y tributación*, MORENO GONZÁLEZ, S. (Dir.) y GÓMEZ REQUENA, J. A. (Coord.), Aranzadi, Cizur Menor, Navarra, 2021.

GUIDARA, A. "Gestión tributaria e inteligencia artificial", en *La digitalización de los procedimientos tributarios y el intercambio automático de información*, PITA GRANDAL, A. M., MALVÁREZ PASCUAL, L. A. y RUIZ HIDALGO, C. (Dirs.), Aranzadi, Cizur Menor, Navarra, 2023.

GUILLEM CARRAU, J., "El avance del derecho a la buena administración en el Tratado de Lisboa", *Revista de Derecho de la Unión Europea*, núm. 19/2010.

GUILLEM CARRAU, J., "La mejora de los entornos normativos y la competitividad económica: el ajuste regulatorio (REFIT) de la UE", *Anuario de Derecho Parlamentario*, núm. 28/2015.

HERMIDA DEL LLANO, C., "La configuración del derecho a una buena administración como nuevo derecho frente al poder", *Pensamiento Constitucional*, núm. 16/2012.

HERRERA MOLINA, P. M., "Gobernanza fiscal: de las empresas a la Administración", en *Gobernanza fiscal: una aproximación equilibrada,* Fundación Impuestos y Competitividad, Madrid, 2020.

IRIT MILKES, S., "Buena administración y la motivación de los actos administrativos expedidos en ejercicio de facultades discrecionales", *Revista Digital de Derecho Administrativo*, núm. 21/2019.

JUAN LOZANO, A. M., "Los avances de la buena administración en los procedimientos de inspección", en *La proyección de la buena administración sobre los procedimientos de aplicación de los tributos,* LUCHENA MOZO, G. M. y SÁNCHEZ LÓPEZ, M. E. (Dirs.), Tirant lo Blanch, Valencia, 2023.

LAGO MONTERO, J. M., "La colaboración entre el Estado y los Entes locales en la gestión tributaria", *Revista de Tributos Locales*, núm. 35/2003.

LAMOCA PÉREZ, C., "Mecanismos transfronterizos de planificación fiscal vs. Armonización fiscal", 2020 (https://www.fiscal-impuestos.com/sites/fiscal-impuestos.com/file...).

LASARTE ÁLVAREZ, J., "La coordinación de la fiscalidad directa en la Unión Europea", *Crónica Tributaria*, núm. 137/2010.

LASARTE ÁLVAREZ, J., "Limitaciones de las normas de los Tratados sobre armonización y coordinación fiscal y exigencias de la situación actual de la Unión Europea", cit., pp. 31-35 http://www.upo.es/export/portal/com/bin/portal/upo/profesores/jrampri/profesor/1324329611453_ponencias.pdf.

LASARTE LÓPEZ, R., "Nuevas bases para la cooperación administrativa en el ámbito de la Unión Europea: un impulso al intercambio internacional de información", en *Armonización, coordinación fiscal y lucha contra el fraude*, LASARTE, J. y ADAME, F. (Coords.), Aranzadi, Cizur Menor, Navarra 2012.

LITAGO LLEDÓ, R., "El derecho» a la buena administración y la inactividad de la administración tributaria", en *La protección de los derechos fundamentales en el ámbito tributario,* MERINO JARA, I. (Dir.), VÁZQUEZ DEL REY VILLANUEVA, A. y SUBERBIOLA GARBIZU, I. (Coords.), Wolters Kluwer, Madrid, 2021.

LUCHENA MOZO, G. M., "Los Códigos de Buenas Prácticas como manifestación de la Buena Administración y del compliance: su relación con la ciencia del comportamiento", en *Los principios de cumplimiento cooperativo en materia tributaria,* MORENO GONZÁLEZ, S. y CARRASCO PARRILLA, P. J. (Dirs.) y GÓMEZ REQUENA, J. A. (Coord.), Atelier, Barcelona, 2023.

LUCHENA MOZO, G. M., "Buena Administración, compliance y la arquitectura del comportamiento como soporte de las buenas prácticas tributarias", *Quincena Fiscal,* núm. 9/2023.

MACHANCOSES GARCÍA, E., *El intercambio de información entre Administraciones tributarias,* Instituto de Estudios Fiscales, Madrid, 2018.

MALHERBE, J., "La buena administración en el Derecho Fiscal: los Derechos fundamentales", en *Derecho comunitario y procedimiento tributario,* FERNÁNDEZ MARÍN, F. (Dir.) y FORNIELES GIL, A. (Coord.), Atelier, Barcelona, 2010.

MALHERBE, J., RENDERS, D. y TRAVERSA E., "La Administración tributaria frente a los Principios de Buena Administración en Derecho belga", *Estudios Tributarios Europeos*, núm. 1/2011.

MARCHESSOU, P., "Procedimientos tributarios nacionales y protección comunitaria del contribuyente", en *Derecho Comunitario y Procedimiento Tributario*, FERNÁNDEZ MARÍN, F. (Dir.), Atelier, Barcelona, 2010.

MARCHESSOU, P., "Procedimientos tributarios nacionales y protección comunitaria del contribuyente", en *Derecho Comunitario y Procedimiento Tributario,* FERNÁNDEZ MARÍN, F. (Dir.), Atelier, Barcelona, 2010.

MARTÍN DELGADO, I., "El procedimiento administrativo en el Derecho de la Unión Europea", *Revista de Derecho de la Unión Europea,* núm. 19/2010.

MARTÍN DELGADO, J. M., en el Prólogo a la obra *Derecho comunitario y Procedimiento tributario*, FERNÁNDEZ MARÍN, F. (Dir.) y FORNIELES GIL, A. (Coord.), Atelier, Barcelona, 2010.

MARTÍNEZ MUÑOZ, Y., "El principio de buena administración y los procedimientos de gestión tributaria: cuestiones pendientes", en *La proyección de la buena administración sobre los procedimientos de aplicación de los tributos,* LUCHENA MOZO, G. M. y SÁNCHEZ LÓPEZ, M. E. (Dirs.), Tirant lo Blanch, Valencia, 2023.

MATIA PORTILLA, A., *La buena administración como noción jurídico-administrativa*, Dykinson, Madrid, 2020.

MARÍN BARNUEVO-FABO, D., "El principio de buena administración en materia tributaria", *Revista Española de Derecho Financiero,* núm. 186/2020.

MARINICA, C. E., "Digitalization - the key for adapting Good administration La buena administración genera buena gobernanza to a better governance", *Academic Journal of Law and Governance*, 8(2)/2020.

MARTÍN REBOLLO, L., "Ayer y hoy de la responsabilidad patrimonial de la Administración", *Revista de Administración Pública*, núm. 50/1999.

MARTÍNEZ ÁLVAREZ, J., "El principio de buena administración como nuevo paradigma jurídico y su aplicación en el ámbito tributario: régimen normativo, naturaleza jurídica y contenido", *Nueva Fiscalidad,* enero-marzo 2022, Dykinson.

MARTÍNEZ GINER, L. A., *La protección jurídica del contribuyente en el intercambio de información entre Estados,* Iustel, Madrid, 2008.

MASBERNAT, P., "Algunas perspectivas acerca de la buena administración y tributación en América Latina", en *La proyección de la buena administración sobre los procedimientos de aplicación de los tributos,* LUCHENA MOZO, G. M. y SÁNCHEZ LÓPEZ, M. E. (Dirs.), Tirant lo Blanch, Valencia, 2023.

MATA SIERRRA, M. T., *La armonización fiscal en la Comunidad Económica Europea,* Lex Nova, Madrid, 1996.

MEILÁN GIL, J. L., "La buena administración como institución jurídica", *Revista Andaluza de Administración Pública,* núm. 87/2013.

MEILÁN GIL, J. L., "El paradigma de la buena administración", *Anuario da Facultade de Dereito da Universidade da Coruña,* núm. 17/2013.

MELLADO RUIZ, L., "Principio de buena administración y aplicación indirecta del derecho comunitario: instrumentos de garantía frente a la «comunitarización» de los procedimientos", *Revista Española de Derecho Europeo,* núm. 27/2008.

MELLADO RUIZ, L., Los principios comunitarios de eficacia directa y primacía frente a la funcionalidad del principio de autonomía procedimental", en *Derecho Comunitario y Procedimiento Tributario,* FERNÁNDEZ MARÍN, F. (Dir.) y FORNIELES GIL, A. (Coord.), Atelier, Barcelona, 2010.

MÉNDEZ CORTEGANO, I., "La lucha contra el fraude fiscal desde la perspectiva de la Agencia Estatal de Administración Tributaria", en *La lucha contra el fraude fiscal en España y en la Unión Europea,* F. ADAME MARTÍNEZ (Dir.), Thomson Reuters, Aranzadi, Cizur Menor, Navarra, 2019.

MENÉNDEZ SEBASTIÁN, E. M., *De la función consultiva clásica a la buena administración. Evolución en el Estado social y democrático de Derecho,* Marcial Pons, Madrid, 2021.

MERINO JARA, I., Prólogo a la obra colectiva *La proyección de la buena administración sobre los procedimientos de aplicación de los tributos,* LUCHENA MOZO, G. M. y SÁNCHEZ LÓPEZ, M. E. (Dirs.), Tirant lo Blanch, Valencia, 2023.

MICHELE, M., "Il diritto ad una buona amministrazione nella riscossione transnazionale dei crediti tributari", in AA.VV. (a cura di M. PIERRO*), Il diritto ad una buona amministrazione nei procedimenti tributari,* Milano, Giuffrè, 2019.

MIR PUIGPELAT, O., "Razones para una codificación general del procedimiento de la Administración de la Unión", *Revista de Derecho de la Unión Europea,* núm. 19/2010.

MOLINA DEL POZO, C. F., "La información, participación y revisión en la mejora de las políticas europeas", *Revista CEF Legal,* núm. 249/2021.

MONDINI, A., "El principio comunitario de proporcionalidad en la jurisprudencia del Tribunal de Justicia: ¿de parámetro de legitimidad de las normas tributarias a principio general en los procedimientos de aplicación de los tributos?", en *Derecho Comunitario y Procedimiento Tributario,* FERNÁNDEZ MARÍN, F. (Dir.), Atelier, Barcelona, 2010.

MOSCHETTI, G., "El principio de proporcionalidad en las relaciones Fisco-Contribuyente", *Revista Española de Derecho Financiero,* núm. 140/2008.

MORENO GONZÁLEZ, S., "El intercambio de información tributaria y la protección de datos personales en la Unión Europea. Reflexiones al hilo de los últimos cambios normativos y jurisprudenciales", *Quincena Fiscal,* núm. 12/2016.

MORENO GONZÁLEZ, S., "La buena administración en el ejercicio de la potestad sancionadora tributaria", en *La proyección de la buena administración sobre los procedimientos de aplicación de los tributos,* LUCHENA MOZO, G. M. y SÁNCHEZ LÓPEZ, M. E. (Dirs.), Tirant lo Blanch, Valencia, 2023.

MORENO MOLINA, J. A., "La Administración Pública comunitaria y el proceso hacia la formación de un derecho administrativo europeo común", *Revista de Administración Pública,* núm. 148/1999.

MORENO MOLINA, J. A., "Los principios generales del Derecho", *en Derecho Comunitario Europeo,* ORTEGA ÁLVAREZ, L. (Dir.) y MORENO MOLINA, J. A. (Coord.), Lex Nova, Valladolid, 2007.

MUÑOZ MACHADO, S., *La Unión Europea y las mutaciones del Estado,* Alianza Universidad, Madrid, 1993.

NAVARRO EGEA, M., "Límites jurídicos a la Administración tributaria electrónica", en *La inteligencia artificial en la relación entre los obligados y la Administración tributaria,* OLIVARES OLIVARES, B. (Dir.), La Ley, Madrid, 2022.

NEGRUT, V., "The europeanization o Public Administration through the General Principles of Good Administration", *European and International Law,* 2/2011.

NIETO GARCÍA, A., *El desgobierno de lo público,* Ariel, Barcelona, 2008.

OLIVARES OLIVARES, B., "Implicaciones de la normativa sobre protección de datos en el desarrollo de la inteligencia artificial por la administración tributaria: la gobernanza de los datos", en *Nuevas Tecnologías disruptivas y tributación,* MORENO GONZÁLEZ, S. (Dir.) y GÓMEZ REQUENA, J. A. (Coord.), Aranzadi, Cizur Menor, Navarra, 2021.

ORENA DOMÍNGUEZ, A., "El principio de buena administración como derecho y garantía de los obligados tributarios", en *Los principios del cumplimiento cooperativo en materia tributaria,* MORENO GONZÁLEZ, S. y CARRASCO PARRILLA, P. (Dirs.), GÓMEZ REQUENA, J. A. (Coord.), Atelier, Barcelona, 2023.

ORTÍ FERRER, P., "Transparencia y buena regulación: el derecho de acceso a los expedientes normativos y la evaluación de impacto", en *Datos, protección, transparencia y buena regulación,* CANALS I AMETLLER (ed.), Documenta Universitaria, Gerona, 2016.

PAREJO ALFONSO, A., "La eficacia como principio jurídico de la actuación de la Administración Pública", *Revista de Documentación Administrativa,* Estudios, núms. 218-219/1989.

PAREJO ALFONSO, L., "El reto de la eficaz gestión de lo público", *Revista de Ciencias Sociales,* núm. 149/1999.

PATÓN GARCÍA, G., "Cumplimiento cooperativo y buenas prácticas en los procedimientos de aplicación de los tributos: la conflictividad evitable y el principio de buena administración", en *Cumplimiento cooperativo y reducción de la conflictividad: hacia un nuevo modelo de relación entre la Administración y los contribuyentes*, Thomson Reuters, Aranzadi, Cizur Menor, Navarra, 2021.

PAVEL, N., "The right to Good Administration", *Contemporay readings in Law and Social Justice*, Vol. 4(2)/2012.

PÉREZ LUÑO, A. E., "La seguridad jurídica: una garantía del derecho y la justicia", *Boletín de la Facultad de Derecho*, núm. 15/2000.

PÉREZ VELASCO, Mª M., "Intercambio de datos entre Administraciones Públicas", *Revista de Internet, Derecho y Política*, núm. 272006.

PONCE SOLÉ, J., *Deber de buena administración y derecho al procedimiento administrativo debido,* Lex Nova, Valladolid, 2001.

PONCE SOLÉ, J., "Good Administration and Administrative Procedures", *Indiana Journal of Global Legal Studies,* Vol. 12, 2005.

PONCE SOLÉ, J., *La lucha por el buen gobierno y el derecho a una buena administración mediante el estándar jurídico de diligencia debida,* Editorial Universidad de Alcalá, Universidad de Alcalá, 2019.

PRIETO ROMERO, C., "El nuevo procedimiento para la iniciativa legislativa y el ejercicio de la potestad reglamentaria", *Revista de Administración Pública*, núm. 201/2016.

RAMOS HERRERA, A., "La relevancia del principio de confianza legítima en el ámbito tributario", en Los principios del cumplimiento cooperativo en materia tributaria, MORENO GONZÁLEZ, S., y CARRASCO PARRILLA, P. J. (Dirs.) y GÓMEZ REQUENA, J. A. (Coord.), Atelier, Barcelona, 2023.

REY VARELA, J. M., "Perspectiva dinámica de los derechos sociales y retos para una buena administración", *Lex Social,* núm. 1/2023.

RODRÍGUEZ-ARANA MUÑOZ, J., "La buena administración como principio y como Derecho fundamental en Europa", *Revista Misión Jurídica,* núm. 6/2013.

RODRÍGUEZ-ARANA MUÑOZ, J., "Consideraciones sobre el derecho fundamental a la buena administración", en *La proyección de la buena administración sobre los procedimientos de aplicación de los tributos,* LUCHENA MOZO, G. M. y SÁNCHEZ LÓPEZ, M. E. (Dirs.), Tirant lo Blanch, Valencia, 2023.

RODRÍGUEZ DE SANTIAGO, J. M., "Normas de conducta y normas de control. Un estudio metodológico sobre la discrecionalidad planificadora, la ponderación y su control judicial", *Indret,* núm. 1/2015.

ROUCCO, G., "La «buena administración» y el «interés general»", *Revista de Direito Administrativo & Constitucional,* núm. 49/2012.

ROVIRA FERRER, I., *Los deberes de información y asistencia en las Administraciones tributarias autonómicas y locales: análisis especial de la Agencia Tributaria de Cataluña y del Instituto Municipal de Hacienda de Barcelona*, Huygens Editorial, Barcelona, 2017.

RUBIO GUERRERO, J. J., "La Agencia estatal de la Administración Tributaria española como modelo de gestión tributaria integrada. (II) Control e inspección y coordinación con otras administraciones tributarias", *Boletín del Instituto Universitario de Estudios Fiscales y Financieros*, núm. 3/2006.

SCHIAVOLIN, R.: "Il diritto ad una buona amministrazione e il giusto procedimiento tributario", en *Il diritto ad una buona aministrazione nei procedimenti tributari*, Guiffrè, Francis Lefebvre, Milano 2019.

SACCHETTO, C., *Tutela all'estero dei crediti tributari dello Stato*, Cedam, Padova, 1978.

SANTAMARÍA PASTOR, J. A., SANTAMARIA PASTOR, J. A., "Un nuevo modelo de ejercicio de las potestades normativas", *Revista Española de Derecho Administrativo*, núm. 175/2016.

SÁNCHEZ LÓPEZ, M. E., "La tutela del contribuyente en relación con las actuaciones de intercambio de información tributaria en el ámbito internacional", en *Intercambio internacional de información tributaria: avances y proyección futura*, PATÓN GARCÍA, G. y SÁNCHEZ LÓPEZ, M. E. (Coords.); COLLADO YURRITA, M. A. (Dir.), Cizur Menor, Aranzadi, Thomson-Reuters, 2011.

SÁNCHEZ LÓPEZ, M. E., "El derecho a la tutela judicial efectiva en el ámbito del intercambio de información. La STJUE de 6 de junio de 2020, Asuntos acumulados C-245/19 y C-246/19", *Quincena Fiscal*, núm. 14/2021.

SÁNCHEZ PINO, A. J., "El intercambio de información tributaria en la imposición directa en la Unión Europea y su propuesta de reforma", *Quincena Fiscal*, núm. 19/2010.

SANZ GÓMEZ, R. J., "Las cláusulas antielusión entre coordinación y armonización fiscal. Influencia de la armonización positiva en el margen de acción de los Estados miembros", en *Armonización, coordinación fiscal y lucha contra el fraude*, LASARTE ÁLVAREZ, J. y ADAME MARTÍNEZ, F. (Coords.), Aranzadi, Pamplona, 2012.

SANZ GÓMEZ, R., "Buena administración y procedimiento tributario justo", en *La protección de los derechos fundamentales en el ámbito tributario*, MERINO JARA, I. (Dir.), VAZQUEZ DEL REY VILLANUEVA, A. y SUBERBIOLA GARBIZU, I. (Coords.), Wolters Kluwer, Madrid, 2021.

SANZ LARRUGA, F. J., "El ordenamiento europeo, el Derecho Administrativo español y el Derecho a una Buena Administración", *Anuario da Facultade de Dereito da Universidade da Coruña*, núm. 13/2009.

SARRIÓN ESTEVE, J., "La buena administración en el laberinto de la efectividad del Derecho de la Unión", Jornada *El principio de buena administración en la jurispru-*

dencia tributaria del Tribunal Supremo, Organizada por la Facultad de Derecho de la UNED, Madrid, 19 de mayo de 2023.

SARMIENTO, D., *El soft law administrativo*, Civitas, Madrid, 2008.

SCHIAVOLIN, R., "Il diritto ad una buona amministrazione e il giusto procedimiento tributario", en *Il diritto ad una buona amministrazione nei procedimenti tributari*, Guiffrè, Francis Lefebvre, Milano, 2019.

SERRANO ANTÓN, F., "Inspección tributaria e inteligencia artificial: hacia el equilibrio entre los derechos y garantías de los contribuyentes y la eficiencia en la Administración Tributaria", en *Los principios del cumplimiento cooperativo en materia tributaria,* MORENO GONZÁLEZ, S. y CARRASCO PARRILLA, P. J. (Dirs.) y GÓMEZ REQUENA, J. A. (Coord.), Atelier, Barcelona, 2023.

SPANO TARDIVO, P., "El principio de transparencia de la gestión pública en el marco de la teoría del buen gobierno y la buena administración", *V Congreso Internacional da Rede Docente Eurolatinoamericana de Dereito Administrativo,* Santa Cruz do Sul, Brasil, 2015.

TOMÁS MALLÉN, B., *El derecho fundamental a una buena administración*, INAP, Madrid, 2004.

TORNOS MAS, J., "El derecho a una buena administración", Sindicatura de Greuges, Barcelona (https://www.sindicadegreugesbcn.cat/pdf/monografics/administracio_es.pdf).

VALAN, E. y VARIA, G., "On the Right to Good Administration: European developments and national administrative practice", *Academic Journal of Law and Governance*, núm. 8/2020.

VELASCO CABALLERO, F., "Procedimiento administrativo para la aplicación del Derecho comunitario", *Revista Española de Derecho Europeo*, núm. 28/2008, p. 447 y MARCHESSOU, P., "Procedimientos tributarios nacionales y protección comunitaria del contribuyente", en *Derecho Comunitario y Procedimiento Tributario*, FERNÁNDEZ MARÍN, F. (Dir.), Atelier, Barcelona, 2010.

VILLAR EZCURRA, M., "El impacto de la jurisprudencia comunitaria en la armonización y coordinación fiscal", en *Unión Europea, armonización y coordinación fiscal tras el Tratado de Lisboa,* LASARTE ÁLVAREZ, J. (Dir.), ADAME MARTÍNEZ, F. y RAMOS PRIETO, J. (Coords.), Universidad Pablo Olavide (Sevilla) y Scuola Europea di Alti Studi Tributari (Bolonia), p. 100, (http://www.upo.es/export/portal/com/bin/portal/upo/profesores/jrampri/sprofesor/1324329611453_ponencias.pdf).

VIÑUALES FERREIRO, S., *El procedimiento Administrativo de la Administración Europea,* Thomson Reuters, Aranzadi, Cizur Menor, Navarra, 2015.

VIÑUALES FERREIRO, S., "El artículo 41 de la Carta de los Derecho Fundamentales de la Unión europea: una visión crítica", *Estudios de Deusto*, Vol. 63/1, 2015, (http://www.revista-estudios-deusto.es/)

VIÑUALES FERREIRO, S., "La constitucionalización del derecho a una buena administración en la Unión Europea: ¿nuevas garantías para la protección de los derechos en el procedimiento administrativo?", *Revista de Derecho de la Unión Europea*, núms. 27-28/2015.